转型时期中国企业
人力资源战略研究

吕姝慧 ◎著

中国华侨出版社

·北京·

图书在版编目（CIP）数据

转型时期中国企业人力资源战略研究 / 吕姝慧著.
-- 北京 ：中国华侨出版社，2021.9
ISBN 978-7-5113-8485-0

Ⅰ．①转… Ⅱ．①吕… Ⅲ．①企业管理－人力资源管
理－研究－中国 Ⅳ．①F279.23

中国版本图书馆CIP数据核字(2020)第250070号

转型时期中国企业人力资源战略研究

著　　者 / 吕姝慧

责任编辑 / 高文喆

封面设计 / 北京万瑞铭图文化传媒有限公司

经　　销 / 新华书店

开　　本 / 787毫米×1092毫米　1/16　　印张 / 14　　字数 / 310千字

印　　刷 / 北京天正元印务有限公司

版　　次 / 2021 年 9 月第 1 版　　2021 年 9 月第 1 次印刷

书　　号 / ISBN 978-7-5113-8485-0

定　　价 / 69.80元

中国华侨出版社　　北京市朝阳区西坝河东里 77 号楼底商 5 号　　　邮编：100028

发行部：（010）69363410　　　传　真：（010）69363410

网　址：www.oveaschin.com　　　E-mail：oveaschin@sina.com

如发现印装质量问题，影响阅读，请与印刷厂联系调换。

前　言

当下我们处在知识经济的时代，知识和技术的创新对经济发展的作用越来越重要，面对激烈的市场竞争，企业如果没有可靠的人才保证，很难在竞争中获得优势。知识经济带来的变化不仅仅体现在经济发展模式的多元化，还表现在经济发展的全球化。在这轮正在进行的经济大发展中，企业如果想要借助经济全球化的潮流做大做强并实现国际性的突破和发展，不仅需要在战略规划上做出精细的安排，还必须有足够的人才支持，无论是在企业技术的创新和变革方面还是在企业高层管理方面，以及跨国、跨文化管理方面。

近几年来，国内实务界和学术界关于人力资源管理转型的讨论越发热烈，这是在中国经济由"非常态"转型到"新常态"的过程中，企业界对人力资源管理部门及人力资源管理人员提出的新诉求。经济工作会议的相关议题也强调了人力资源发展的重要性，并正式宣告中国由人力资源管理阶段向人力资本管理阶段转型。人力资源管理是一门涉猎广泛的综合学科且具有很强的实践性，它可以为企业制定人才战略、进行人力资源规划、开展人力资源管理实践提供科学的理论依据和实践指导。

人力资源管理是一门快速发展的学科，无论是在国外还是国内，其理论影响与实践运用都非常深远和深入。当前，人力资源管理已从传统管理走向战略管理，各类组织对人力资源及其管理的重视程度从未像今天这样迫切。国内从事人力资源管理教学和研究的专业人员越来越多，立志投身于人力资源管理实践的工作者及改革先驱也越来越多。人力资源是当今企业最重要的资源之一，人力资源管理也成为企业最重要的管理职能之一。在全球化与互联网时代，企业要想在竞争中胜出，并持续发展，必须高度重视人力资源的管理问题。

本书在编写过程中，曾参阅了相关的文献资料，在此谨向作者表示衷心的感谢。由于水平有限，书中内容难免存在不妥、疏漏之处，敬请广大读者批评指正，以便进一步修订和完善。

目 录

第一章 转型时期宏观背景分析

第一节 转型时期中国企业面对的国际环境

我国面临的国际环境是多边贸易体制的"多哈回合"谈判陷入僵局，全球贸易保护主义抬头，国际货币体系改革举步维艰，泡沫经济时期制造业和创新长期被忽视，主权债务危机仍将继续，欧美再工业化趋势将加剧贸易摩擦等，都使世界经济增长增加了不确定性。中国要保持经济持续稳定发展，必须坚持改革开放的基本国策，加快推动经济转型、社会转型与政治转型的步伐。

一、未来 5~10 年我国面临的国际环境

（一）多边贸易自由化谈判陷入困境

在过去十年我国的经济发展可以说得益于经济全球化。特别是中国加入 WTO，推动了中国经济的国际化进程以及对外贸易的快速发展。但现在全球化进程正在放缓。首先，我们看到的是"多哈回合"谈判陷入困境。其实，中国与美国关于工业品的关税减让已经达成了一致。"多哈回合"陷入僵局的主要原因是农产品保障措施问题，以及贸易与环境问题，美国和印度还没有达成一致意见。推动前十年中国贸易发展的自由化轮子是否还能顺利运转，对中国来说是一个很大的挑战！

（二）国际贸易保护主义抬头

每当国际经济出现危机或增长放缓时，国际贸易保护主义抬头的趋势都是非常显著的。自国际金融危机爆发以来，20 国集团中 17 国推出或拟推出的保护主义措施大约有 78 项，其中 47 项已付诸实施。这些贸易保护措施主要包括提高关税、实施贸易禁令、出口补贴、滥用贸易救济措施以及多种形式的非关税贸易壁垒。发达国家的贸易保护措施基本上都采取补贴等较隐蔽的方式，而发展中国家则更多采取提高关税、贸易禁令等传统做法。特别是贸易救济措施被越来越频繁地使用。因此，美国和欧洲推出新的所谓公平竞争政策，把它叫作竞争中性，并力图将其推荐为国际准则。

（三）国际货币体系改革举步维艰

现在的国际货币体系（美元本位制度）形成于《牙买加协议》。美国持续高企的"双胞胎赤字"（国际贸易赤字和政府财政赤字）使其货币稳定成为严重的问题，世界各国维护美元本位的代价越来越大，改革国际货币体系的呼声日益高涨。而关于改革问题实际上形成对立的观点：目前的国际货币体系不需要改革，只需要完善。但欧洲及亚洲国家关于改革国际货币体系的呼声是非常高的。今后十年，国际货币体系改革的方向是什么？这会涉及人民币国际化、亚洲货币单位的合作，以及 SDR（特别提款权）的改革是否会取得某些进展或突破。现在对美元体制的依赖已经使亚洲国家不堪重负，但我们也要看到美国维持美元体系的力量仍然是非常强大的，短期内要用某种货币取代美元也是不可能的。

（四）全球经济失衡与再平衡

全球经济失衡就是指一国拥有巨额贸易赤字，而与该国贸易赤字相对应的贸易盈余则集中在其他少数国家的现象。20 世纪 60 年代以来，伴随着世界经济的快速发展和经济全球化的日益深入，全球经常项目收支、国际资本流动发生了重大改变，世界经济失衡问题日益加剧，并且主要聚焦在美国和东亚地区。东亚与美国经济失衡与摩擦成为 20 世纪 60 年代以来国际经济关系的热点问题。20 世纪 90 年代以来全球经济失衡更加严重了，而且聚焦于中国与美国之间。进入 21 世纪中美经济失衡成为全球经济失衡的焦点。中国要转变经济发展模式，人民币要进行升值，而美国则要进行储蓄、要再工业化。这个调整都不是短期内能够完成的，所以将长期影响中国经济发展的变化趋势。

二、世界经济增长的不确定性增加

（一）全球过于宽松的货币环境将带来高通胀

就全球经济来讲，促进经济复苏的短期对策就是量化宽松和营造一个比较宽松的货币环境，解决当前的困境。目前，世界主要国家和地区，如欧美和日本，他们缺需求、缺信心、缺办法，用量化宽松的政策可以解燃眉之急。但我们会发现自 20 世纪 90 年代以来，世界经历了三次货币环境非常宽松的时期，但最后都带来了严重的泡沫经济（先是日本的房地产泡沫和股市泡沫，后是美国的网络泡沫和房地产泡沫）。世界主要国家的利率都保持在非常低的水平且货币环境非常宽松，但钱就是进入不了实体经济。现在宽松的货币环境是否会制造第三轮泡沫经济？这是我们非常担心的。

（二）泡沫时期制造业和创新长期被忽视

欧美经济的复苏很可能要经历比较长的时间。我们看美国经济会发现，20 世纪 80 年代以来，美国产业结构出现的变化趋势，就是制造业比重持续下降，金融、房地产、建筑业持续上升。这一时期美国的资源配置过度向金融、房地产等虚拟经济领域倾斜，美国金融创新（资产证券化）制造了大量的有毒资产，导致泡沫经济越来越大，终于开始破裂。相反，在实体经济领域，自

21世纪以来，美国所有技术领域的发明专利均呈现下降趋势。可以看出过去十多年，由泡沫经济导致的资源配置错位，所有发达国家在很大程度上忽略了对制造业和实体经济的创新。因此，美国等发达国家经济的调整需要较长时间（估计至少需要5~10年）。

（三）欧美再工业化是否会制造更多摩擦

美欧国家已经意识到经济过度虚拟化的弊端，因此，提出要再工业化。要将建立在沙滩上的虚拟经济重新调回到实体经济的岩石上。美国出台了一系列法案、计划和战略，推动经济结构的调整。那么，我们关心的是美欧会用什么方式来实现它的再工业化？它的再工业化的途径是什么？它是通过技术创新创造新的增长点，提升自身的传统竞争优势，降低成本，减少税负，减员增效来推动？还是吸引资金回流，采取贸易保护主义的做法？如果是后者，这种再工业化必然增加贸易冲突和经济摩擦的可能性。还有一个问题是谁来承担全球结构调整的责任和代价？这些问题实际上涉及我们未来十年，或者"十二五"时期我国外部环境的变化。

（四）新兴经济体是否会成为世界经济增长的引擎

那么世界经济增长的引擎究竟在哪里？世界银行发展预测局全球新兴趋势团队负责人戴拉米认为，全球经济正在经历一场转型，包括经济增长动力（发展中国家与发达国家经济增长速度的差距不断扩大）、产业格局（发达国家经济虚拟化和新兴工业国家兴起）及对国际货币事务的管理等都在改变。其中，"金砖国家"的国际经济地位日益上升，成为世界权利转移的主要对象，全球治理的权利正在向多极化转型。那么，新兴经济体是否成为世界经济未来增长的引擎？目前看来，"金砖国家"对世界经济增长的贡献已经超过50%。但是，这些国家大多是靠增加物质资本投入拉动的经济增长模式，或者资源价格的上涨实现的。在世界经济增长不确定性增加的情况下，他们的经济增长面临的压力将空前增加。那么，包括中国在内的新兴经济体能否成功进行经济转型，将决定其现代化的命运！

三、中国经济转型面临的问题及对策

（一）中国经济转型压力加大

外部环境的改变：世界经济低迷以及贸易保护主义的抬头，将导致中国外贸出口受阻，中国依靠出口拉动经济增长的战略受到挑战。国内环境的变化：人民币汇率上升，资源与原材料价格的上涨，能源价格的持续上升，劳动力成本的上升，都使得传统的以低成本扩张的战略难以为继。中国付出的资源环境及社会成本过大。环境污染和生态破坏造成的地方病、职业病等环境公害层出不穷。所有这些都使中国经济转型的压力得到强化。

全球金融危机背景下中国经济率先复苏主要建立在巨额投资和净出口的传统增长模式基础上，随着政府财政投入的降低，以及全球经济因自身低迷很难再为中国经济扩张提供足够强大的外部支持，中国经济增长势头将不可避免地减弱。建议中国加快消费增长和经济发展转型，以抵消由外贸盈余减少带来的经济影响。转变经济发展方式，谋求中国经济的转型升级是应对这些挑

战，保持中国经济持续发展的根本途径。

（二）中国经济转型面临的问题

中国经济转型是从"九五规划"就提出的任务。"九五规划"首次提出要从根本上转变经济增长方式，即从粗放型向集约型转变。之后的"十一五规划"鉴于从"九五规划"以后经济增长方式尚未实现根本性转变，重新强调转变经济增长方式，但内涵有所扩展，提出要从"高投入、高消耗、高排放、低效益"的粗放型扩张，转向节能降耗性集约型增长，着力自主创新，大力发展循环经济，建设资源节约型和环境友好型社会等具体目标。

进一步提出转变经济发展方式，意味着转变经济增长方式已为转变经济发展方式所取代，其内涵也从一个转变扩展为三个转变，即"促进经济增长由主要依靠投资、出口拉动向依靠消费、投资、出口协调拉动转变，由主要依靠第二产业带动向依靠第一产业，第二产业，第三产业协同带动转变，由主要依靠增加物质资源消耗向主要依靠科技进步、劳动者素质提高、管理创新转变"。

我国未来发展的前景很大程度上取决于经济转型是否成功：即中国能否从贸易大国转变为贸易强国（掌握定价权和规则制定权）；从制造大国转变为消费大国；从生产型经济转变为服务型经济（特别是金融大国）；从世界工厂转变为世界创新策源地；从依赖外资（代工）转变为自主发展。"十二五"时期将是转变经济发展方式或者说经济转型的关键时期。

（三）中国经济实现转型

1. 东亚地区经济转型的经验

从日本和亚洲"四小龙"的经验看，一个国家和地区要从中等收入国家跨入高收入国家行列，需要完成三个转型，即经济转型、社会转型与政治转型，当然也包括文化转型，且要相互协调。

（1）就经济转型来说

这些国家和地区成功地走出了一条劳动密集型、重化工、高加工度工业、技术密集型产业和高附加值产业渐次发展的路径。当然这一过程伴随着市场化改革与市场经济体制的完善进程。而且，需求结构演变与产业结构演变相配套，支持了产业结构的演变，发展重化工和高加工度工业时，投资率高。

（2）就社会转型来说

他们的中产阶层在社会阶层结构中所占的比例达到70%以上，收入分配结构比较合理、贫富差距较小，基尼系数较低，一般为2~3。从而使得社会消费层次能够不断提高，消费逐渐成为经济增长的新动力。社会需求结构能够较好地支撑产业结构转型升级。

（3）就政治转型来说

日本和韩国都通过不同路径较为成功地实现了民主宪政体制转型，即从威权政治体制转型为民主化政治体制。政治转型成功消除了腐败的根源，保证了社会经济资源配置按照效率指数进行，而不是腐败指数进行，从而维护了社会经济的稳定。

2. 中国经济转型的关键在于制度变革

转变经济发展方式与产业结构升级和转型，往往伴随着一个艰难的制度建设过程。经济转型需要经济制度、社会制度和政治制度的改革，而且必须统筹兼顾。经济体制改革的重点是资源与要素价格的市场化，环境成本内部化，打破行政垄断。

资源与生产要素价格改革应成为深化市场化改革的重点。要打破传统发展方式的体制惯性，削减政府掌握的过于庞大的资源配置权利，比如资源与生产要素价格。行政控制的低价格导致粗放型增长，资源价、能源价过低，就难以限制能耗投入过多。所以，要转变经济发展方式，必须进一步改革资源与要素价格的形成机制。

推进产业合理化，垄断性行业的集中度过高、竞争性行业的集中度过低都会妨碍产业结构的调整与转型升级。虽然市场竞争会导致集中，但中国的某些地方保护政策妨碍了企业兼并重组和产业规模的形成。因此，中国产业合理化需要制定产业合理化政策予以推动：一是要推动行业协会的改革和企业自组程度的提高；二是要在市场准入和政策激励方面设置适度的规模门槛。

3. 政治领域的改革重点是推进政府功能转型和民主化进程

政府从经济建设型政府转变为公共服务型政府是一个具有深远意义的政府改革命题。但是，从习惯掌握人权、事权和财权的功能转向为社会提供公共服务的功能，对任何政府都是一个十分痛苦的转型过程。如果保持原有政府权利结构不动，然后扩大政府公共服务功能，那么，这样的改革必定是政府延揽的事务越来越多，政府职权越来越大，回到全能政府时代，市场活动空间将日益缩小。合理的改革方向只能是政府权利结构的重新设置，改革的路径就是调整与转换政府权利结构。要进一步压缩政府直接参与市场活动和资源配置的领域，促进政府的主体职能和主要资源向公共服务领域转移。

政治民主化是市场经济发展的必然要求。在这一时期社会公民意识觉醒，将对政府执政能力和民主参与提出更高要求。因此，中国政府必须适应现代民主政治发展的要求，对公民合理的民主诉求进行积极回应，进行政治体制改革。可以说，今后政治体制改革将决定中国现代化事业的成败。当然，中国的政治转型与民主法制建设并没有走西方所期望的道路，而是通过履行信息公开、政府问责制，向民众解释和说明来履行公共责任。中国未来的政治民主化改革也不可能全盘引进西方民主化模式，而应该按自己的历史传统，采取立足民生和民主，务实渐进的方式，围绕环境污染、土地征用、房屋拆迁、吏治腐败及行政效率等具体议题，通过政府与民众之间的频繁互动、磨合，逐步实现制度进步和政治民主化，建立起立法、司法与行政之间合理的制衡协调机制。

第二节 转型时期中国经济发展环境

在改革开放的宏观背景下，中国的经济发展呈现出多元化和现代化特征。特别是在经济全球化的推动下，中国经济已经逐步实现与世界经济的融合，并在其中扮演着越来越重要的角色。而伴随着经济的快速增长,环境问题变得越发尖锐,为了寻求经济发展与环境保护之间的平衡,则需要对现行的经济发展模式进行优化,并对我国经济发展的时空变化特点及经济发展方式演变的环境效应进行解析。

我国经济发展的起步是在出口导向型粗放式发展的基础之上进行的,这样的发展方式虽然可以在短期内提升经济规模、刺激经济活力。但出口型经济增长模式对于出口的依赖性大,经济发展初期工业基础薄弱,原材料在出口中所占的比例非常高,而原材料的过度开采必然会导致环境的恶化。因此必须要对传统经济增长方式进行改革。

一、影响经济发展时空演变的主要因素

（一）发展政策从宏观层面来看

政策的转变对于经济发展方式会产生非常直接的影响。就我国内部经济发展来看,经济发展呈现出非常明显的政策引导特征。首先是优先发展东南沿海经济,采用"先富带动后富"的方针来提升全国经济,在此阶段,国家的经济政策明显向东南地区倾斜,之后就是集中优势力量发展中部经济,也就是"中部崛起战略",其间,中部城市在经济发展的重要性得到显著提升。

（二）区位因素

我们在研究经济发展时所说的区位因素一般有两层含义。第一层是微观层面的地区区位因素,主要是指地区经济发展模式受到当地地理条件、交通条件以及气候条件的影响。而第二层是从宏观方面出发,将一个国家作为研究对象,也是从地理条件、气候条件以及交通条件等因素来进行分析。中国处于亚欧大陆的东端,不仅具有广袤的内陆地区,而且具有很多优质的天然港口,在经济发展上具有很大的优势,一方面广袤的内陆纵深有利于资源调配工作,特别是对于工业发展,可以利用内河航运与发达的铁路网络来发展规模经济。另一方面利用众多优质的港口发展国际贸易,当今世界货物吞吐量排在前十的港口中,有七个是中国港口,在这种背景下,经济发展方式也发生了很大变化。

（三）外部环境因素

外部环境对于经济发展时空演变的影响也十分明显。特别是在全球化逐步深入的今天,多极化的世界格局已经确立。单一国家经济发展的方式受到国际因素影响的比重增大。在过去的10~15年中,经济全球化一直由美国主导,中国则积极参与到了全球化进程当中。这种积极开发的态度让中国经济的时空演变特征发生了变化。

二、经济发展时空演变特征分析

从时间顺序上来看,我国经济发展方式的演变特征主要分为三个阶段。

（一）平稳转变期

回顾中国经济发展的历史,我们将这一时间段定义为平稳转变期,在这期间我国的经济发展

指数呈现出平稳上涨的趋势，这其中产业结构指数增长的速度比较快，而民生指数的增长速度比较慢。同时，GDP 的增长速度也很快。不过这里需要注意的是，尽管城镇居民可支配收入的增长速度比 GDP 的增长速度略高，但是在广大农村地区居住的人民在纯收入的增长方面远远低于 GDP 的增长速度。因此，在这一时期内，我国经济增长对于人民生活水平的改善情况并不明显。

（二）转变停滞期

在这一阶段，受到美国次贷危机的影响，全球经济长期处于停滞甚至是倒退的状态中。而我国的经济发展方式指数则呈现出先下降后上扬的趋势。在这段时期内，为了降低金融危机对于我国经济的影响，将拉动投资作为促进经济增长的主要手段，降低出口对于经济的影响。

（三）加速转变期

加速转变期，这段时间属于加速转变阶段。我国的经济再次呈现出逐年上升的趋势。IGM 上涨，而 GDP 的增长速度下降，我们将这种 IGM 上升而 GDP 下降的变化态势称为"新常态"。在这一时期，经济结构得到优化，消费与出口共同成为劳动经济增长的主要动力。同时，生产服务业以及装备制造业在经济中所占的比重也得到了显著提升。

通过对近 20 年中国经济形势的观察，总结出以下结论：经济发展模式经历了平稳转变期、转变停滞期、加速转变期三个阶段，经济发展方式转型比较成功。但是各地区的经济发展空间指数差距在不断扩大，不利于经济的稳定。而经济发展方式的演变对于环境也产生了比较明显的影响，单位 GDP 的能耗、固体废物排放、废水排放以及粉尘排放等指标都呈现出明显的下降趋势，经济发展整体向好。

三、新常态下的环境问题与中国经济转型发展

通过经济的高速增长降低到中高速增长来调整结构和提高质量以实现环境污染排放增速降低的"双降"已经成为中国经济新常态的主要特征。旧常态下常有的减排将导致经济减速甚至把经济减速归咎于减排的观点是片面的。节能减排虽然会在短期内对经济增长造成一定负面影响，但是通过倒逼企业加大环保技术研发投入，通过完善市场机制让企业成为自愿减排主体，必将在长期实现环境治理与经济增长的双赢发展。然而，减排与转型的实现并非自发，必须执行严格的环境规制政策。

（一）环境问题与增长极限：新旧常态之不同特征

改革开放初期，中国的能源资源使用空间和生态环境承载空间相对较大，可以通过能源和资源的粗放式投入来拉动经济增长，并容忍环境污染的不断加剧。但这种要素驱动的增长方式不可避免要碰到要素边际报酬递减规律的"红线"，注定不可持续。特别是 21 世纪以来，随着土地快速城镇化、再次重工业化和经济的急剧扩张，能源和资源消耗巨大，大气、水资源及土壤覆被污染的现象触目惊心。

随着收入水平越来越高，人民群众对环境质量的需求必然越来越高，近年来频发的环境群

体事件也表明，环境污染问题处理不当，极易成为影响社会稳定的新因素。可以说，中国以环境污染高排放为代价换取经济粗放式高增长的"双高"旧常态已经到了崩溃边缘，必须代之以经济从高速增长降低到中高速增长来换取环境污染排放增速同时降低的"双降"新常态，当然，排放和经济的总量还会在一定时期内继续增加，在短时期内增量还将十分客观，这个环境与发展问题的新常态将一直持续到中国经济成为世界第一大经济体和中国环境污染排放总体上达到峰值的时候，此后，中国经济增长与环境污染将脱钩，环境与发展问题将得到根本解决。

（二）环境治理是否一定会导致经济减速

环境污染排放增速降低与经济中高速增长的保持是新常态的必然要求，却不是自发实现的，必须通过执行严格的环境政策和切实的经济转型来实现。而节能减排又不可避免会消耗本来用于产出的有限资源，对经济增长和发展带来负面影响，因此，很多人将经济增长减速归咎于环境治理或认为环境保护会影响经济增长。事实上，学术界对环境规制的经济影响也存在两种完全相反的观点：Porter 假说认为高能耗、高排放是某种形式资源无效使用的信号，而环境治理就是要尽可能去帮助厂商识别和去除这种生产无效性。因此，环境治理能够带来环境质量和产出（及生产率）同时提高的双赢机会。而另一些研究者对此则提出批评，他们认为这是对有效市场假说的新古典主义理论的基本挑战，他们反问，为什么企业自己不能够看到这种双赢机会呢？如果存在这样的双赢机会，就不需要由政府额外对企业施加节能减排成本。

（三）新常态下的环境政策与中国经济转型

既然排放的减缓以及经济中高速增长的保持不可能不劳而获，而节能减排从根本上对经济的长期持续增长又是有益的，那么，政府需要坚决执行合理的环境治理政策以促进环境保护与经济转型的双赢发展。

1.要素驱动还是创新驱动

一个国家或地区的发展阶段按驱动力可以划分为三个阶段：要素驱动阶段、效率驱动阶段和技术进步驱动阶段。后两个阶段又合称为创新驱动阶段，其中，效率驱动阶段也称为赶超阶段，而技术进步驱动阶段则发生实实在在的科技创新和技术水平的提高。自从索罗的开创性工作以来，全要素生产率（TFP）已经被越来越多的经济学家引入新古典增长理论框架，用来度量效率提高和技术进步即经济增长中的质量成分，并进行增长核算分析，在这里，全要素生产率显然被看作投入要素之外驱动经济增长的重要引擎，即创新引擎，投入要素和全要素生产率对经济增长贡献的此消彼长变化更是判断经济是否转型的主要依据。然而，对生产率的度量绝大部分是基于传统的资本和劳动要素，并没有考虑到能源和环境因素。因此，正确评估能源约束和环境污染对经济发展可持续性的影响就显得十分必要。

2.GDP 考核指标还是环境 GDP 指标

GDP 的考核指标在很大程度上导致了我国的粗放式增长极其高昂的环境污染代价。这种地区竞争锦标赛制度驱使官员为了晋升而进行 GDP 竞争，GDP 的增长成为度量他们政绩的重要指标，他们竭尽所能推动投资，不惜代价招商引资，从而忽视环境保护，往往以牺牲环境为代价，因此，改革目前唯GDP论的政绩考核方法也许将是环境治理的较好政策选项。完善发展成果考核评价体系，纠正单纯以经济增长速度评定政绩的偏向，加大资源消耗、环境损害、生态效益、产能过剩、科技创新、安全生产、新增债务等指标的权重。比如，可以在对地方政府的政绩考核指标中再加上收入分配、环境治理、安全生产等指标，构成多目标评价指标体系。环保部较早已经展开了绿色GDP的核算，试图以此作为GDP的替代指标。给出的政策建议有：一是不建议以多目标代替单一目标，因为多目标之间存在的内在矛盾会导致适得其反的结果，最后得到的可能不是全局最优结果，而很可能只是局部次优结果，甚至变成糟糕的逐底竞争。二是实际上也不宜以绿色GDP指标来代替GDP指标，一方面绿色GDP的度量仍复杂的，需要地方政府提供较多的指标和数据，使得核算变得难以独立进行，另一方面，国际上并没有真正意义上的绿色GDP核算标准，也没有国家采取这样的绿色GDP指标，使得国际可比成为问题。三是建议执行环境保护一票否决的GDP指标，因为GDP依然是衡量市场总体活动的较好指标，节能减排所引致的GDP变化自然会包含其中，而对极端环境事件的规避必然会对地方官员在追求GDP增长时带来硬性的环境约束。

3. 行政规制还是市场机制

环境规制不仅有助于促进技术进步，对经济可持续发展的重要性也不言而喻。我国传统的环境规制政策通常是行政命令式的，由于较少考虑污染部门情况差异而施加"一刀切"的减排义务，因此在经济上往往无效，它实际上增加了政策执行成本甚至造成对环境政策的抵制。由于污染行业缺乏在规定的减排标准之外进一步减排的激励，因而它在环境上也是无效率的。因此，长期以来经济学家一直坚持环境政策的设计必须更紧密地依赖市场机制，这样才可以把污染的环境成本清楚地引入经济分析中，对污染单位施加持续不断的价格压力以促其节能减排。

四、环境治理与转型发展

环境治理与转型发展是未来10~15年中国经济社会的主要话题，把握新常态下环境与发展问题的新特征对于执行合理的环境规制政策助推中国经济成功转型至关重要。仍然认为中国可以通过牺牲环境来发展高能耗高排放产业进而发展经济的观点要不得，也不现实，中国已经没有了这样的环境承载空间，也没有这样的国际舆论进退空间。那些认为中国可以无视能源和环境污染问题就能够实现经济转型的论调也是天真的，节能减排并不只是总量的减少，而更应该体现为效率提高和技术进步，经济的可持续发展必然是以效率及技术进步来驱动的，用经济学术语来表示，就是以绿色全要素生产率来驱动的。新常态下的中高速增长必将由包括能源效率提高和减排技术进步在内的创新来驱动。实证分析告诉我们，环境污染减排并不必然意味着经济减速，但是在短期内确实存在着转型阵痛，没有这样的阵痛，没有经济转型的艰难，又怎么可能达到长期的可持续增长呢？所以，需要有勇气、有办法去迎接节能减排和环境治理的挑战，当然不是简单的关停、转并，不只是拉闸限电，而应该培育新的经济增长点，实现结构调整和产业升级，用未来产业去替代夕阳产业，通过市场机制让企业成为自愿减排的主体，这样才能实现环境保护与经济增长的双赢发展。

中国正在迅速成为全球第一经济体和区域经济强国，中国的经济活动不可避免要走出国界与世界各国建立更为紧密的经济关系，因此，上述所讨论的诸多环境政策不仅仅是国内政策，也是国际政策，中国理应同时成为全球环保典范和强国。中国正在积极推进的"一带一路"倡议以政策沟通、设施联通、贸易畅通、资金融通、民心相通为主要内容，环保思想应融入每一个内容的具体执行之中。

第三节 转型时期中国的文化和技术环境

技术引进的过程伴随着传统文化和外来文化的相互碰撞与交融。在这一过程中，文化环境所起的作用不容忽视。对中国近代以来技术引进活动的阶段分析表明，外来技术与本土文化环境之间的作用是沿着由器物到制度再到观念的轨迹进行的。并由此提出今后技术引进有待注意的若干问题。

一百多年过去了，中国的现代化事业已取得了一定的成功，但在历史上由于技术引进过程中没有考虑到外来技术与本土文化环境之间的关系而产生的问题并不少见。因此，在中国技术进步适逢经济全球化的重要时期，对中国近现代技术引进与文化环境问题的研究显然有着重要的意义。

一、如何理解技术引进的文化环境

所谓文化环境，是指存在于人类主体周围并影响主体活动的各种精神文化状况的总和。它是一个系统，主要由教育、科技、道德、哲学、民族心理、传统习俗等因素构成。与物质环境相比，文化环境属于"软环境"的范畴，是保证技术引进活动中，外来技术能否成功转移并扎根生长的温床。特别是在目前强调"软环境"建设，促进外来投资以实现效益最大化的背景下，更应该重视技术引进的文化环境的作用。

文化环境对技术转移的成败会有如此大的影响，是因为任何一个国家或地区的技术都是依赖于该国、该地区的文化环境而产生的，都是特定文化环境的产物，所以技术转移在很大程度上也是文化的转移。社会文化与气候、风土等自然条件一同被视为影响技术转移的重要因素，要使一项外来技术在本土扎根，就必须对其所产生的文化背景与本土社会文化进行比较，要么缩小两种文化间的差异，要么改良新技术，使之能够适应本土文化环境。否则就是生搬硬套，技术转移不能达到实际的效果。

文化背景的差异，可以使被转移的技术如同从热带移到寒带的植物一样迅速地枯萎，而新技术带来的器物、制度、观念层面的革新，又会对本土技术文化造成一定程度的冲击。面对这种冲击，本土文化一方面会本能地拒斥外来技术，形成文化屏障；另一方面又会根据外来技术进行适应性的调整。若处理不好二者的关系，其结果或是本土技术文化溃不成军，完全被外来文化取代，或是一味地拒斥外来文化，故步自封，形成文化壁垒。成功的技术引进，应该在保持自身文化特征独立性的基础上，对外来技术文化加以吸收、改造，形成适应于时代、适应于自身的新的文化观念。比起一个地区的气候来说，社会文化环境还是可以在人的主观能动性作用下逐渐加以改变的。

在中国传统技术文化观念中，海纳百川、兼收并蓄的思想是技术引进的内在动力，而几千年来形成的社会文化对生长在异质文化环境中的外来技术也会产生文化屏障，成为技术引进的制衡因素。二者间的作用不是瞬间完成的，而是缓慢、逐渐深入的过程。

二、中国技术引进与文化环境的历史演变过程

在技术引进过程中，总是技术器物超前转移，而技术制度和技术观念形态滞后转移并产生文化摩擦。回顾中国近现代技术发展史就会发现，中国传统的技术文化观念正是在外来技术的冲击下由器物到制度，再由制度到观念层面逐步发生转变的。

（一）洋务运动拉开了中国近现代技术引进的序幕

中国近现代大规模的技术引进活动是以洋务运动为开端的。两次鸦片战争的接连失败使清政府不得不对西方列强敞开封闭已久的国门，西方近代技术随着技术产品的大量涌入而一同进入中国。在西方列强对中国进行经济、政治、技术、文化等方面的侵略，以及太平天国农民起义风起云涌的环境下，清政府终于以洋务运动作为对挑战与危机的回应。

洋务运动时期，西方技术被人们看作是"自强"的有用工具，"师夷之长技以制夷"的思想明确地体现出这一时期的心理特征。作为中国近代技术引进的开端，两种技术文化观念的碰撞是非常剧烈的。重人力，轻工具；重人事，轻科学；重技术，轻理论；重实用经验，轻理论概括等传统技术文化特征，在西方重实证、重工具、重科学文化等技术观念的冲击下显得软弱无力。在这种环境下，要学习西方的先进技术，就不得不面对西方的制度及文化观念；而要维护封建统治，又必须维护传统文化的正统地位。因此，为了化解两种文化中的矛盾，就出现了"以中国之伦常名教为原本，辅以诸国富强之术"之说，"中体西用"这样一种融合中西文化，吸收西方之长以补己之短的折中主义方案应运而生。"中学为体，西学为用"成为洋务运动的指导思想。

先进的技术必须配合先进的管理制度才能正常运作。洋务运动时期，清政府对洋务派的"新式工厂"投入巨资，也引进了很多"先进技术"，但管理权仍在封建衙门，管理办法也还是封建衙门里的那一套，封建官僚贪污受贿，很少顾及经营，更不用说建立新式的技术管理体制。当时的社会文化环境不仅制约了技术制度层和观念层的转移，甚至对某些技术本身也进行了强烈的抵制。例如，修建铁路、架设电线、使用照相机等技术活动都遭到了强烈的反对。但对于封闭已久的中国，洋务运动还是带来了诸多西方的先进技术，使人们打开了眼界并逐步冲破文化屏障，开始接受以前不被接受的外来技术。

显然，这一阶段引进的西方先进技术主要是机器设备和部分技术人才，至于管理、制度、组织等技术文化观念则仍沿袭了封建传统的内容。在当时的文化环境中，洋务运动只停留在器物层

面，还未触及更深的层次。也正是因为洋务运动并未取得预期的效果，才使得康有为等维新派开始寻求"变法"的途径，将技术发展同国家体制的变革结合起来，这是从观念上突破封建统治的文化屏障的一种努力，也是将技术发展整合于社会政治生活的尝试。

（二）辛亥革命后西方近代技术在中国得到了普遍认同

辛亥革命推翻了沿袭几千年的封建专制统治，使人们在思想上得到了解放。用科学民主的思想影响了长期被封建文化所禁锢的人们。这一时期西方近代技术在中国有了较大的发展，其组织管理方式和技术文化观念也得到了一定的传播。

在这之前，西方技术管理体制虽然已在中国有所应用，但并未扎根生长。直到新文化运动后，仅以技术产品引进为主的状况才逐渐得到改善，开始了近代技术在中国的本土化过程。20 世纪二三十年代是中国近代科学技术发展相当迅速的时期，是中国近代科学研究真正开始的时期，也是中国科学技术本土化开始的重要阶段。相应的技术标准体系、技术专利制度、技术教育体制，以及工业科研机构等，都在这一时期得到了制定和实施。人们普遍认同了近代技术的先进性，并将其作为发展的目标和手段。

然而，辛亥革命并未改变中国半封建半殖民地的境遇。在内忧外患连年不断的社会环境中，难以形成与现代技术相适应的政治和经济体制，中国技术引进与文化环境之间仍面临着体用错位的困扰。半封建半殖民地的社会体制，使得对增强中国经济实力有关键作用的技术发展受到限制，民族工业屡受打击，技术管理水平难以提高。直到 20 世纪 30 年代，现代工业产品产出的比例仍然极少。当时中国引进的技术产品主要还是消费品，既无助于生产的投入，也不能作为提供生产能力的基本工具，成千上万的地方企业依然主要依靠人力而不是资本。总之，尽管这一时期中国技术文化环境在器物层面和制度层面上受到外来文化的很大影响，但由于各方面条件的制约，这些影响在实际生活中的体现还是相当有限的。

（三）抗日战争时期中西技术文化的结合

每一个民族在存亡关头，似乎都有缓解外来技术与本土文化之间的矛盾作用。鸦片战争的失败迫使清政府不得不"师夷之长技"，拉开技术引进的序幕；抗日战争的爆发使中西两种技术文化再度出现某种融合的趋势。

抗日战争爆发后，面对空前的民族危机，技术引进的思想再次得到人们的关注并被赋予了其新的内涵。一方面，在国民党统治区，科学化运动进一步开展。宣传和普及科学知识，推动科学技术研究，组织农、工、商业的科研机构，从较高层次上对生产技术、管理方法、种子改良、交通运输、技术培训等方面从事研究；注重对国防科学的研究……成为当时国民政府科学化运动的主要任务。另一方面，敌后广大军民为了抗击侵略者，一切可利用的技术手段都派上了用场，包括在特定环境中发挥传统"土技术"的作用，如用"土地雷"打击"洋鬼子"，用织"土布"来打破经济封锁等等。当时人们比较自觉地发挥人的主动性，靠经验和悟性来掌握西方现代武器，保证了技术组织的高效运转。尽管某些原材料不得不使用代用品，但也很重视产品质量和工艺要求。

（四）新中国成立后的技术引进

新中国成立初期，面对经济、技术、教育、卫生等基础薄弱和人才缺乏的现状，党和国家迫切需要建立起一个能体现社会主义制度优越性的国家技术体系。但按当时的技术力量，要建立一种有效的与社会主义体制相适应的技术体制难度很大。因此，这一时期的技术发展在很大程度上需要借鉴其他社会主义国家的经验。当时在苏联的援助下，通过技术引进，中国获得了一批比较先进的工业技术，并逐渐建立起了自己的科学技术队伍。

技术管理方式是行政手段和计划相结合的模式，此时对科技人员的专业要求是较高的，广大科技人员在他们的专业领域里享有相当多的发言权，技术活动也相对自由，技术引进活动在一片和谐的气氛中进行。在新中国建立初期，国家通过充分发挥人的因素并引进先进技术，使得中国工业在相对落后的基础上起步，克服了许多困难，取得了显著的进步。但当时人们一方面把有限的科技力量投入一些高精尖的科技领域；另一方面则片面地提高经验与技能在技术发展中的地位和作用，试图以人海战术、群众运动的方式使中国的技术得到迅速发展，使技术发展偏离了技术规范的自律性轨道。

（五）改革开放将技术引进活动推向高潮

改革开放以后，随着中国经济体制由计划经济到有计划的商品经济再到市场经济的几次转变，与经济制度相适应的技术文化观念也逐步确立，出现了技术引进的高潮。

自以经济建设为中心的目标以来，技术发展摆脱了不合理的观念的束缚，技术领域与国际化接轨的势头日益高涨。过去计划经济的模式不能满足技术发展的需求，与之相适应的一系列制度、观念必须建立。从技术文化的三个层次来看，这一时期的技术引进是全方位的。过去单纯引进先进机器设备的思想逐渐发生转变，开始注重对现代化企业管理制度和技术组织模式的引进。相应的技术体制、法律法规、制度、条文逐步健全，在保护企业和技术知识产权所有者的利益方面发挥了明显的作用，为技术创新创造了良好的环境。同时，大批国外企业、跨国公司在中国建立分厂，也为中国带来了很多全新的管理理念与技术思想。人们的思维空前活跃，技术引进的氛围逐渐变得宽松并表现出开放的态势。

三、对未来中国技术引进的启示

（一）当前技术引进与文化环境关系的协调重在观念层面的改变

从中国自洋务运动以来的技术引进可以清晰地看到，外来技术与本土文化环境之间的互动，是沿着由器物逐渐到制度，进而影响到文化观念层面的轨迹发展的。之所以会这样，除了几千年来积淀的制度、观念根深蒂固，还有两方面原因：一是"中体西用"的思想从一开始就阻碍了西方技术制度及观念的引进；二是中国传统技术文化注重实用的特征，从技术器物的引进上能得到最直观的体现。相反，技术制度和观念则只是作为意识中的东西而存在，所以在技术引进中往往不容易被看到它们的重要作用。

改革开放后的市场经济，使相应的技术文化观念逐步得到了确立，体用错位的情况逐步得到了缓解。但是，在人们的观念中还存在着一些受传统文化影响而形成的难以克服的弱点。比如，人们对专利意识的淡薄就和传统的技术文化观念有关。中国自古以来虽有许多发明创造，但这些技术发明却并无"专利"可言，一项新技术、新产品问世后，大家无偿学习、模仿、辗转交流是很自然的事情。受这种观念的影响，今天不少人的专利意识仍很淡薄。一项新技术、一种新产品一旦被市场看好，效仿者马上蜂拥而至，很快就会把新东西淹没在模仿攀比的汪洋大海之中。又如，现在许多企业在设备更新方面仍然比较缓慢，不少设备严重老化，除了经济等方面的原因外，还可能存在一个潜在的因素，就是认为工具设备能用就行，这实际上是传统技术观念中对待农具和手工工具的一种心态。一些新技术推广较慢，除了经费、教育、宣传等因素外，还有一个人们能否适应的问题，这与重视经验和实用的传统观念有关。毕竟一些老技术往往同多年的经验、技能、诀窍紧密相通，要舍弃它们重新学习势必会遇到许多困难，所以许多人宁愿在管理、促销上下功夫，也不肯投入力量通过采用新技术来推动企业寻求发展。

（二）应注重对外来技术的本土化

由外来技术与本土文化环境间相互作用的关系可知，为了从根本上吸收和转化外来技术，本土技术文化必须适当变革自身的制度与观念，以适应外来技术；而外来技术想要在新的文化环境中得到长足的发展，也必须做一定的适应性改进。

每一个国家的技术和制成品，都是该国文化的产物。21世纪的国际性经济竞争，不仅是科技竞争，也是文化的竞争；不仅是价格竞争，也是特色的竞争。只有具备一定文化特色的技术产品，才能在国际市场上占据一席之地。因此，要把技术转移作为提高本国技术水平的一个重要途径，还应注重保持本国传统文化的相对独立性，进而融合两种技术及文化观念，形成既有时代感又具本国特色的技术与文化体系。

第二次世界大战结束后，日本作为战败国在一片废墟上发展成一个技术强国，是因为他们能将"和魂洋才"的技术文化观念作为国家技术转移战略的指导思想，克服了其地域狭小、资源匮乏的不利环境，而形成了简洁明快和精雕细刻式的"浓缩文化"，为发展精密加工技术提供了有利的文化基础。在韩国近现代技术发展史中也可以看到。19世纪西方列强以武力迫使朝鲜"开国"后，韩国也经历了由全面拒绝引进西方国家的技术和文化，到只引进西方的技术器物而拒斥其文化制度和价值观念。在引进欧美的技术器物和文化制度而保留本国传统的文化观念的历史演化中，"东道西器"说和"全盘西化"论都是由于片面或完全照搬西方技术体系而导致与自身文化环境脱节，阻碍了技术的转移，致使国力衰弱；而最后因为保持了其传统文化的相对独立性，使外来技术得以在本国国情的基础上本土化、民族化，在一定程度上促进了技术转移，使韩国由原来的落后国家变成了经济上比较发达的国家。

结合日、韩两国的经验教训可以说明，能否建立一种具有中国传统文化特色的现代技术文化观念，是对今后技术引进工作的一大挑战。中国传统技术文化的根基植根于几千年的社会思想文化的土壤之中。虽然那些与现代技术不相适应的消极观念还在影响着人们，但是人们同样应注意到，中国传统技术思想中是有很多可贵的思想观念至今仍具有其独特价值的。如注重"以人为本"和"天人和谐"、顺应自然的观念，以及"道法自然"的有机管理的思想传统，对树立现代企业的企业文化、战略方针，提高企业管理效力和核心竞争能力，都有着十分重要的意义。

因此，在坚持中国传统文化价值观念的基础上，注重根据中国国情对外来技术及技术管理体制和运行机制实施本土化，将其纳入中国的技术与文化系统中，建立具有中国特色的管理制度，从而既能发展现代科技产业，又能够保持住中国技术与文化系统的特色或相对独立性。这才是中国在技术引进活动中应该持有的技术文化观念。

第二章 转型时期中国企业人力资源管理现状与困境

第一节 转型时期中国企业人力资源管理的现状

随着全球经济环境的不断发展，企业人力资源管理部门是企业重要的组成部分。企业也在不断地寻找合适的方法，加快对人力资源管理工作的更新和优化。本章在此基础上分析人力资源管理在企业中的联系以及现状，为企业提出优化策略。随着世界经济全球化的发展，在现代企业快速崛起的今天，市场竞争压力日益增加。人作为企业中的重要组成部分，在企业发展中充当着重要的角色和关键资源。人才资源成为企业竞争的一大核心，即企业的生存与发展离不开对员工的开发和利用。在现代企业中，企业需要不断创新和调整人力资源管理的模式，追求人力资源价值利用的最大化，才能在市场中占据主导位置，在现代社会中稳扎脚跟，实现可持续发展。

一、人力资源管理与企业管理的联系

（一）人力资源管理

西方人力资源管理理论的发展经历了六个阶段：传统管理阶段、"经济人"假设和科学管理阶段"社会人"假设与人际关系运动阶段、行为科学理论阶段、"复杂人"假设与权变理论阶段、现代人力资源管理阶段，每个阶段的人力资源管理理论的侧重点都有所不同。近年来，人力资源管理理念被引入中国，逐渐代替企业之前的人事管理，起初虽然在西方已经有比较完备的理论体系，但对于中国的大部分企业并不适用。随着企业的不断发展，人力资源管理的理论体系在实践中不断修正和创新，逐渐形成了更适合我国企业生存和发展的管理体系。人力资源管理在企业管理中占有重要地位，企业中的人力资源管理是指以"人"为中心，实现人才的选、用、育、留，人力资源的合理配置，进而保证企业目标实现与员工个人发展最大化，实现企业的可持续发展。人力资源管理中所包含的人才入岗时的甄别、筛选，入岗后的人才培训以及岗位调配等，都在随着企业现状和发展不断变化升级。

（二）企业管理

在现代企业经济快速蓬勃发展的过程中，企业想要在消费者与消费市场中，始终处于不败的地位，不仅要提高企业自身的生产力，还应通过优化企业的管理模式来达到提高企业竞争力的目的。企业管理是为企业长期发展规划策略而制定的中心内容和重要保障。

（三）人力资源管理与企业管理的联系

在现代企业中，人力资源管理部门是比较复杂的一个部门，它不直接参与企业生产创造利益价值，也很少直接参与企业管理，决定企业命脉。在这种情况下，人力资源管理部门往往不能充分发挥其管理职能，有些企业往往会将其弱化，甚至除名。但在企业管理中，企业的决定性资源就是人，而人力资源管理就是帮助企业在管理过程中更好地分配人力资源，以间接影响企业生产收益的提高和企业内部流动性的重新调整。人力资源管理是企业管理必不可少的一部分，二者是包含和被包含的关系。通过对人力资源管理体系的优化，培育企业内部的人才，推进现代化企业管理制度的制定和实施。企业管理的最终目标：一是获得经济利益和向前发展，二是满足社会的需要，推动社会的进步。人力资源管理的成功与否关系着员工的工作满意度、工作积极性、工作效率，进而影响着企业管理目标的实现。因此，人力资源管理对于企业管理有着极其重要的作用与意义。

二、企业人力资源管理存在的不足

（一）企业对人力资源管理的重视程度不够

很多企业特别是刚发展起来的中小型企业，尤其注重的是企业短期的经济利益，而对企业的长远发展没有明确的规划，进而忽略了管理方面出现的种种问题，特别是人力资源管理。在现代企业中，随着"以人为本"理念不断深入人心，人作为企业中的核心资源，人力资源管理应在企业中覆盖到方方面面。但很多企业虽设有人力资源管理部门，却仅仅将人力资源管理理解为传统的人事管理，简单地把人力资源管理工作归为一种日常性的反复工作。认为人力资源管理部门并不创造直接的经济效益而随意将企业人力资源部门弱化甚至取缔。这种做法并未真正地重视人力资源管理对于企业管理的重要性，并未真正理解人力资源管理的职能和作用，并未真正地将人力资源管理与企业长远发展结合起来。长此以往，会使人力资源部门的职能逐渐被覆盖，人力资源部门缺少对企业整体人力资源的合理了解和正确认知，会导致企业内部人员流动性大，企业人才流失严重；企业只顾及眼前利益而不考虑长远规划，会影响到企业未来的转型升级和发展。

（二）人力资源管理人员专业性不强

随着时代的发展，企业对于人力资源的管理效果要求越来越高，人力资源的发展应根据企业内部的整体发展趋势进行改变和调整。人力资源部门想要在企业中真正发挥出作用，需要具备高素质与专业知识储备的人才来进行部门填充和管理。但部分企业的人力资源管理部门人员都存在对自身部门职能不明确，专业能力欠佳，管理人员良莠不齐，在管理过程中不严谨、不专业等问题，使企业人力资源管理业务在企业活动中实施困难，发挥作用不强。目前，企业中人力资源管理人员素质不高主要体现在两个方面：一是企业人力资源管理人员构成不太合理，工作年限较长的员工话语权较大，员工素质参差不齐，且人事管理的思想根深蒂固；二是企业中虽然引进新鲜血液，但是很多人力资源管理部门的人员并非科班出身，并没有系统地学习过人力资源管理知识体系，所以在工作中难免会出现凭自己的主观意愿办事而缺乏专业性现象。如此一来，最终形成企业不重视人力资源发展而导致企业人才储备的流失，影响企业在市场上的进一步发展。

（三）企业人才流失率较高

21世纪，企业的竞争就是人才的竞争。就目前国内大多数企业的发展进程来看，很多企业都在面临经济结构调整，企业模式升级的挑战。在企业市场竞争中，除了企业自身生产力根基的竞争之外，其关键性的竞争资源还在于人才竞争。目前，由于人力资源管理工作在我国各个企业的发展进程中起步较晚，发展相对迟缓，大部分企业内部的人力资源结构不合理、不科学。人力资源管理的设置不是过于轻薄忽视，就是体制过于冗杂臃肿。这种"低配置"的企业人力资源管理跟不上企业发展的进度规划，企业已有人才资源没有得到充分利用，同时企业也没有从外界重新吸收优秀的人才资源，导致企业人力资源水平整体下滑。人才资源没有得到企业充分的认可，也没有看到企业未来的竞争力，因此导致企业人才流失，严重影响企业发展的进程。流失的主要分为两方面人才：一种是在企业工作有一定年限的老员工，由于企业无法满足其在精神方面的种种需求而引起员工对企业的忠诚度下降，从而造成人才的流失；另一种则是刚进入企业不久的职场新人，在企业无法看到自己的发展前景或者不满意自己的薪酬，以至于工作积极性不高最终导致员工的离职，人才的外流。究其根本不难发现，这跟企业的人力资源管理方面的工作成败息息相关，培训制度、激励机制、薪酬政策等都可能导致员工的工作满意度下降，人才的流失。

三、企业人力资源管理的优化对策

（一）提高企业对人力资源管理的重视程度

在企业竞争如此激烈的今天，传统的人事管理模式已经无法帮助企业向前发展甚至会将企业推入深渊。企业对人力资源管理部门的重视，有助于企业管理者正确认识现阶段企业内部的人才资源分配和不足。企业不仅需要在管理理念上进行转变，还要根据企业现有的状况，结合市场变化规律，加大对人力资源管理工作的资金和技术投入。企业还可以对人力资源管理部门采取信息化管理，优化现在的人力资源管理政策，实现企业内部的人力资源管理的升级调整。

（二）提高人力资源管理人员的专业素质

企业人力资源管理工作的成效如何与人力资源管理人员的素质息息相关，鉴于人力资源管理人员素质参差不齐，从两方面进行改善：一是对于有一定规模的企业来讲，应该加大人力资源管理人员人力成本：从人员的招聘到录用严格把关、对管理人员缺失的技能及时进行培训、外出学习等；二是对于一些中小型企业，可以选择人力资源管理工作外包，这样不仅可以避免企业内部对人力资源管理工作无用的投入，还可以有效提高工作效率。

（三）完善薪酬制度

企业管理人员应当对企业员工的工作状态、薪酬预期、工作完成情况等设定相应的考核制度，根据不同岗位、不同层次的工作人员，设置完善的薪酬机制以及奖惩机制，采用公开、透明的方试进行薪酬的制定和发放，并采取合理的薪酬管理模式，以确保员工工作的积极性和热情。

在现代企业加速转型升级的当下，市场竞争压力日益增加，人力资源在企业发展中充当着重要的角色和关键资源。企业只有重视人力资源管理所发挥的职能作用，才能在市场洪流下找到正确的定位，合理配置人才资源，在企业活动和日常业务中灵活、科学地开展工作，提高企业实际效益，最终实现企业健康、可持续发展。

四、新时期企业人力资源管理现状及发展定位分析

为了实现企业的长远发展，越来越多的企业开始注重人力资源的管理，其通过设立相应的部门来实现人力资源管理，以确保招揽和吸引到足够多的高素质人才，从而全面提高企业的核心竞争力。良好的人力资源管理能够全面促进企业的发展，使企业在市场竞争中所获得的经济效益得到有效保持。为此，在新时期下，企业需要通过相应管理制度的建立与创新，以此不断完善自身的人力资源管理能力，这也是每一个企业在不断发展过程中的关键所在。

（一）新时期企业开展人力资源管理工作的必要性

1. 企业在市场经济中得以长远发展的前提条件

在市场经济高速发展的新时期下，企业要想在市场经济环境下得以长远发展，就必须在市场分析能力上有一定的要求，同时还要能够对市场发展趋势进行一定的预测，以确保企业生产的产品能够与市场需要相符，这样企业才能从市场中获得相应的经济效益，进而实现自身的稳定发展。可以说，市场经济的发展，使企业更加注重于资源的管理，能够更好地帮助企业对自身发展过程中人才的重要性予以充分认识。而企业通过开展人力资源管理，则能够获得更加优质的人才力量。并且，人力资源管理工作还有利于企业对员工所处的岗位是否适合进行准确判断，从而使企业员工获得更加理想的工作环境，提高企业员工的工作效率。通过对人力资源管理制度进行必要的完善，既是对企业发展负责，也是对企业员工负责，企业必须要定期对员工开展业务培训，使员工能够和企业发展在思想理念上趋于一致，而且企业也需要探寻更多和员工之间的共同点，这样才能使企业在市场经济环境下获得更高的效益。

2. 企业与时代发展相接轨的重要标志

在新时期，市场经济环境呈现出复合性与多变性特点。随着时代的发展，人们的生活节奏也变得越来越快，这也使市场环境中的消费者需求发生了很大变化，消费者的消费观念也得以快速更新，使得越来越多的消费者对自身的需求及意识有了更高的关注。此外，全球经济一体化的发展，使国家与国家之间的交流日益密切，而不同国家的文化也发生了剧烈的碰撞，这使得制度在

实施过程中要更好地满足文化的多元化发展需要。因此，我国企业在发展过程中不应仅局限于单一的文化，应该有效打破地域限制，而其前提则是对人力资源管理工作的不断完善与创新，以此确保企业在发展过程中能够与时代发展相适应，从而使企业员工具备更高的工作效率，企业能够在人才的推动下得以快速发展。在人力资源管理工作中，需要以科学的理念作为指导，实现对企业员工的全面化、综合化管理，而设立人力资源管理部门，则能够使员工的专业性、创新性得到有效的培养。在社会发展中，创新已成为一大重要的标志，而企业创新则需要在新理念的科学指导下才能完成。总而言之，企业创新即人才创新，只有不断推动企业人才的快速成长，才能使企业与时代发展相接轨。

3. 企业推动自身创新与改革的客观需求

在市场经济发展中，企业要想与时代发展需要相适应，就需要进行必要的改革，而企业改革则需有一个明确的方向，只有企业的改革方向明确，才能使企业有针对性地进行制度创新，从而确保企业发展目标能够和员工目标建立紧密的联系。企业需要对员工素质进行不断的提高，以此实现对企业改革的有效深化，并将技术创新作为产品质量的重要保障，这样才能使企业在市场环境中获得更大的竞争优势。

（二）企业人力资源管理现状分析

1. 管理观念陈旧

由于我国长期实施计划经济，使得企业在发展过程中更多是将精力集中在技术管理、项目管理与财务管理等方面，从而忽略了人力资源管理，这也造成企业员工的价值难以充分显现出来。并且，企业在开展人力资源管理工作中面临着复杂且烦琐的程序，而且非常依赖于相关理论的科学指导，企业也必须具备较强的专业能力与丰富的社会经验。不过，因我国在人力资源管理中沿用的理念过于陈旧，使得企业往往会直接指定人力资源管理高层，并未对其任职资格进行严格的考察，这也造成企业员工的价值无法得以最大化发挥。并且，企业在人力资源管理工作中，管理人员的专业性不足，难以有效创新人力资源管理制度，使得企业很难获得高质量的专业化人才，从而在一定程度上制约了企业的发展。

2. 管理体制不健全

在人力资源管理工作中，除了要和上级开展密切的协商外，还要重视员工与员工间的交流。对于人力资源管理来说，其功能体现在通过一系列制度的实施与自身判断，使企业获得最合适的员工，并且通过激发员工的工作积极性，以确保员工保持最佳的工作效率，从而使企业在发展过程中实现市场价值的最大化。不过，现阶段企业在人力资源管理中并未进行科学的规划，使得人力资源管理人员无法对企业员工有一个全面的认识，更难以依据企业需要来对员工的职位进行妥善安排，且人力资源管理模式过于单一化，集权化现象普遍，这些都使得员工难以有较强的竞争意识，工作积极性与创新性也无法被有效激发。

3.企业员工存在过大的流动性

在企业发展中，员工是其重要组成部分，员工作用更是无法被代替的，而对于每位员工来说，其都有着自己擅长的技能与优势，而企业需要对员工的岗位进行合理化调配，只有这样才能使员工的个人潜能得到最大化发挥。通过对企业的人力资源管理结构进行分析，企业需要制定员工的招聘、培训等相关流程，并以此作为人力资源管理工作的重点，从而确保员工工作积极性能够得到有效调动。而就目前来看，人力资源管理工作却普遍存在激励措施不合理、员工状况不了解等问题，这些问题也直接导致员工频繁流动，而势必会对企业发展造成严重制约。

（三）新时期企业人力资源管理的发展定位

1.企业人力资源管理应强调"以人为本"

在新时期下，企业在开展人力资源管理工作中，应强调"以人为本"这一管理理念的应用，只有将"以人为本"理念融入企业的人力资源管理工作中，才能使员工的主体地位得以凸显，员工的工作积极性才能得以充分调动，这也是企业在新时期下开展人力资源管理的未来发展方向。企业可以为表现优异的员工提供丰厚的福利待遇，以此肯定和认可员工给企业所带来的价值，在管理制度上应设立明确的奖罚标准，对工作中存在不足的员工应进行及时的纠正和指导，并且人力资源管理还要适当地分化权限，这样有助于更全面地管理企业员工。

2.企业人力资源管理需重视对先进技术的应用

在社会经济发展的新时期，科学技术也得以飞速发展，而科学技术在企业发展中也将发挥出越来越重要的作用。企业在人力资源管理工作中，需要重视先进技术的有效应用，通过各种先进技术，能够为企业发展带来很大便利，尤其是计算机技术，其具有非常强大的远程控制能力和信息储存能力，随着企业发展规模的扩大，企业员工信息也势必会大量增加，而仅仅依靠人工记忆，是无法对这些信息进行有效记忆的，因此需要通过先进技术的应用建立相应的信息库来进行管理，从而实现人力资源的智能化、自动化管理，这不仅能够减少人力资源管理人员的工作量，而且也能更加科学地制定员工评价体系。

3.企业人力资源管理需重视人才开发利用策略的创新

人力资源管理的目的是为企业寻找更多优质的专业化人才，在对人才进行有效保留的基础上，实现对人才市场价值的最大化开发。在人力资源管理工作中，必须要注重公平、公正，全面考察企业员工的各方面能力及素质，并为其安排合适的岗位，以确保员工的工作积极性得以有效调动，实现对企业员工潜能的有效开发。人力资源管理部门需定期对员工进行必要的考察与培训，以此判断员工的工作状态，并更加深入地了解企业的实际发展状况，而这些都需要不断创新人才开发利用策略，可以说，重视人才开发利用策略的创新，已经成为企业开展人力资源管理工作的未来发展方向。

总而言之，在市场经济快速发展的新时期下，企业需要紧紧抓住时代发展机遇，对人力资源管理工作予以充分的认识，通过与企业实际发展状况相结合，以此实现企业人力资源管理制度的全面化、创新性改革。

第二节 转型时期中国企业人力资源管理的问题与困境

21世纪，企业所面临的市场竞争越来越激烈，甚至在人才资源的管理方面也面临着竞争，一个企业如果能够拥有完备的人才管理体系，保障其人力资源的发展与保留，那企业就相当于拥有了长期的竞争实力。但是当前的企业人力管理存在较大的缺陷，影响企业的进一步发展，因此，企业必须不断地提升人力资源质量，增强企业在市场中的核心力量。就企业人力资源管理中存在的问题进行研究分析，并且提出相应的策略去完善企业人力资源管理体系，使企业的发展具有更加稳定的保障。

一、人力资源培训革新创造能力的重要性

在企业中，比较看中其员工的专业技能，实际操作水平和一些专业素质修养，因为这些会关系到企业的发展走向。企业的不断进步与发展可以通过增强人力资源的管理及培训能力来增强。所以来说，增强人力资源培训革新创造的能力是一个关键的环节，在实际中，企业在人力资源上的培训需要包括很多方面，比如说竞争、创新、开发和管理能力等。而且在企业的管理模式下，人力资源的培训效果最为明显，在短的时间内可以让员工在专业方面的知识以及综合素质能力都有很大的提高，在企业管理控制方面，人力资源发挥的作用是必不可少的，所以应该修改和提高人力资源培训以达到完美效果。

二、企业人力资源管理中的问题分析

（一）人力资源管理意识不足

当前，企业中的人力资源管理系统不够完善，存在许多执行上的缺陷，这对企业的未来发展都会产生或轻或重的影响。出现该问题的首要原因还是企业人力部门的人员对人力资源管理的忽视。在企业发展的初期，急需大量的优秀人才储备来推动企业的进步发展，尤其是创新型人才的引入可以给企业带来巨大的发展动力。然而，许多企业并没有意识到这个问题，在发展的初期，更加注重企业其他技术方面的投入，甚至认为人力资源管理无法在短期内有所成效，于是放弃对人力资源管理的投入。这些管理意识上的缺陷导致企业内部的人力管理体系混乱，大大降低了企业在市场中的影响力，进而阻碍企业的进步。

（二）管理体系混乱

有些企业在发展时会比较注重人力资源的规划与管理，但是由于管理策略未能与实际市场状况很好地结合，导致企业在聘用与岗位安排上缺乏依据，管理体系上的缺陷带来了低的管理效率和人才考核制度，最终出现大量的问题。企业在发展时，往往需要对人才市场进行准确的预判，

对自身的发展目标、所要面临的困难等因素进行综合性的把控与评价，最终选取最适合企业发展的创新型人才。此外，企业内部还应当具备相应的人才培训机制，保证员工入职后能够快速适应企业的工作，提升员工的整体素质与综合能力。在适当的时机中还应当设置奖惩激励机制，让内部员工对待工作更加具有热情，同时能够对企业的制度具有更高的认同感，进而与企业一起发展进步。

（三）在观念上处于严重的落后

一直以来，受老旧的管理思维模式的影响，企业很多时候会对人力资源培训不重视，这种意识并不强烈，可以说是观念上的认识比较落后，缺乏的是对人力资源深入研究与开发和实际应用。因此老旧的管理思维模式下的管理方式已经过时，不能跟上时代发展的需要，老旧的管理模式缺少适宜性，缺少科学性的投入，在原有的思维下对人力资源进行培训达不到理想的效果，导致企业对有用人才的缺乏和培训的作用不明显。在企业中，很多人员都没有需要对人力资源进行培训的意识。企业员工比较多，但是培训比较少，没法使得更多的价值很好地发挥出来，以致员工的内部结构非常复杂，消耗浪费了大量的人力成本，从而阻碍企业更好更快地发展。

（四）人力资源的培训方式需要适当调整

按目前的培训方案来说，这种方式过于简单，企业没有创新的体现，所以存在很多缺陷，并没有进行及时修整。大多数的企业对于人力资源培训这一部分也就是简单地糊弄，并不是实打实地干，他们的培训方式就是让员工们自行讨论一下，或者是简单地讲解一下知识，有时候还会组织参加一些比较简易的活动，为了节省时间，往往会在培训过程中将一些重要环节省略，因而导致最后并没有达到想要的结果。因此，提高和完善人力资源培训势在必行。

（五）人力资源培训的力度不够

一直以来，企业在制度考核时并不重视成效和业绩，而更加重视考试和实际操作，在这种考核制度下，对员工的考核就比较片面，结果也不会严谨，不能很好地调动员工们的工作积极性，无法发挥出相应的潜能。与此同时，人力资源培训的阶段，因为制度管理的力度不够完善，让一些培训工作缺乏合理的规划，并没有根据员工的实际情况设定相应的培训，以致在整体上看，这种人力资源培训缺乏目的性，使得最后的结果不理想，除此之外，对于人力资源培训的理解仍处于只看表面现象，并没有理解到其实际内涵。

三、企业人力资源管理方法的创新

（一）设置科学的管理体系

科学的人力资源管理体系的构建必须是在以事实为依据的基础上完成的，因此相关的管理工作需要依靠实际情况来安排，打造出最适合企业发展的管理体系。一是在人才聘用时要参考人才市场标准与企业发展标准，对引进的人才进行严格地审核。二是人才引进后需要设置人才培训管理措施，人才与企业之间相互发展，共同进步。三是在保留人才方面需要设置科学的薪酬福利制度，利用各种人性化的福利待遇来保留真正具有能力的人才为企业的发展做贡献。四是科学的人力管理体系还应当结合企业的文化构建，既培养人才的专业能力，又培养人才的品格素养，让员工对企业具有认同感与归属感，在为企业发展出力的同时个人能力也能得到锻炼。

（二）加强企业绩效管理

企业人力管理中有一项重要的管理，就是员工的绩效管理。绩效考核能够体现员工的工作状态、工作能力、工作态度等全方位的信息，除了为企业是否任用和提拔员工提供依据外，也能够为员工了解个人之间的状态提供参考，并且思考自身的能力与工作之间的平衡关系。因此，企业需要加强绩效管理，具体的加强措施就是要保证绩效考核的公平性与量化，公平的考核是前提，定时定量的考核是手段。当然企业在进行绩效考核时，不能给员工施加太大的压力，否则员工会有消极的表现。具体而言，就是要在一定的时期内设定相对科学的学习工作任务，让员工既能够感受到工作的挑战性，又能够保持战胜困难的积极性。除了对员工的工作能力进行标准考核外，企业还需要对人才的基本素质进行考核，比如诚信、踏实等方面的品质，在日常的培训考核中融入一些正确的社会价值观，使员工具有一定的素质，在企业遭受紧急情况或者突发性事件时，员工能够团结一致，冷静处理。在具体实践操作中，人力资源管理部门也要根据企业发展情况进行拓展训练，帮助开拓考核人员的视野，建立起完善的知识体系，使考核人员能够获得更好的发展，从而提高全体中小企业绩效考核的水准。企业员工往往具有较好的发展潜力，所以，企业也可以利用人力资源管理系统挖掘出工作人员的潜能，从而促进企业的长远发展。

（三）提高人力资源培训的认知能力，引进新思想

在企业进行人力资源培训的阶段，需要进行的改变有很多，例如，从认知上需要进行改变老旧观念，培养新的认知能力，这样才会使培训效果达到最佳。在市场的竞争压力之下，要想满足快速发展的需求，企业需要保证所有职业岗位上的工作人员都能发挥出其应有的作用。在合理的培训方式下，让企业人员对培训产生正确的理解和认识其重要性。取其精华，去其糟粕，意思就是抛弃原来思想中不对的部分，引入新的管理思想，适合于我国现阶段的国情与发展的需要，达到更高的培训理念和方案，使其发挥出来的效果更好。

（四）改进人力资源培训的方案

企业顺应着时代的潮流在发展，企业在此环境的高度影响下，需要对员工的综合素质以及专业技能等方面进行合理的培训，在培训结束后，使得员工的专业能力和综合素质普遍提高。因此，应该对原来老旧的培训方案进行调整。使员工的培训方式变得多样化、有效化。第一步，在深入了解培训理念之后，对现在的员工培训方式进行完善和有效提高，增加培训方式的多样性，让企业人员对专业知识的理解更深刻，对于不同的工作岗位上的员工进行不同的培训方案。在培训过程中寻找员工的不足，进行重要分析，并时时改进，使培训方案达到最好。将培训过程中出现的

问题和欠缺记录，为下一次培训作准备，为以后的培训积累经验。第二步，培训的主要目的就是为了解决问题，根据工作岗位的不同需要，对工员进行了解，聘请有能力的培训师，将概念与实际相结合，让员工可以提高和增加自己的知识，因此达到解决问题的实际目的。

四、人力资源困境与对策

随着人才竞争的愈演愈烈，企业核心竞争力的比拼逐渐转变为人才储备和人员管理的比拼。步入 21 世纪，以人才为核心竞争力的发展理念迅速扩散，人才的抢夺与资源的储备成为企业关注的重点。人作为构成企业最重要的基本单位，直接影响着企业的效益和未来的发展。企业的成功归根结底是人员管理的成功。

（一）人力资源管理在现代企业中的重要性

随着经济的发展，国内外形势发生了变化，对深化结构改革，推动绿色经济，人力资源协同发展，不断增强经济创新能力和竞争力等方面都提出了新的要求。这些目标的实现都离不开人的作用。新时代中国社会的主要矛盾已经转变为人民日益增长的物质文化需要和不平衡、不充分的发展之间的矛盾。而作为企业人力资源管理者，应当从企业生产的实际出发，协调好职工的职业期望与企业发展之间的关系，处理好人才与工作的合理搭配，充分挖掘人才潜力，有些有利于企业资本的增加。因此，任何一个企业都应重视人力资源对企业产生的关键性影响。

（二）有利于企业员工潜能的挖掘和发展

很多员工对于所在企业没有归属感，工作缺乏热情，目标完成效率低。大多数员工不清楚自己在公司中的作用和使命，也就不清楚自己应该干什么。这些问题的解决离不开人力资源管理中的工作分析的作用。对每一位员工的细致定位有利于员工在工作中找到自己的价值所在，提高工作积极性，增强企业归属感，使员工在企业发展中愿意投入更多。对于企业员工潜能的挖掘也需要管理者发挥作用。企业应该注重员工技能的培养，在培养过程中挖掘他们在某一方面的天赋，员工技能的提升对企业未来的发展发挥着重要的作用，同时节省了企业在人才招聘方面所要承担的机会成本和培育成本。对员工培训的投资也就是对企业的间接投资，从企业长远发展来看，这是一项低成本高回报的投资。企业应加大在员工的技能和职业素养培养方面的投资力度，提升管理层的重视程度。

（三）有利于企业的发展

一般来说，企业资源分为三大类：人力资源、有形资源和无形资源，其中人力资源是企业资源结构中最重要的关键资源。当下企业人力资源的应用主要有两个目的：第一，引进高质量人才，为企业的发展提供人力保障；第二，提高员工职业技能，提高工作效率。此外，人力资源开发管理的完善有助于实现企业资本和人才力量的快速、有效储备，促进企业的长远发展。

（四）有利于提高企业战斗力

不忘初心，牢记使命。大到国家小到集体，能力的强弱关键在于人才储备力量的强弱。企业若想在激烈的市场竞争中突出重围，赢得先机，就必须提高自身战斗力和竞争力。而企业实力的增强离不开人才力量的支持，唯有人才储备足够充实，企业才有足够的底气雄踞市场。对此，企业应该针对内部和外部双管齐下，对内不断加强员工技能培训以及潜力开发，做好工作分析，完善人才管理制度；对外应该广纳贤才，新型的优秀人才有助于为企业添加新的血液，开拓新的思路，推动企业快速进步。

五、现代企业人力资源管理存在的问题

相比于其他资源，人力资源在产生、使用、开发等过程中均存在其独一无二的特点。在资源的使用过程中需要综合考虑企业需求和个人需求。人力资源在这些方面的特殊性使得其在发展过程中一直存在诸多问题，我们需要不断探索、继续努力。

（一）企业制度

国内的人力资源管理尚处于探索期，体系尚未建立完善，距离体系与企业的完美结合还有很多问题需要解决。第一，在人才招聘方面，缺乏科学系统的评估机制，往往追求高学历。高学历并不能很好地反映一个人的综合能力，学历的高低与是否适合本岗位的需求之间并无必然的联系，而应该从岗位需求的实际出发，寻找匹配度高的人才。面试过程中对人才的评定往往带有一定的"人情味"，考官在经历、教育、背景等方面的差异导致对人才的评判标准也有所不同，带有较强的主观意愿。第二，薪酬结构比较单一。传统的"基薪＋效薪"的薪酬结构比较适合后勤管理岗位，但对生产一线和技术岗位的员工不能全方位地调动他们的工作积极性。企业应该建立一套完善的考核机制，从出勤率、工作量、完成效果、技术含量等指标对员工进行综合考评，按照综合结果计发工资，最大限度地调动员工工作积极性。第三，员工的激励机制应该有所创新，传统的激励机制在一定程度上能够促进员工提升自我，但有一定的局限性，企业的各项决策可以加大员工的参与度，鼓励员工加入到公司的重大决议中去，通过职代会、签订集体合同等方式提高员工的主人翁意识。第四，用工方式不够灵活。传统的招工和分配具有一定的历史性和时代性，"铁饭碗"的用工方式使企业在很多时候处于被动地位。随着人工智能的不断推陈出新，使很多劳动密集型企业大大减少了对劳动力的使用，节省了大量的人工成本和管理成本。

人才储备在市场竞争中发挥着至关重要的作用，很多企业在这方面的敏感度还不够，企业对这方面的重视程度有待提高，在劳动力市场已经发生结构性改变，企业的人才争夺战愈演愈烈的时候，仍有部分企业故步自封，因此机制的完善首先要从观念上做出改变。

1. 企业员工

招聘人才是企业扩充队伍的一个重要手段，因此引进人才的质量直接影响着企业未来的发展状况。然而在实际操作中，多数企业的人才招聘没有建立系统化流程，带有一定的随意性，主要

体现在两个方面：第一，企业在人员招聘方面没有做好长期规划，导致劳动力过剩或者人员断层的情况出现，由此导致了资源的浪费和企业效益的下降。第二，过分注重外来人才的引进，忽略了企业内部的人才培养，从而导致了企业机会成本和人工成本的上升。多数企业在员工培训方面不够重视，事实上，员工只有经过系统化培训之后才能更符合企业的需求，同时提高自身的职业技能。这些看来费钱费力的工作，不仅能提高员工的职业技能，更增强了企业归属感，让员工感受到企业对他们的重视，从而更好地为企业服务，这对企业的长远发展具有十分重要的意义。

2. 企业文化

一个企业由产生到强大，在日常事务处理和运行方面所遵循的原则就是企业文化。企业文化是企业的精神支柱。每个企业都有自己的企业文化，而文化的缺失是导致员工积极性低下，缺乏归属感的主要原因。

（二）人力资源管理对策

1. 完善管理体系

企业应提高重视程度，具体落实到管理体系和企业各项规章制度当中，对引进人才给予全方位的培养和充分的发展空间，招得来人，留得住人，用得好人，在人才竞争激烈的今天，谁拥有人才，谁就掌握了市场。

2. 提高管理技术

随着全国范围内各个领域的快速变革，人力资源管理的不断完善和创新也是刻不容缓的。人作为企业最重要的战略资源，不论是思想上还是物质上都要有相应的提升空间，管理人员作为企业的宏观把控者，应该对每个员工做好工作分析和工作规划，提高管理素质，完成人才的培养训练。

3. 合理配置资源

企业应该充分利用现有的资源，实现人才和岗位的完美配对，同时为员工营造良好的工作环境，提高员工整体的生活水平，增强员工的满意度和归属感。

4. 建设企业文化

企业文化是企业发展历程的浓缩和高度概括，它需要时间的发酵。企业文化的缺失会导致企业和员工之间的目标不一致。因此，企业文化作为一种隐形资产，企业对它的重视程度应该更高。只有文化与人才资源相结合，才能促进企业长远发展。

（三）提高企业绩效的措施

1. 提高企业员工参与度

如果能大幅提高员工参与度，可充分实现员工作业能力的优化。首先，企业需要加强平台建设，为员工提供稳定的技术支持、组织支持。其次，企业管理层需要注重与员工交流途径、交流策略的选择，保证所有相关人员第一时间了解企业变化和动态，并赋予员工一定的决策和提出建议的权利。最后，企业员工需要及时进行横向、纵向的转换管理，保证工作内容和范围的增加，这一举措有利于改善员工行为，此外企业需要及时优化员工作业环境，避免枯燥单一的负面影响。

2. 薪酬体系的优化

企业的薪酬制度需要优化，为了保证企业竞争力不受负面影响，需要加强薪酬制度方面的变革调整。为了保证薪酬制度具有竞争力，员工除了传统薪酬外，还可享有团队利益、利润分享等。此外，企业保险、福利等需要结合企业特点做出必要调整，尽量遵循制度化、人性化、个性化的原则。如制度化要求下企业需要为所有员工缴纳保险，人性化方面需要企业及时为员工提供丰富多样的福利项目，也可提供与企业岗位相吻合的保险项目。

此外，良好的薪酬制度对人才招聘具有极大影响。企业在进行人才选拔的过程中，不仅需要考虑当下技能，更需要考虑未来发展潜能，依照企业状况、岗位要求等进行录用处理，尽量采用结构化面试手段进行人才招录，并适时考虑员工内部晋升的管理制度。

3. 建立公平机制

企业需要保证公平机制的充分落实，及时营造一个公平晋升的机会，根据企业发展规划制定绩效考评体系、反馈制度等，并在此基础之上对员工进行薪酬福利方面的调整。企业需要结合未来发展目标、可操作手段等进行管理，加强企业内部输入、输出端口核心参数的设置，必要时可进行取样分析计算，从而实现对企业流程的量化管理，提高核心绩效指标，从而优化企业绩效水平。

4. 管理团队

管理团队对企业而言是必要部分，为了加强团队建设，企业需要积极进行团队绩效奖的设置，并为员工提供有力的政策和技术支持。促进所有相关人员的相互监督、意见汇总的执行。借助企业所有员工之间的相互监督来避免行政上级主管的过分干预，保证团队建设更具灵活性。

经济全球化的大形势下，亟须加强企业最佳人力资源管理水平的提升，这是提高企业绩效的关键。优秀的人才是打造一流企业的必要条件，这是人力资源、企业绩效之间最为简明的关系。

第三章 人力资源管理的前沿理论与实践

第一节 国内外人力资源管理的前沿理论

随着时代的发展与科技的进步，人力资源管理变得越来越重要，在整个社会的人力资源管理中占据比较重要的地位。负责整个公共机构的管理制度，对公共机构的长远发展尤为重要。从现阶段的人力资源管理来看，存在着许多问题与不足，甚至影响整个企业的正常运转，在这个竞争激烈的社会，应及时并有效地对这些问题采取措施，加强企业的人力资源管理。

作为社会的服务机构，人力资源管理的主要责任是管理社会公共事务和提供公共产品。因此，人力资源管理对于经济事务的运转起着重要的作用，完善人力资源管理制度，解决其存在的问题和不足，能有效保证人力资源部门的工作效率，对整个社会的经济发展也有很大的促进作用，加强人力资源管理，完善管理体系将成为工作中的热门话题。

一、人力资源管理的理论与实践前沿问题探讨

随着市场经济的不断发展和我国企事业单位改革进程的不断深入，人力资源管理的地位越来越重要，同时也对公共机构的长期可持续发展有重要作用。随着管理价值观的日益体现，人力资源的管理工作逐渐成为一项不可或缺的内容，为人力资源战略、现代功绩制、职能流动等提供了理论基础，但是，现行的人力资源管理中还存在着很多问题，在很大程度上限制了我国人力资源管理的发展，需要对人力资源进行及时地优化和调整。

（一）人力资源管理的内涵

早在 20 世纪 80 年代，就有相关专家学者提出了人力资源管理。经过长时间的发展和优化，人力资源管理已经取得很大的发展，并且在社会管理方面发挥着重要作用。至此，人力资源管理理论就成为人力资源管理的理论基础，在多个领域中发挥着重要作用。

人力资源主要是指在社会工作的人员，特别是国家企事业单位、政府等部门的公务人员。比如我国的科、教、文、卫单位的工作人员。人力资源管理就是对这些单位中的工作人员实施相应的管理，使相关的工作人员能够实现各个岗位的需要，也使岗位最大限度地符合工作人员的事业发展需要，从而发挥工作人员的主观能动性，积极地投入到工作中，充分发挥相关职位的职能，

服务社会，造福大众。公共人力资源管理就是人尽其才，实施人才的优化配置，促进相关工作的良好开展，保证其职能正常运行。

（二）公共人力资源管理理论前沿存在的问题

在人力资源管理的实际操作中，由于受到诸多因素的影响和限制，同时也面临着市场经济复杂的环境。在管理过程中存在很多问题，很大程度上限制了人力资源管理工作的正常有效开展。

1. 行政理论的转变对公务员行政伦理的影响

导致我国行政理论发生转变的主要原因是社会主义市场经济以及内在的作用机制，这一机制许多公职人员的道德观念和思想理念发生转变。在公共行政范围中，公共行政伦理是政府职能行使过程中的理论道德，也就是国家工作人员在行使自身的职能和权利时所涉及的道德规范、道德意识以及道德行为的总称。但是在我国当前的社会经济体制下，个人利益非常突出，较强的个人意识已经超越了以往的集体意识，从而使公众利益与个人利益发生冲突，产生了很多负面作用。

2. 以价值观为基础的人才选拔的公正性受到挑战

价值观是一个人的思想核心，支配着一个人的思想和行为，是人制定策略和采取行动的原则与基础。人力资源管理是为各岗位提供高素质的人才，实现人才资源的优化配置。但是在考核人员素质优劣不一的情况下，人才选拔的公正性受到了严峻的挑战，员工自身的素质也不能正确地展现出来，因而对人力资源管理造成了阻碍。

（三）优化人力资资源管理实践前沿问题的措施

1. 净化公职人员的行政伦理思想

和传统人力资源管理相比，在新时期背景下，人力资源的管理工作更加注重以人为本。人力资源管理不仅是公共服务的提供者，更是战略性人才管理宏图的绘制者和操作者。因此对行政管理提出了更高的要求。除了对人力资源管理工作的创新，实现新时期背景下优化改革。更重要的是人力资源管理必须树立和市场经济相匹配的人力资源管理思想，在公众利益和个人利益之间找到平衡，消除不良的行政管理因素，净化行政管理伦理环境。进而构建科学的、发展的、创新的人力资源战略管理体系，利用市场竞争来优化人力资源配置。

2. 坚持以"功绩制为导向"的人力资源管理

所谓"功绩制"就是指人才的选拔、调用是以人才的才干、技能、知识为依据，而不是上级的"恩赐"进行的人才管理。即建立基于才干和业绩的内部职工晋升制度。具体来说，就是人力资源管理在人才的选拔和调用时，要通过对人才的考试、绩效考核等方式衡量人才管理，实施优胜劣汰的人力资源管理行政制度，建立透明、公正的人才管理。其实，在很大程度上，坚持"功绩制为导向"的人才力源管理也是一种人才的激励制度，为人才创造一个良好的竞争环境奠定了基础。

总的来说，我国人力资源管理理念必须要随着时代的变化以及市场的发展实时更新，并加大管理力度，净化公职部门的行政伦理环境，不断创新，使人力资源得到有效开展。从而保障人尽其才，优化人力资源配置，使我国人力资源管理工作正常有效开展。

二、人力资源管理和特点

从 20 世纪 80 年代开始，某著名专家提出了人力资源管理这项创新的理论，随着时代的发展，从开始的经验管理到目前的人力资源管理经过了巨大的演变，使管理理论日益完善，对社会发展起着重要的作用。

（一）人力资源管理

人力资源管理指的是为保证管理和公众的利益，依照我国相应的法律规定，对相关部门的人力资源进行管理、维护、奖惩以及开发的多种管理方式。

（二）人力资源管理特点

对于人力资源管理来讲，它不同于私人企业的经营管理结构，对于集体性质以及所要达到的目标等各方面都具有它独有的特点，因此，人力资源管理呈现其特有的性质，具体表现为以下几个方面：

1. 管理不以营利为目的

根据公众利益的需求，在不违背有关规定的前提下，对企业的资源进行优化配置，不断推行公共制度，所以与私营企业的人力资源管理有很大的区别，人力资源管理更注重人力资源能够为社会提供服务而不仅仅是追求利益。

2. 管理要求的政治性

人力资源管理是以公共权益为基础，依照对应的法律法规进行社会活动和事物的管理，从而达到维护整个社会公众利益的目的，无论从社会地位还是从工作性质等方面都是私人企业无法比拟的，它占据着十分重要的地位，更带有政治管理的意味。

3. 管理活动的有限自由性

与私人企业的管理模式不同，公共人力资源管理部门的工作需从多个角度进行思考，它需要维护每一个社会群体的利益，从每个人的利益出发，依照相关法律法规，防止滥用职权等现象所造成的影响，损害广大群众的利益。所以，要以科学的方法进行管理，与私人企业相比，私人企业更具有自由性。

三、人力资源管理存在的问题

对于现阶段的人力资源管理工作，因受到一些因素的影响，仍存在许多问题，为了人力资源部门的发展以至整个社会的进步，我们应重视起这些问题，认真对这些问题进行分析，并采取相应的措施。

（一）缺乏人力资源意识

随着时代的发展和进步，人力资源对于一个部门乃至一家企业来说都发挥着重要的作用，与以往的人事管理不同，如今的人力资源管理更注重形成一种制度，一种规范，但是人力资源管理仍然局限在以往的人事管理的工作中，没有跟上时代的步伐，更没有积极的配合时代的发展需求，导致管理的方法和意识没有得到正常发挥，许多人本着"端铁饭碗"的思想，混沌度日，不思进取，缺乏创新与进取意识，最后导致部门的管理出现很多问题，工作效率严重下滑。

（二）人员培训与能力提升体系低效

目前，企业人力资源管理都存在着同样的一个问题，即单纯的注重人力管理，却忽视了人力的开发，大部分企业仍还处于传统的思想输出中，通常认为人力只是集体的附属品，管理其完成对应的任务就是好的管理，对人员进行强迫性控制，却没有意识到每个人的潜在能力，很多员工的才能不能得到很好的发挥和展示，从而失去了宝贵的人力资源。不仅忽视了对工作人员的培训，也没有制定考核制度对员工进行衡量和定位，对人才的潜力发挥带来不利的影响，特别是对于新入职的员工没有进行培训，导致其工作能力较低，更打消了员工的工作热情，从而人才的潜能得不到有效的发挥。

（三）缺乏激励制度

对于我国的人力资源管理制度而言，大部分的激励制度是以薪酬和晋升的形式开展的，导致这一形式在被广泛地采纳与推广，呈现规范化与制度化。由于开展的方式达不到科学的要求，以致不够灵活，不能充分发挥激励的效果，甚至引发许多内定现象，严重丧失了原本激励的初衷，对员工是不公平的。

四、改善和推进人力资源管理

在人才竞争激烈的发展形势下，企业更加重视对人才的培养和管理，人才是企业竞争的关键，所以必须加强对人力资源管理制度的完善，采用科学有效的方法进行管理，实现对社会的积极作用。

（一）战略性人才管理

我国目前仍然是并将长期属于发展中国家，也是对人才需求重要的阶段，工作面临着一定的压力和挑战，在当前形势下，加强对人才的培养对社会的发展十分重要。本着与时俱进的原则，积极开展各项管理，建立创新管理理念，改善政府职能并全面发挥员工的潜在能力，为企业和社会创造更大效益。深刻明确公共性是部门的特征，是管理的核心，本着公共的原则开展工作，保证公共性。

（二）实现人才选拔制度

现阶段我国的人才选拔制度仍然是通过公务员考试来完成的，实际其中存在着很多问题。对于公务员考试制度中的决策能力、社会服务能力和宏观控制能力都有待完善，不断的推行对公务员的素质培养，并且配合政府和高校进行科学的人员培训，善于利用各种资源，形成一个全方位的培训体系，全面提升人员的素质和能力，保证人力资源的作用发挥。

（三）引进科学方法，完善激励机制

目前的人力资源管理需要制定一套具有科学性的评估体系，利用公平公正的制度对工作人员进行评估与考核，运用科学的绩效考核制度，从而达到对人力资源的有效定位，具体表现为：以素质来评估人才，以实际工作绩效为依据进行管理晋升与任用，加强员工的素质和能力的开发，对不同部门的员工采用相应的激励措施，保证不同岗位上的员工在各自的岗位上都能得到充分的发挥。同时培养员工的工作热情，提高员工的奉献意识，让员工真正感受到工作带来的愉悦感，促进员工的工作激情。

因此，人力资源管理理念必须符合相应的部门实际，并加大管理力度，确保机构的职能得到有效的发挥，提高工作效率，打破传统的管理体系，与时俱进，不断完善人力资源管理方案，使公共人力资源管理能充分发挥其作用。另外，建立健全的人力资源管理制度，防止人才政策和实际不符的弊端。充分发挥人才市场的作用，对人才进行合理的定位，避免人才能力与定位不符的现象，同时完善企业的人才需求库、紧缺人才信息库、行业人才库等信息化建设。加大推广人事技术的力度，对人才招聘、心理评估、企业人力资源规划等做出合理的检定。打破以往的人力资源管理模式，本着与时俱进的原则，充分发挥人力资源的作用，建立人力资源投入与产出等价回报分配体制。

第二节　转型时期中国企业人力资源的实践与尝试

随着管理价值的彰显，人力资源管理正变得日益重要。从公共伦理、价值观、人力资本、社会资本四个角度对人力资源管理发展的理论前沿问题展开讨论，从科学技术进步、公共职能流变、战略人力资源管理、现代功绩制、职业生涯管理等视角对当前人力资源管理实践面临的新趋势进行分析和探讨，旨在为公共人力资源管理的后续研究提供一定的参考与建议。

一、人力资源管理的内涵与特征

人力资源是指在工作的人员，尤其是指在国家、政府等从事公共事务管理的国家公务人员。相对于其他部门的人力资源而言，人力资源具有公共管理的四个本质特征：第一，履行公共权利，这是公共人力资源管理的基石；第二，追求公共利益，这是公共人力资源管理的宗旨；第三，作用的对象是公共事务，这是公共人力资源管理活动的客体；第四，具有公共责任，这是公共人力资源管理的灵魂。因此，无论是宏观层面还是微观层面开展的，依照国家相关政策和法律法规，对人力资源进行合理的规划、招聘、考核、激励、培训、开发等一系列的管理与开发活动，都显得尤为重要。

二、公共人力资源管理的理论前沿问题

（一）公共行政伦理嬗变及其对公务员行政伦理的影响

公共行政伦理历来被认为是"公共行政领域中的伦理"或"政府职能过程中的伦理"。公共行政静态上就是国家公务人员对国家公共事务的管理。因此，相应的，公共行政伦理就是指"国家公务人员在权利运用和行使过程中的道德规范、道德意识和道德行为的总称"。

社会主义市场经济及其内在的作用机制是我国公共行政伦理发生嬗变的主要促进因素之一，其间接地也使广大行政人员的道德风貌随之发生了嬗变。市场经济使个人利益得以凸显，个人主体意识增强和追求自我价值的实现，造成了公共利益与个人利益领域的分离，对公共人力资源的行政伦理起到了一定的积极作用，但也夹杂着一定的负面作用。在这种嬗变过程中不可避免地产生了一些道德观薄弱的公务员队伍，成为腐败现象屡禁不止的根源之一。因此，新时期行政体制改革为公共行政伦理的重塑提出了新的要求，这也使得近几年来诸如荣辱观、公平、正义、公共利益等概念重新引起了全社会的广泛关注，公共伦理与公共道德的重要性得以彰显。也就是说，新时期公共行政伦理的嬗变必然要以协调由于利益分化与冲突所引起的各种利益关系的紧张状态，维护社会和谐有序为价值取向，相应的，公共行政伦理的嬗变也对我国公务员群体的道德素质提出了新的要求。

面对公共行政伦理失范问题，许多专家及实践者曾试图利用伦理体制的设计来解决，但无论体制设计得多完美，在实际运行过程中，总不可避免地给行政人员留下许多道德空场，使公共权利执行过程实际上演变成了部分国家公务人员"公"与"私"的一场博弈。因此，在公共行政伦理嬗变过程中，强化和解决公务人员伦理道德问题，成为未来人力资源管理的一个重要方向。

（二）以价值观为基础的雇用及其对公职人员选拔中素质结构模型的影响

价值观是一个人意识的核心，是推动和指引其进行决策及采取行动的原则和标准。从社会学意义上来讲，当某种价值观被广泛认可时，就会演变成为社会的规范并进一步规范与引导着其成员的思想和行为，因此，价值观是影响个体人格及组织运行健康发展的前提和基础，而且在评价、解释、预测个体和组织的行为以及整个社会未来发展的方向方面起着非常重要的作用。伴随着中国社会转型环境下的职能的转变，公共管理领域的价值观问题正逐步成为管理学领域的研究重点与热点之一。

人才选拔时一个突出的问题就是考核人员的素质结构，然而素质结构的优劣不是简单地由一个因素来决定的，而是受多种主客观因素的影响。为此，不同的学者提出了形式不同的人员素质结构模型，只不过是在自变量的数目和分类方法上有所区别，其内涵没有本质的区别，其基本观点是：员工的素质是由员工自身能力水平、所处的环境条件和受到的激励作用三者相互作用的结果。而实际上，价值导向的动机往往比实际的导向动机更强、更广泛、更持久，能够更加有效地推动未来组织绩效的提高。公共行政价值观理应作为人员选拔最重要的考量要素，因此，既然人的行为受其价值观的支配，那么开展以价值观为基础的人员选拔和雇用就成为一个合理的选择。

公务员的选拔与晋升的目的就是保证员工未来的行为和结果能够符合目标，因此，开展基于价值观的人员选拔和管理，为解决人力资源管理中的许多难题提供了思路和突破口。

（三）人力资本及其对公务员价值提升机制的影响

人力资本可以定义为体现在公务员身上的，通过人力资本投资所开发形成的各种能力的总和，主要包括"体能""智能"和"德行"。一名公务员表现在这三方面的素质越高，其人力资本的含量就越高。人力资本的形成实际上来源于对其进行的投资。通常来说，人力资本投资包括三种形式：第一，保健投资。公务员的健康作为人力资本的载体，是人力资本得以发挥作用的基础。第二，教育投资。主要是指公务员因接受学校教育而花费的一切有形成本以及机会成本。第三，职业培训投资。是指国家为提高公务员素质能力，满足公务员岗位的需求，对公务员所进行的非学历特殊培训。

我国人力资本投资在借鉴其他国家公务员培训的先进做法基础上逐步形成了比较完整的、网络化、规范化的公务员人力资本投资体系。但也存在着许多问题，特别是对投资理念的认识上还处于初级阶段，因此，在实际的操作过程中就产生了一些误区和一系列的问题，例如培训教育观念与社会发展环境不匹配、培训成本与收益结构不合理、课程体系不健全、培训质量评估体系不健全等问题。因此，在信息化时代，国内外社会的政治和经济形势都在发生着深刻的变革，加大对公务员人力资本投资的管理和实践方法的探索，对公务人员更好地适应新时期社会体制变革与职能转变十分迫切和必要。

（四）社会资本及其对公务员价值提升机制的影响

社会资本是在特定社会结构中的资源，是个体获取和占有社会稀缺资源的能力，体现为成员身份、社会网络和个人关系，它可以促进成员间的合作，促进物质资源和人力资源的增值。

公务员群体是社会中不同人际网络的交叉主体，除了与同事、家庭、朋友形成的社会资本外，也有与工作业务有关联的交易对象、合作伙伴、竞争对手以及各种机构之间建立的人际情报网络。这部分资本对于公务员群体的影响是非常巨大的，其有无和多少会直接影响到公务员个体工作的开展和职位的晋升。其原因有三：首先，社会资本的构建有利于公务员在其所在行业和工作领域内获得认可与肯定。因为公务员个体可以通过人际网络中的各种联系，获取有价值的信息，在交易双方之间减少怀疑、增加信任，提高办事的成功率和经济效益。其次，社会资本对公务员个体协调和完成相关部门工作具有重要的促进作用。这是因为具有较高社会资本的公务员群体同时也是各个社会网络的"连接点"，其具有协调和沟通各种信息的功能，对于维护各利益群体之间的平衡具有重要的作用。最后，社会资本对公务员获得其行政和工作对象的认可及肯定具有重要作用。因为公务员群体与其服务对象总是存在于共同的社会网络中，而网络总是要涉及参与者之间的相互义务，即互惠关系。如此，社会网络中的个体便将互惠规范内在化，由此互惠规范成了社会资本的内在属性，将互惠规范内在化的社会网络群体将会有一个整体的信任感。因此，身在某一社会网络中的公务员群体容易获得该网络其他成员的认可。

三、公共人力资源管理的实践前沿问题

（一）信息技术的发展与公共人力资源管理

信息技术的进步促进了生产方式的变化、经济的发展，推动了社会的变迁，改变了人们工作、学习和生活方式及价值观念，同时也对传统公共人力资源管理从工具、内容、价值等方面都提出了挑战。在以信息技术为主要特征的时代，公共人力资源管理也被赋予了知识和信息的内容及意义。公共人力资源管理只有具备与信息技术进步的趋同能力，才能实现其价值的最大化。信息技术进步催生了现代信息社会，信息社会是高速度、高效率、高竞争的社会，对信息的收集、整理、加工、运用将成为管理的主要内容，随着信息技术催生的电子政务的不断发展，公共人力资源管理信息化、电子化成为未来发展的趋势。社交网络的出现加快了知识内容和知识结构的更新，使得内部和外部对知识的分享更趋易、更透明。云计算的出现对传统的公共人力资源管理信息提出了新挑战。人们参与管理、监督管理的渠道及信息获取和分享越来越便利，公共人力资源管理对公开、公平、公正的追求更加凸显，对公共人力资源管理的程序化、科学化要求将更高。这样的发展趋势表明，传统公共人力资源管理对知识和能力管理的方式已不能适应不断变化的形势，公共人力资源管理将不再是纯粹的对人的管理，而将人的管理和信息的管理充分融合，充分体现人与知识结合资本价值的管理。

（二）公共职能流变与人力资源管理

公共职能是政府存在与运作的前提和基础，是政府在国家及社会生活中所承担的职责和功能，界定了特定时期政府从事管理活动的基本领域和实现途径。公共职能的概念产生于公共管理学兴起之后，其内涵的确定却与国家的产生同步，即国家的产生使公共职能具有了现实的意义，因此随着社会的进步和国家的发展，公共职能也应随之做出相应的改变和调整。事实证明，一国社会的发展水平很大一部分是由该国的公共职能水平来体现的。从公共职能产生之日起至今，它经历了从亚当·斯密的自由经济时代到凯恩斯的国家干预时代再到公共管理部门改革时期的转变，经历了从"守夜者"到"积极的干预者"再到"市场调节与政府干预相结合"的转变，公共职能的每一次改革都会带来公共人力资源管理的变革，并且决定了其价值、内容、目标的调整方向。

公共人力资源管理是政府实现公共职能的重要内容，它与公共职能一样具有一个长期的变革过程，且必须要充分考虑与公共职能管理的匹配问题，基于公共职能的动态变革，公共人力资源的改革趋于对环境导向型、任务导向型的人力资源培养机制体制的研究，这也成为近年乃至今后一段时间里，我国公共人力资源改革与发展的重要指导思想。

伴随着社会的发展进步，公共职能随之转变，公共人力资源管理因此不断调整，以更好地为公众提供公共管理服务，最终实现社会的进一步发展。从当前社会的实际情况出发，由于传统的公共职能日益民营化、市场化和社会化，一方面，要求公共人力资源管理向精简、高效、高能的模式转变，平衡公共管理的有限性与有限性，既要保证协调干预功能又要限制滥权行为，最终实现公共管理的理性化、有效化和法制化；另一方面，公共人力资源管理也应逐步实现民营化、市

场化和社会化，例如可以将非核心人力资源任务外包，实现市场化，还可以通过将公共人力资源的培训交由专门的培训机构代理等方式扩大其民营化水平。此外，由于市场经济的深入发展及机制的不健全，我国的主流价值观遭到前所未有的冲击，社会信用体系日趋脆弱，公共职能在这一时期势必要承担重塑公共形象和增强社会信用体系的职责，相应地，道德管理成为此种形势下公共人力资源管理的重要内容，通过对人力资源价值理念、道德观念的纠正、维护乃至重塑来适应公共职能转变的要求，辅助其更好地发挥各种职能。

（三）"公企人力资源管理"趋同下的战略人力资源管理

在新公共管理运动下，人力资源管理开始"师法企业"，和企业在人力资源管理过程中的差异性越发地不明显。在人力资源管理的实践中我们发现，同企业人力资源管理相似，人才资源是公共组织中最具战略性的优势资源。因此，战略人力资源管理的思想渐渐被引入到人力资源管理当中。战略人力资源的概念实际上来源于经济全球化发展下的企业人力资源管理，主要是指企业为实现组织目标而进行的一系列有预期的，具有战略性意义的人力资源部署和管理行为。它主要有四个方面的含义：第一，人才资源是组织获得竞争优势的最重要稀缺资源；第二，人力资源的配置纵向上要与组织的整体发展战略相匹配，横向上要与组织内部活动开展相匹配；第三，通过合理的人力资源规划和配置，可以获得和充分利用人才这一稀缺资源；第四，所有人力资源管理环节要为实现组织目标而服务。事实上，战略性人力资源管理是以提高组织绩效为导向，以充分合理利用人才资源为手段，对行政性事务和人员配置制定短、中、长计划的一种管理模式，强调将组织目标与个人目标的实现相统一，放开对员工的管制，鼓励其参与组织决策，将人力资源管理提升为一种具有战略高度的管理模式。相比于传统的人事管理更加注重"以人为本"的思想。

人才资源不仅仅是公共服务的提供者，更是战略性人才管理宏图的绘制者，这也为人力资源管理提出了更高层次的要求，除了事务性的管理以外，更重要的是将人才资源利用上升到组织战略的高度上，加强对人力资源管理的创新。而且从新时期的改革方向来看，社会管理与社会服务水平日益加强的需要与建设节约型政府和控制政府的支出成本的趋势形成一种矛盾。如何合理利用有限的资源服务好大众是公共管理面临的一大难题。战略性人力资源管理为解决这一难题提供了思路，人力资源管理必须树立与市场经济相匹配的管理思想，建立科学规范、发展创新的战略人力资源管理体系，利用竞争优势的人才资源配置来达到公共服务的目的。

（四）"功绩制导向"及其对公务员绩效考核的影响

世界银行发展报告将功绩制解释为"建立基于才干而不是上级恩赐的录用制度"与"建立基于才干和业绩的内部晋升制度"。功绩制以结果为导向，指的是通过考试和考核的方法达到量才任职、优胜劣汰的人事行政制度。在我国建立公务员制度的初期就明确提出在国家公务人员的制度中实行功绩制原则，并将功绩制的指导思想贯穿于整个公务员的考核、录用和提拔的过程中，足见我国对功绩制原则效用的认可。实际上，功绩制代表了一种公务员的激励机制，也是公务员群体职业生涯前进的基本立足点。

从总体上来说，功绩制的实行有利于吸引拔尖人才，促进整体绩效的提高，从而有利于国家行政工作的高效运行。然而，我国受封建专制、"人治"思想、"官本"思想、机会主义思想、平均主义思想影响严重，功绩制导向的公务员绩效考核实践过程中也碰到了一些问题。长久以来，功绩制的绩效考核方式受到的挑战主要来自两个方面：评价方法欠缺客观性和以年资为主要晋升模式。这导致了公务员功绩制导向的绩效考核缺乏客观性。此外，现阶段我国公务员绩效考核的激励作用不明显，最终的公务员奖惩制度与其功绩挂钩并不显著，人事部门对于公务员的考核和晋升的重要指标仍旧是年龄和资历，严重挫伤了公务员的工作积极性。

（五）职业生涯管理的兴起及其对公职人员职业发展与管理的影响

职业生涯教育源于西方的职业指导实践，产生于 20 世纪 70 年代。近年来，职业生涯教育在国内逐步得到了接纳和普及，相关的职业生涯课程也逐步从人力资源管理专业的课程变成了大学生和研究生基本素质培训的必修课程。同时，对于人力资源管理来说，职业生涯教育也作为一种新鲜事物逐渐得到关注和认可。作为公务员，每个人的人生观、价值观和世界观，以及对自己事业的期望值都对个人职业生涯发展起到极为关键的作用。从政府角度来说，政府为公务员的职业生涯发展提供了必要的机遇和发展平台；除此以外，通过对公务员职业生涯发展状况进行有效管理和有利引导，有利于及时发现和满足基层公务员的兴趣及需求，以实现个人价值与组织目标的统一。此外，公平、公正、竞争的职业生涯实现平台对于激发公务员自身工作的热情和工作潜能具有重要意义，可以使公务员个体在实现自己职业生涯理想的同时，更好地实现自己服务于公众的社会价值。

通过对公务员进行职业生涯管理是"以人为本"思想在人力资源管理中的集中体现，合理的职业生涯引导可以使广大公务员正确认识自身的个体特征，发掘现有与潜在的优势，合理定位自己的职业道路，实现自己的职业理想。同时易于吸引真正的高素质人才。目前，除了少数几个地方政府以外，我国在人力资源管理中尚未开始大规模地、有计划地推行公务员职业生涯管理，但随着职业生涯理论的深入人心，未来公务员的职业生涯管理将是人力资源管理的重点方向之一。如何科学合理的设计公务员的职业生涯发展阶梯、开展生涯发展评估、实现公务员自身价值与公共价值、自身发展目标与组织和社会目标的整合一致等问题将成为实践中必须面对及解决的问题。

四、人力资源管理的问题

现代社会，公共机构的人力资源管理在整个社会人力资源管理方面占据着极其关键的地位，它是对整个公共机构的长远发展负责的一项管理制度，从我国现阶段人力资源管理状况来看，仍然存在很多问题，这些问题都严重影响了企业的正常运转与有效作用的发挥，面对整个社会人才竞争激烈的状况，必须意识到这一问题，采取有效措施，加强对人力资源的有效管理，不断加快推进我国人力资源管理的进程，针对人力资源管理展开讨论，分析其存在的问题以及解决措施。社会服务机主要负责社会公共事物的管理，以及为人们提供公共产品，完善公共机构的人力资源管理，在整个经济事务运行中具有十分重要的作用，不仅能够保证相关部门的工作效率，而且在整个的社会经济条件下也具有十分重要的作用，加强对人力资源的管理，必将成为一些公共管理部门各项工作中必不可少的一部分。

（一）人力资源管理

这一管理主要指的是要想有效地开展公共管理工作，保证公众的利益，就要依照我国相关的法律法规，来对部门内部的人力资源加以管理、维系、开发、奖惩。

（二）人力资源管理出现的问题

因为受到各种因素的影响，现阶段人力资源管理工作才刚刚起步，而且面临着十分复杂的现状，要想做好这一工作，仍然有很多的问题需要面对和解决。

1. 缺乏强烈的人力资源意识

随着时代的发展与变迁，人力资源在一家企业或者一个部门中的地位与作用也发生了重大变化，逐渐转向制约企业或部门发展的关键因素，与曾经的人事管理制度不同，现代的人力资源管理应该形成一种制度，一项规范，但是，现今的人力资源管理并没有跟上时代发展步伐，仍然局限于以往旧式的人事管理思想，没有积极配合现代发展的需求，导致很多的管理方法和意识已经无法发挥作用，内部人力资源的潜能也没有得到发挥，一些人本着"端铁饭碗"的思想，不思进取，混沌度日，缺乏创新与进取的意识，造成了所在部门的工作效率低下。

2. 人员培训与能力提高体系低效

现阶段，很多企业都出现了共同的问题，那就是单纯重视人力的管理，却没有进行重点开发，尚未突破传统思想的束缚，把人当作一个集体的附属品，是用来完成任务的机器，对人进行强迫性控制，却没有意识到要量体裁衣的道理，这就使得具有天赋的员工的价值得不到利用，才能无法施展，甚至是工作的热情受到不良影响，使得原本宝贵的人力资源无从发挥，而且缺乏对各个岗位工作人员的培训，也没有形成一定的考核制度来衡量这些人力资源的水平，这对人才潜能的发挥势必带来不利影响，容易使人才产生惰性，特别是一些最新加入的员工，由于没有接受培训的机会，导致在平常的工作中感到束手无策，原本的满腔热忱被打消在这样的制度环境下，一些员工才能得不到有效发挥。

3. 缺乏科学的激励制度

在国内的很多企业都形成了以薪酬与晋升为方法来激励员工努力工作，为企业创汇的制度，而且这些方法与制度都已经被广泛和成熟地应用，呈现出规范化、制度化等特征，由于在设计方面达不到科学要求，造成了这些激励机制的灵活程度不强，没有发挥其激励效果，甚至，在具体的落实中，出现了暗箱操作现象，使得原本的激励机制丧失了意义，各种人才不能够获得公平合理的对待。

（三）有效推进我国人力资源管理

在人才竞争不断强化和加剧的形势下，各国更加重视对人力资源的培养与管理，可以说，人才已经成为各国竞争的关键，各国之间的竞争实质上是人才的竞争。必须加强对人力资源的管理，采用科学的管理方法，实现积极社会作用的发挥。

转变思路，转向战略性的人才管理。现阶段的中国，仍然是发展中国家，正在一个特殊的转型阶段，各种工作都面临着一定的压力与挑战，在这种形势下，要加大战略型人才的培养，使他们能站得高，看得远，善于总揽全局，运筹帷幄。能正确制定大政方针，选择经营方向，正确把握组织的全局发展和长远发展。必须以与时俱进为原则，积极加强各项事业的管理，创新管理理论，改善政府职能，全面发挥人力资源的作用。

第四章 人力资源管理导论

不知何时起，吸引和保留人才的竞争变得非常激烈，对人力资源从业者提出未来10年他们认为的最大挑战，排名前三的分别是：保留及奖励最好的雇员、发展下一批领导层、创造组织文化以吸引最好的雇员。认识这些挑战并不难，难的是如何应对这些挑战。在世界经济逐渐恢复，我国经济发展进入"新常态"，新生代员工逐渐产生影响以及新技术革新不断推动的情况下，人力资源正处于"风暴"的中心。在这变革的时代，人力资源管理将面临怎样的挑战？

第一节 人力资源管理概述

一、人力资源及相关概念

资源是人类赖以生存的基础，是社会财富创造过程中不可或缺的重要内容。从经济学角度看，资源是指形成财富、产生价值的来源。人类财富的来源主要有两类：一类是自然资源，如土地、森林、矿藏、河流等；另一类是人力资源，来自人的知识、体能、智力等。最初自然资源被看作财富形成的主要来源，随着科技进步，人力资源的贡献越来越大，并逐渐占据了主导地位。经济学家萨伊（Jean Baptiste Say）将"土地、劳动、资本"归为资源构成的三要素。经济学家熊彼特（Joseph Alois Schumpeter）则认为，资源除了土地、劳动、资本三要素之外，还应该包括企业家才能（精神）。随着信息技术及互联网的广泛应用，很多经济学家认为信息、知识、管理等也是资源的构成要素。

（一）人力资源的概念及内涵

人力资源（Human Resource，HR）的定义分广义和狭义两方面。广义的人力资源指体力和智力正常的人。狭义的人力资源指在一定的时间和空间范围内所有具有劳动能力人口的总和，是蕴含在人体内的一种生产能力，以劳动者的数量和质量为表现的资源。它有以下内涵：它是某一国家或地区具有智力和体力劳动能力的人口的总和，包括数量指标和质量指标；它是创造物质文化财富、为社会提供劳动和服务的劳动者；它是蕴藏在人体内的一种生产能力，开发之后成为现实的劳动生产力。一个组织的人力资源是指该组织的全体员工，表现为员工的体力、智力、技能、经验等。

（二）人力资源的分类

人力资源按层次、规模可分为三个层次：人口资源、人力资源或劳动力资源、人才资源。人口资源是指一个国家或地区的人口的总体。人力资源或劳动力资源是对从事智力劳动和体力劳动的人口的总称，是人口数量和质量的统一，是潜在和现实人力资源的统一。现实人力资源主要指适龄就业、未成年就业及老年就业者，潜在人力资源主要指求学人口、服兵役人口，此外，还有一部分闲置状态如待业、求业、失业及家务劳动者。

（三）人力资源的特征

人力资源是不同于自然资源的一种特殊资源，概括为以下特征：

1. 能动性

人力资源是劳动者所具有的能力，人能够有目的、有计划地使用自己的脑力和体力。在创造社会价值的过程中，人力资源总是处于主动地位，是劳动过程中最积极、活跃、创新的因素。人既是价值创造的客体，又是价值创造的主体。自然资源服从于人力资源。

2. 时效性

人力资源的能量与人的生命周期密切相关。人的生命周期一般分为发育成长期、成年期、老年期等阶段。在发育成长期，体力和脑力处于积累阶段；进入成年期，人开始劳动并创造财富，成为现实的人力资源；而步入老年期，人的体力和脑力衰退，越来越不适合劳动。人力资源的时效性要求人在成年期及时开发和利用人力资源，避免浪费。

3. 增值性

人力资源具有明显的价值增值性。不论是集体还是个人，人力资源都不会因为使用而损耗，只会因为使用而不断地增强，尽管是有极限的。人的知识、技能和经验因为不断地使用、锻炼而更有价值。因此，在一定的时空范围内，人力资源能够不断增值。

（四）人力资源的作用

1. 人力资源是社会经济发展的主导力量

人力资源是社会财富形成的关键要素。社会财富是由对人类的物质生活和文化生活具有使用价值的产品构成，自然资源必须通过人力资源的转化作用才能实现财富增长，而人力资源的使用数量与效果决定了财富的形成量。同时，人力资源是社会经济发展的主要因素。现在以及将来经济持续、快速、健康发展的主要动力已不再是物质资源，而是拥有知识和技术的人力资源。人力资源既能提高物质资本，又能提高人力资本的生产率。人力资源可以使劳动者自我丰富、自我更新和自我发展；同时通过劳动者知识、素质、能力的提高，增进对物质资本的利用率与产值量，人力资源和人力资本的不断发展与积累，直接推动物质资本的更新和发展。

2. 人力资源是国家繁荣富强的前提

人力资源是国家强盛的重要因素之一，任何国家在经济、文化、科技等方面的快速发展，都离不开强有力的人才和智力支撑。教育是一个国家繁荣富强、持续发展的基础。国家之间的竞争，实际上是教育战略及国民素质的竞争。"第二次世界大战"之后的德国、日本,不论是政府、企业,还是家庭,都非常重视教育和人才培养,正是因为教育和人才优势,提供了国家发展所需的各类人才,从而加速了国家的崛起。

3.人力资源是企业各类资源的关键

企业是指集中土地、资金、技术、信息、人力等各种资源,通过有效的方式整合、利用,从而实现自身利益最大化并满足利益相关者要求的组织。在现代社会中,企业是社会经济活动中最基本的经济单位之一,是社会价值创造的最主要的组织形式。企业的出现既是生产力发展的结果,又极大提高了社会生产力水平。企业若要正常运转,就必须投入各种资源,而人力资源是保证企业最终目标实现的最重要、最有价值的资源,人力资源的存在及有效利用能够充分激活其他资源。

(五)人力资源状况分析

在一定的社会及组织环境中,人力资源必须同其他形式的资源相互结合,共同实现组织目标。不同组织的人力资源情况各有不同,只有深入了解组织的人力资源状况,才能从实际出发进行人力资源的管理与开发。一般而言,组织人力资源状况可从以下方面进行分析:

1.人力资源的数量

组织的人力资源数量是指组织拥有的员工总体,包括以下形式:

(1)实际人力资源

实际人力资源是指组织实际拥有和控制的员工总数,包括长期固定员工和临时聘用、兼职、咨询顾问等其他员工两大类。

(2)潜在人力资源

潜在人力资源是指组织目前尚未使用,但未来可能通过各种方式加以开发和利用的人力资源,潜在人力资源主要受行业、区域人力资源状况以及组织的经济实力、发展阶段、管理政策、文化等因素影响。

2.人力资源的质量

人力资源质量指人力资源的内涵要素,即人的社会、心理、行为等方面。当组织中人的思想观念一致、感情融洽、行动协调,就会达到人力资源优化的效果。人力资源质量体现为以下四点:

(1)知识与教育水平

知识与教育水平是指员工的教育程度、知识结构、工作经验、相关培训等情况。

(2)职业道德水平

职业道德水平是指与员工职业相关的道德、品行、修养等综合素质。

(3)专业技能

专业技能是员工素质与任职能力的结合,表现为行业性和职业性特征,通过与职务工作要求相吻合的程度来评价。

（4）身心素质

身心素质表现为体力、智力、身心健康等特征。

3. 人力资源的结构

分析一个国家、地区或一个组织的人力资源结构时，主要针对现实的人力资源。分析一个国家人力资源结构，可以从年龄构成、教育水平、产业与职业分布、区域及城乡分布等方面进行。对企业人力资源的结构分析则主要围绕以下因素进行：

（1）年龄结构

各个年龄段的员工在员工总数中所占的比例。年龄结构不同，企业人力资源管理的侧重点必然不同，如员工队伍年轻化，则员工技能培训的任务可能较重，而相对老龄化的企业，招聘录用新员工的任务则会较重。

（2）学历结构

研究生、本科、大专、中专及以下学历层次的员工在员工总数中所占的比例。学历结构能反映员工队伍的知识水平。

（3）职位分布

不同职位层次或不同类别岗位的员工在员工总数中所占的比例。按传统的组织理论，员工的职位分布是"金字塔"形的，职位级别越高，则员工人数越少。

（4）部门分布

各个部门的员工在员工总数中所占的比例。如工业企业，通常设立市场营销、生产加工、工程技术、行政后勤等部门，不同性质的部门对企业的价值和贡献程度必然不同，直接创造价值的部门要比辅助和后勤部门的员工人数相对较多。

（5）素质构成

素质构成主要指员工的个性、品性、能力、知识和体质等特征，一般分为语言描述和分数描述两种形式。

此外，人力资源结构分析还有性别、工龄、学历、职务职称、专业能力等因素。在经济全球化及组织管理快速变革的环境中，企业人力资源的结构分析还应考虑地域、国别、文化、工作与家庭等方面因素。

二、人力资源管理及相关概念

（一）人力资源管理的概念及内涵

1. 人力资源管理的概念

人力资源管理（Human Resource Management，HRM），是指对人力资源的生产、开发、配置、使用等诸环节进行的计划、组织、指挥和控制等一系列的管理活动。人力资源管理也可理解为：组织对人力资源的获取、维护、运用及发展的全部管理过程与活动。

2.人力资源管理的内涵

人力资源管理是对社会劳动过程中人与事之间相互关系的管理，为谋求社会劳动过程中人与事、人与人、人与组织的相互适应，实现"事得其人、人尽其才、才尽其用"。人力资源管理是研究管理工作中人或事方面的任务，以充分开发人力资源潜能、调动员工的积极性、提高员工的工作质量和效率，实现组织目标的理论、方法、工具及技术。

人力资源管理是通过组织、协调、控制、监督等手段进行的，对组织员工产生直接影响的管理决策及实践活动。人力资源管理是为使员工在组织中更加有效地工作，针对员工的招聘、录用、选拔、考核、奖惩、晋升、培训、工资、福利、社会保险、劳动关系等方面开展的工作。

（二）人力资源管理的目标任务

1.人力资源管理的目标

关于人力资源管理的目标，国内外学者有不同的观点。董克用从最终目标和具体目标两个层次来阐述。他认为人力资源管理的最终目标是帮助实现企业的整体目标。作为企业管理的一个重要组成部分，人力资源管理从属于企业管理系统，人力资源管理目标应当服从并服务于企业目标。在最终目标之下，人力资源管理还要达成一系列的具体目标，如：保证组织需要的人力资源数量和质量；为人力资源价值创新营造良好的环境；保证员工价值评价的准确有效；实现员工价值分配的科学合理。

2.人力资源管理的主要任务

人力资源管理的主要任务体现在吸引、使用激励、培养开发、维持四个方面。

（1）吸引

吸收合适及优秀的人员加入组织是人力资源管理活动的起点。

（2）使用（激励）

员工在本岗位或组织内部成为绩效合格乃至优秀者。激励是人力资源管理的核心任务。如果不能激励员工不断提升绩效水平、为组织作贡献，则人力资源管理对组织的价值就无法体现。

（3）培养（开发）

员工拥有能够满足当前和未来工作及组织需要的知识及技能。开发既是人力资源管理的策略，更是达成员工与组织共同发展之目的。

（4）维持

组织内部现有员工能继续留在组织中。维持是保证组织拥有一支相对稳定员工队伍的需要，也是组织向员工承诺的一份"长期合作、共同发展"的心理契约。

在企业管理实践中，人力资源管理的四个任务通常被概括为"引、用、育、留"四个字。

（三）人力资源管理的基本内容

人力资源管理是为了实现人事协调、匹配而开展一系列管理活动，通过人与事的优化配置来提高组织效益、促进人的发展。人力资源管理的基本内容包括以下几个方面：

1. 人力资源规划

人力资源规划是指对人力资源及其管理工作的整体计划，包括战略规划、组织规划、制度规划、人员规划及费用规划。人力资源规划涉及以下方面：根据组织总体战略，确定人力资源开发利用的大政方针、政策、组织结构及工作职责；建立组织人力资源管理的制度体系；对组织人力资源的供求关系进行预测分析；对组织人工成本、人力资源管理费用等进行计划和控制。

2. 员工招聘与员工配置

员工招聘是指基于组织的人力资源规划和工作分析，明确所招聘员工的职责、权利、待遇及资格条件。通过不同的招聘形式，运用相应的方法、技术，以恰当的成本从职位申请人中选出最符合组织需要的员工。员工配置是指根据人力资源配置原理，结合组织内部的劳动分工与协作，对员工在时间和空间上进行合理配置，使员工在一定的劳动环境中开展工作。

3. 员工培训与开发

员工培训与开发是指采取各种方法和措施培训员工，提高员工的知识、技能、工作能力，并利用组织文化引导员工的个性发展及素质提高，以适应组织当前及未来发展的要求培训与开发。主要包括：对新进员工进行入职培训，教育和培训各级管理人员、专业技术及工勤人员，为使员工保持理想的技能水平、工作状态而组织开展相关活动。

4. 绩效管理与考评

绩效管理与考评包括：建立和完善组织的绩效管理系统，引导员工为实现组织和个人目标、提高工作绩效而努力；制定符合组织需要且激励员工为之努力的工作目标，不断强化并付诸实施；围绕绩效目标，制定绩效考评指标体系、设计考评方法和工具，使考评程序与结果公平公正；采取恰当的方式反馈员工的绩效考评结果。

（四）人力资源管理的衡量指标

人力资源管理活动的有效性，应通过一定的测量和评价指标来衡量。以下指标可以从某些方面反映人力资源及管理状况，为加强或改进人力资源管理提供参考。

1. 劳动生产率

劳动生产率是最基本和通用的指标，通过人均产值、人均利润、人均效益等表现，适用于同一行业内各企业之间的横向比较或同一企业在不同时期的纵向比较。因为影响因素涉及企业经营管理活动的各个方面和环节，所以只有当企业基本条件较为接近时，劳动生产率的差别才能反映出人力资源管理水平。

2. 人工费用率

人工费用率是指人力资源的投入（占用资金）与产出（工作绩效）之间的比率，它能反映人力资源投资活动的有效性，衡量人力资源管理活动的效益。人工费用率可针对企业人力资源总体计算，也可将每一项人力资源管理活动所消耗的成本费用与该活动的收益进行比较。

3. 员工流动率

员工流动率主要反映员工在某一组织中连续工作的情况。人员流动状况是员工士气的晴雨表，反映了企业人力资源管理政策和水平。造成员工非正常流动的客观因素主要有：企业薪酬政策不合理；现有工作不能实现员工的理想抱负，组织不能为员工提供更好的发展机遇；员工之间关系紧张，工作条件和环境不和谐，内部管理制度不合理；区域经济、行业发展及企业前景不佳等。

4. 考评合格率

考评合格率是指员工实际工作状况与工作既定目标和标准之间的符合程度，不仅可以反映员工的工作表现与业绩状况，而且可以反映员工的工作效果、知识、技能、素质等方面情况，还能反映企业在工作标准及监督管理等方面的问题。对上述问题的分析研究能为员工的招聘录用、培训开发、薪酬分配、人工成本控制等管理政策的制定和修改提供依据。

第二节 人力资源管理的历史、现状和未来

一、人力资源管理的演进

人力资源管理的形成和发展基于一定的实践基础和相关的理论借鉴。一方面，不断发展的企业人力资源管理实践推动了人力资源管理学科的建立与发展；另一方面，管理学、经济学、社会学等理论为人力资源管理实践的发展奠定了理论基础。

（一）人力资源管理的理论发展

1. 传统的科学管理

20世纪初期的管理阶段被称为"科学管理理论阶段"。美国管理学家泰勒（F.W.Taylor）提出以下观点：第一，人是为了物质需要而工作的；第二，任何工作都可以用技术上最合理的方式完成；第三，人的素质和能力不同，必须科学选择，寻找适合不同工作的员工；第四，人天生不爱工作，只有通过监督才能防止其偷懒；第五，社会分工中出现专门的管理职能。

与泰勒的科学管理理论相对应，关于企业人事管理方面的研究成果主要有：第一，以事为中心，以任务为指导，实行标准化的劳动管理；第二，把人视为"经济人"，以物质利益为一切行为的动力；第三，按劳动者完成工作的数量和质量进行分配并采取相应的物质激励；第四，为使员工标准化操作、提高劳动生产率而重视员工的在职训练；第五，出现人事管理部门，主要负责员工招聘、调配劳动力和协调劳动关系。

2. 行为科学管理

20世纪初至20世纪60年代，工业化国家增多，企业管理实践不断丰富，理论界在探讨科学管理的贡献与不足的基础上，形成了行为科学理论学派，如人际关系理论、需求层次理论、人性特质理论等。

（1）人际关系理论

梅奥（G.E.Mayo）经过多年的实践研究，认为工作标准化、经济利益的驱动并不是提高生产效率的关键，员工的关系改善、士气提高等才是提高劳动生产率的重要因素。

（2）需求层次理论

马斯洛（A.H.Maslow）探讨了人的行为动因及需求状况对人的行为方式的影响，提出生理、安全、感情与归属、尊重、自我实现的五层次需求，认为需求结构变化及未能满足的需求是决定人们行为的真实动因。

（3）人性特质理论

X理论主张人性本恶，为此要采取指挥、监督、强制、惩罚等手段去管理；而Y理论主张人性本善，管理者应创造一个能满足员工多方面需要的环境，用民主、和谐、激励、引导等手段进行管理。麦格雷戈（D.McGregor）提出X—Y理论，主张对不同的人采取不同的管理方式，或采取严密的组织监督管理，或采取宽松的民主参与管理。威廉·大内（William Ouchi）在研究日本企业管理的基础上提出Z理论：企业应长期雇用员工，鼓励员工参与企业管理，注重对员工全面培训，形成员工的稳步提升制度及规范的评价检测机制。

与行为科学理论相对应的人事管理或人力资源管理有以下特点：第一，人不仅是"经济人"，而且是"社会人"，社会心理、人际关系等因素是影响员工工作的直接动因；第二，生产效率的提高不仅取决于工作条件和工作方法，还受到员工士气、家庭、企业、社会人际关系等综合因素的影响；第三，非正式群体是影响人们行为方式的重要力量，管理者要善于引导非正式群体的活动，使之与正式组织目标一致。

3.现代管理理论

20世纪60年代至20世纪末，随着经济社会的发展，出现了许多经济管理的新思想、新理论，对企业管理实践影响很大，我们称之为"现代管理理论"。现代管理理论包括许多学派，主要有以下两个。

（1）社会系统学派

社会系统学派认为社会组织是由相互协作的个人组成的系统，包括协作的意愿、共同的目标、信息的沟通联系，非正式组织与正式组织相互制约并对正式组织产生影响。

（2）权变学派

权变学派认为没有绝对合理的管理方式，管理者要根据企业所处的环境条件随机应变，选择最适合的管理方法。

与现代管理理论相对应的人力资源管理有以下特点：第一，人不但"复杂"且变化很快；第二，人的需求同所处的组织内外环境密切相关；第三，人在组织中的作用得到重视，追求组织整体效益的最大化；第四，人的智力开发、素质提高及人与人之间的协调以及合理配置得到重视；第五，管理向信息化和智能化方向发展，出现人力资源管理信息系统。

4. 人力资本理论

美国经济学家舒尔茨是人力资本理论的构建者。人力资本理论提出了广义的资本概念，即国民财富包括物质资本与人力资本。人力资本理论指出：人力资本的积累是社会经济增长的源泉，人力资本投资收益率超过物力资本，人力资本在各生产要素之间发挥着替代和补充的作用。

（1）人力资本的概念

人力资本是一种存在于人体内的生产要素，是具有经济价值的知识、技能、体力等的总和，能为投资者现在和未来带来一定量的收入。

人力资本具有两重属性：一是"物"的属性，可以作为商品进行交易和买卖，目的是实现载体收益的最大化；二是"人"的属性，人力资本与其载体——人具有不可分离性，人的偏好、行为与意志会影响人力资本发挥的实际效果。

（2）人力资本的特征

人力资本首先具有独占性，物质资本的产权可以变更，而人力资本则不能，尽管企业占有人力资本，但只能通过人与人之间的影响来使用，人力资本的形成、使用、流动及开发等自主权最终归属于劳动者。其次是潜在性，物质资本的价格主要由社会必要劳动时间决定并受市场供求关系影响，而人力资本的价值具有潜在性，对不同意愿和能力的人进行投资，可能产生不同的人力资本。此外，人力资本具有专用性，物质资本的价值具有通用性，而人力资本因劳动分工、专业化、个体能力等不同，具有一定的不可替代性，当人力资本的所有者将其劳动能力与某一特定的组织、工作及任务相结合，则表明已按照相应的专业标准去改造个体。

（3）人力资本的投资

人力资本的形成需要一定的条件，为提供这些条件而进行的投入称为"人力资本投资"。

为提高劳动者的素质和能力，在健康、教育、培训等方面投入的资金、实物、劳动等都属于人力资本投资。个人、家庭、组织、社会都可以成为投资主体。企业是追求微观效益的经济组织，也是社会劳动者就业的主要场所，在人力投资活动中具有重要的地位。

企业人力资源投资具有特殊性，它以改善人力资源状况并提高企业经营效益为目的。由于企业与员工的利益目标具有差异性，相互关系具有可变性，其投资效果具有很大的不确定性。

企业的人力资本投资一般有两个原则：一是功利原则，人力投资必须为企业带来现实利益，即收益大于投入；二是激励原则，人力投资作为一种管理手段，不仅可以提高员工的技能，而且可以提高员工对企业的忠诚度。

（二）人力资源管理的实践发展

19世纪末至今，人力资源管理实践不断发生变化，从强调物质、资金到重视人，管理手段、方式、方法更加多样化，管理思想更为人本化，大致可分为以下三个阶段：

1. 人事管理

人事管理是指对组织中人的管理工作，即"用人办事"。广义的人事管理是指所有管理者共同的工作。狭义的人事管理是将组织中对人的管理工作作为一项专业化活动。

西方资本主义国家的许多企业实行的是人事管理，主要任务是确保员工按企业的规定程序参与生产作业及管理过程，通过行政手段对员工的招聘、录用、解雇、培训、人事档案、工资福利等方面进行管理。企业人事管理的方式和内容不断变化，开始注重劳资协调。随着工会运动的蓬勃发展，企业迫切需要人事部门与不断壮大的工会组织相抗衡，人事管理成为处理劳资关系的工具。此外，美国各州政府先后出台一系列劳动用工方面的法律法规，对劳动就业状况和企业用工行为进行强制性干预，企业人事政策随之调整，员工的自主性提高、人工费用中的非生产性内容显著增加，有效而合法的人事管理活动越来越重要。

2.人力资源管理

20世纪60年代至80年代是人事管理向人力资源管理发展的过渡的阶段。越来越多的企业重视人力资源，把提高组织竞争力的重点放在员工的开发和利用方面，希望通过组织与员工的共同发展促进企业的持续发展。

人力资源管理强调"以人为本"、人与事的统筹协调，将员工视为组织中重要的资源，注重开发和利用人的潜能，通过发挥人的作用提高劳动生产率。人力资源管理主要围绕人员招聘、甄选、培训、考核、激励等一系列环节展开，丰富和扩大了传统人事管理职能，从行政事务性的员工管控转变为通过建立一整套人力资源规划、开发、利用与管理的综合系统来达到组织目标、提高组织竞争力。人力资源部门的地位不断上升，职能不断扩展，逐渐参与企业的经营管理，与直线经理相互配合，不仅以资源利用的经济效果向企业负责，而且以所提供的工作和生活质量向员工负责。人力资源管理逐步从员工的"保护者"和"甄选者"向企业发展的"规划者"和"变革者"转变。

3.战略性人力资源管理

战略性人力资源管理始于20世纪80年代中后期，经欧美等发达国家企业管理实践证明，它是组织获得长期可持续竞争优势的战略途径。战略性人力资源管理是为企业能够实现目标所进行和采取的一系列有计划、有战略意义的人力资源部署及管理行为。战略性人力资源管理是企业战略的重要组成部分，其管理决策具有更长久的思考价值和更广泛的影响。

二、人力资源管理的发展趋势

（一）新型人力资源管理

在20世纪的大部分时间里，人事管理者或人力资源管理者所关注的主要是事务性工作，从最初的工资发放、福利计划、人事档案管理等，到后来的人才测评、招聘甄选、员工培训等。今天，由于全球化、多元化、技术与管理变革、劳动力队伍发展以及社会经济转型等因素，企业面临着更多的不确定性、激烈的竞争和严峻的挑战。在这种情况下，企业不仅期望而且要求人力资源管理者具备帮助企业积极应对各种新挑战的能力。新型人力资源管理提出了以下三方面的要求：

1. 关注更多的全局性问题

人力资源管理将越来越多地关注整个公司的全局性问题。比如，一家公司决定建立新的工厂，该工厂主要生产各种金属零部件。管理团队很清楚，如果没有一支能够在团队里顺利开展工作、对个人工作进行有效管理以及操作各种自动化设备的员工队伍，新工厂将无法运行。公司的管理团队与人力资源部门展开了紧密合作，制订并执行雇用计划，开展公司所需的人力资源管理活动，使得新工厂成功开业运营。显然，该公司的人力资源管理团队有力地支持了公司的发展。

新型人力资源管理的第一个变化是人力资源管理者关注组织中更为全局性的一些问题，而不只是完成一些事务性工作。企业希望人力资源管理者成为组织的内部咨询顾问，识别出那些有助于员工更好地为组织成功作出贡献的变化，并且使这些变化得以制度化。此外，企业还希望人力资源管理者能够帮助高层管理者制定并执行组织的长期规划或战略。

2. 有效运用提供事务性服务的新方法

人力资源管理者正在把注意力由提供事务性服务转向为高层管理者提供"信息性和支持性"的决策建议。那么，人力资源常规事务性工作由谁来做呢？新型人力资源管理者显然必须运用新的方法来提供传统的且"最基本"的事务性服务。实践证明，人力资源管理者可采用以下方法来实现这一目标。比如：企业可以将福利管理等服务项目外包给服务供应商，供应商利用技术帮助企业建立内部网站，让员工对个人福利进行自我计划和管理；企业也可以建立专门的集中呼叫中心，以便回答员工及其上级提出的与人力资源相关的各种咨询。

3. 具备更多、更新的专业技能

进行战略性谋划、做内部咨询顾问以及与外部服务供应商和技术打交道，这些都要求人力资源管理者具备新的人力资源管理技能。人力资源管理者除了需要具备员工甄选、培训、薪酬管理等方面技能外，还需要掌握更多的业务知识和专业技能。比如：为帮助高层管理者制定战略，人力资源管理者需要掌握战略规划、市场、生产及财务等方面知识。此外，今天的人力资源管理者必须掌握"财务总监的语言"，用可衡量的财务指标，如投资回报率、单位服务成本等来对人力资源管理活动做出解释。

（二）战略性人力资源管理

简而言之，战略性人力资源管理是通过制定并实施相关的人力资源政策和实践，帮助组织获得实现其战略目标所需的员工能力和行为。比如：上述公司的战略性人力资源管理要求员工具备在新工厂工作的知识、技能，那么，该公司的战略性人力资源规划就要包括员工所必需的知识和技能，如何招募、测试、甄选以及培训新员工等等。该公司的管理者很清楚，如果员工不具备必要的知识、技能，没有进行必要的培训，新工厂将无法运行。该公司的战略性人力资源规划使得公司能够雇用到帮助企业实现目标的员工。

（三）循证人力资源管理

在充满各种挑战和不确定的环境中，企业希望其人力资源管理团队能够用更多的数据或证据来说话。所谓循证人力资源管理（Evidence-based HRM），就是运用数据、事实、分析方法、科学手段、有针对性的评价以及准确的评价性研究或案例研究，为提出的人力资源管理方面的建议、决策、实践、结论提供支持。简而言之，循证人力资源管理就是谨慎地将可以得到的最好证据运用于人力资源管理实践的有关决策中。这些证据可能来自实际的衡量，也可能来自已有的数据，或者来自公开发表的评估性科学研究。

（四）伦理道德管理

伦理是指人与人相处的各种道德准则，它决定了一个人采取行动的各种标准。当今社会，人与人、人与组织、组织与组织之间的关系越来越复杂，组织活动中涉及的伦理问题也越来越多。组织要想长久地发展，既要遵守法律，也要遵守伦理规范，管理者必须正视由组织行为所引起的伦理道德问题。

在我国经济快速发展和转型时期，企业伦理道德建设相对滞后，在人力资源管理中存在许多有悖伦理道德的问题，如侵犯员工人身权利、损害员工身心健康、忽视人道关爱等问题，一定范围内存在职业、岗位、性别、年龄等歧视现象以及分配不均、用人不公等问题。我们必须加快人力资源管理伦理道德建设的步伐，一方面加强内部管理的法制观念、伦理规范、管理理念、组织文化及价值观等的改造，另一方面完善社会主义法制体系内的企业管理制度建设，加强外部环境对企业伦理道德的有效引导和监督约束。

第三节 人力资源管理与企业核心能力

一、企业战略管理概述

（一）企业战略管理过程

1. 企业战略相关概念

企业战略（Enterprise Strategy）是指企业在预测和把握环境变化的基础上，为求得长期生存与发展所做出的整体性、全局性、长远性的谋划及对策，是企业为达到目标、完成使命所作的综合性计划。

为规划和达成组织的长远、全局、根本性的目标，管理者必须对企业进行战略管理。随着经济全球化进程的加快及国际竞争的加剧，人们对企业战略管理的要求也越来越高。

2. 企业战略管理的形成

企业战略管理是通过将组织的能力与外部环境要求进行匹配，从而确定和执行组织战略的过程。企业战略管理包括以下步骤：第一步：界定当前的公司业务是组织战略规划的逻辑起点。第二步：进行组织外部和内部的分析与审视，可使用环境扫描工作单（Environmental Scanning Worksheet）和 SWOT 分析图（Strengths-Weaknesses-Opportunities-Threats Chart）两种工具，企业战略应与组织的优势、劣势、机会及威胁等情况相吻合。第三步：确定公司新的发展方向，形成对组织愿景和组织使命的陈述。第四步：将组织愿景和使命转化为总体战略目标。第五步：制定具体战略及行动方案来实现组织的战略目标。第六步：执行战略，将战略转化为行动。第七步：评估组织绩效。

（二）企业战略的分类

在实践中，企业管理者需要运用三个层次的战略，即：公司战略（Corporate Strategy）、竞争战略（Competitive Strategy）和职能战略（Function Strategy），每个层次的战略分别对应公司的一个管理层次。

1. 公司战略

公司战略需要解决"我们要进入多少个业务领域以及进入哪些业务领域，取得怎样的经营效益"等问题。公司战略通常包括以下五种类型：

（1）集中战略

公司通常只在单一市场上提供一种产品或者从事一种产品的生产。

（2）多元化战略

公司需要通过新增业务方式实现经营扩张。

（3）纵向一体化战略

公司通过自行生产原材料或者直接销售产品等方式延伸价值链，实现企业扩张。

（4）收缩战略

公司缩减规模或业务。

（5）地域扩张战略

公司拓展海（境）外业务。

2. 竞争战略

竞争战略指一切能够将公司的产品和服务与其竞争对手区别开来，从而提高公司所占市场份额的战略，实际上是明确如何培育和强化公司业务在市场上的竞争地位。管理者可以运用不同的竞争战略来获得竞争优势，如：成本领先战略、差异化战略及聚集战略。人力资源可以成为组织的一项竞争优势。企业竞争战略的实施必须依赖一支素质优良、结构合理的员工队伍。实践证明，员工的能力和动机代表了一种不可或缺的竞争优势。

3. 职能战略

企业的战略选择对于实际承担各项任务的各个工作部门而言，每个独立的业务单位都必须根据企业的战略规划来制订自己的行动方案。职能战略是界定每一个部门为帮助本业务单位实现竞争目标应完成的各项活动的战略，如：品牌战略、财务战略和人力资源战略等。

我们把人力资源战略（Human Resource Strategy）理解为：企业根据内部和外部环境分析及企业发展需要，确定企业目标及人力资源管理目标，进而通过各种人力资源管理职能活动来实现企业目标和人力资源管理目标的过程。

二、战略性人力资源管理

企业一旦决定了总体战略和竞争战略，就必须制定相应的职能战略加以支持，人力资源战略是其中之一。每个企业的人力资源管理政策和活动都必须与组织整体战略目标相吻合。

（一）战略人力资源管理的形成

企业战略是权威支配下的有计划的生产经营管理体系。从人力资源角度来讲，企业战略必须回答：从谁出发确定企业目标、依靠谁来实现企业目标、如何获得实现企业所需要的各类人员等问题。

1. 企业战略依赖于人力资源及其管理

企业战略的关键是整合并优化组织内外的人、财、物、信息等各类资源，以获取市场竞争优势。首先，人力资源为企业战略规划提供了支持。根据企业战略管理理论，企业一方面要分析自身的优势和劣势，另一方面要洞察外部的机遇和威胁。在对企业优势与劣势的分析中，人力资源状况尤为重要，员工队伍的数量、素质、结构、绩效水平等直接影响企业战略目标及实现。在对企业外部机遇和威胁的分析中，国家及地方的相关法律法规、人力资源市场的供求关系、竞争对手的人力资源状况以及管理政策等，也是企业制定战略决策时所必须高度关注的。其次，人力资源管理为企业战略的实施提供了保障。企业战略一般会受到许多因素影响：组织结构、工作设计、人员选拔、培训开发、薪酬分配和信息管理等，在这些因素中，有些属于人力资源职能范畴，有些则受到人力资源状况的影响。

2. 企业战略决定人力资源管理方向

企业所采取的低成本、差异化、集中化等不同战略将决定不同的人力资源管理政策。企业的低成本战略注重生产的高效率，关注产品数量，在经营中规避风险、追求较稳定的环境。该类企业在员工的职责、任职资格等方面有清晰的界定，采取以行为和工作成果为中心的绩效管理方式，薪酬分配建立在绩效考核基础之上。

企业的差异化战略注重产品和服务的特色化，注重企业在不稳定环境中的适应性和创新性。该类企业对职务工作的界定较为宽泛，以激发员工的创新意识；培训开发活动着重培养团队的协作能力和企业精神；企业通常采取目标管理与考核方式鼓励员工的创新性行为。

3. 战略性人力资源管理的形成过程

战略性人力资源管理是指制定和实施有助于组织获得实现战略目标所需要的员工的素质和行为的一系列政策措施。战略性人力资源管理理念其实很简单，就是在制定人力资源管理政策和措施时，管理者的出发点必须是帮助企业获得实现战略所需要的员工技能和行为。企业高层管理者首先需要制定战略规划，包括对员工队伍的具体要求；其次在对员工队伍需求的前提下，人力资源管理者必须制定人力资源战略（包括人力资源政策和实践）来获取组织需要的员工技能、胜任素质以及某些行为；最后人力资源管理者需要确定用哪些衡量指标来评估新的人力资源管理政策和实践。

（二）企业人力资源战略与政策

管理者把支持组织战略目标的人力资源管理政策和实践称为"人力资源管理战略"。在充满挑战的时代，企业需要通过调整战略和政策来应对所面临的现实，因此许多企业开始对人力资源管理政策做出相应的调整，以适应企业新的战略和经济现实。

（三）战略性人力资源管理工具

管理者通常运用以下几种工具将组织整体战略目标分解为具体的人力资源管理政策和实践。

1. 战略地图

战略地图是一幅形象展示各个部门如何为企业战略目标的达成作出贡献的"蓝图"。它有助于管理者理解本部门在实施企业战略规划方面所扮演的角色。

2. 人力资源计分卡

人力资源计分卡用来管理员工的绩效，并将员工与组织的关键目标联系起来。它主要包括确定财务和非财务指标、监控和评价绩效以及快速采取修正行动三部分。

管理者通过使用一种特殊的计分卡软件来完成上述工作。计算机化的计分卡设计过程有助于管理者对以下三个因素及其之间的关系做出量化处理：一是各种人力资源管理活动；二是活动所产生的员工行为（如客户服务等）；三是活动所产生的公司战略后果及绩效（如客户满意度、利润率等）。

3. 数字仪表盘

数字仪表盘通过电脑桌面上显示的图表或图片，向管理者形象地展示在公司战略地图上出现的各项活动，目前在公司中进展到什么阶段以及正在朝哪个方向前进；同时，数字展示为管理者提供了采取修正措施的机会。例如，美国西南航空公司高层管理人员的数字仪表盘是电脑屏幕上展现的战略地图的各项活动，如快速转场、吸引和留住顾客、航班准点等实时进展情况，如果地勤人员今天为飞机提供的转场服务速度太慢，那么除非管理者及时采取措施，否则明天的财务结果就会下滑。

三、企业人力资源管理的主要职责

企业是开发利用人力资源的基本经济组织。企业人力资源管理必须结合组织战略，建立符合企业管理及市场规律的组织架构以及人力资源管理策略，充分发挥人力资源部门和各级管理者对企业管理的作用。

（一）企业的组织结构设计

企业把员工纳入特定的组织体系中，通过有计划的分工协作来实现组织目标。组织结构是围绕组织任务、工作内容、责任、权利等方面建立的制度化的工作体系，表现为管理层次和内部机构的设置。在进行组织设计时，如何划分工作部门、设计管理层级、确定指挥路径、配置决策权限等是影响企业分工协作方式和组织运行效率的关键。

1. 直线制组织结构

直线制组织结构是一种简单、集权式的传统组织结构。该组织结构不设职能管理部门，实行自上而下的指挥控制。该组织体系的优点是：结构简单，指挥系统清晰，权利集中；责权关系明确，信息沟通迅速，解决问题的效率较高。缺点是：缺乏专业化的管理分工，经营管理事务依赖于少数的管理者；当企业规模扩大后，管理负荷会超过承载者的限度。因而，该组织结构一般仅适用于规模较小、业务简单的企业。

2. 职能制组织结构

职能制组织结构是一种按职能分类管理的传统的组织结构。该组织结构把企业生产经营活动按业务职能进行划分，对不同领域的工作按专业技术规律进行管理，各职能部门之间既相互支持又彼此制约，形成分工协作的组织体系。该组织结构的优点是：各职能业务领域的专家是高层管理者的参谋，参与直线管理，提高了组织的专业化分工协作效率。缺点是：不同职能会因利益争夺而产生矛盾，影响组织运行和整体目标的实现。

3. 直线职能制组织结构

直线职能制组织结构又称"事业部制组织结构"，是一种以直线结构为基础、职能结构为辅助的组织形式。该组织结构在高层管理者领导之下分别设置直线部门与职能部门，经营指挥权虽然掌握在直线经理手中，但受到职能部门的指导与监督。该组织体系体现了集权与分权的结合，既有统一指挥的力度和效率，又保持了管理的专业化，职能部门的参谋作用弥补了高层管理者专业知识与能力的不足。但是，该组织结构的组织体系及管理方式不够灵活，不能适应外界环境快速变化的要求。

（二）企业人力资源管理策略

企业必须根据自己的经营战略、组织结构、地域行业、产品市场定位和生产作业方式等特点，选择符合自身实际的人力资源管理策略。

1. 市场本位制

市场本位制与企业的规模生产和成本领先策略相对应。它通过同类产品的大批量生产，以低成本赢得竞争优势。企业与员工是短期的劳动交易，存在"因事用人"的管理思想。

2. 企业本位制

与企业差异化生产经营战略相对应，企业本位制强调产品的高质量、独特性、技术专长和品牌形象，通过溢价收益获得竞争优势。企业与员工长期合作，存在"事在人为"的管理思想。

3. 人才本位制

人才本位制与企业的创新战略相对应。人才本位制在差异化基础上强调产品的持续改进和创新服务，企业与员工相互促进，以创新活动引领市场发展，从而形成企业的竞争优势。

四、人力资源部门及管理者的角色定位

人力资源管理既是企业管理的重要部分，也是一项系统性管理。为有效开展人力资源各项实践活动，企业需要建立相应的职能部门，拥有专业化的管理队伍，并需要不同层级的管理者分工协作、共同参与。

（一）人力资源部门的职责

1. 战略合作者

人力资源部门必须从人力资源角度分析企业的发展状况、存在的问题及对策，作为高层管理者的参谋机构，对重要的人事政策与人事调整提出方案和建议，确保人力资源管理目标、政策及程序的贯彻执行。

2. 管理执行者

人力资源部门必须率先贯彻执行人力资源方面的政策和制度，负责人力资源专业化管理、宣传解释并推行制度实施、分析和处理执行过程中的问题。

3. 咨询服务者

人力资源部门要为企业管理者及员工提供相关的指导和服务，从专业角度提供安全有效的政策信息以　及合法合理的解决方案。如：协助直线经理开展员工的选拔、培训、考评、激励、调配等工作；督促管理者遵守国家和地方的劳动人事法律法规；帮助员工规划职业发展，处理劳动纠纷等。

4. 改革推动者

随着人力资源管理层次的提升、职能的拓展，人力资源管理作为组织战略体系的一部分，必然走在组织变革的前列。如：调节员工与组织关系，进行跨文化的员工管理，探索人力资源外包、人力资源价值管理等创新模式。

（二）不同管理者的人力资源管理角色

人力资源管理必须由不同的管理者分工协作，高层及中层管理者都有人力资源管理职责。

1. 高层管理者的职责

一是根据企业战略目标、协调各方面利益关系，确定组织人力资源政策及战略规划，贯彻企业的组织文化、价值观，决定相应管理措施的制定和实施。

二是把人力资源与其他形式的资源有机结合，建立组织机构及运行体系，选择恰当的人力资源管理模式。

三是直接对组织中高层管理人员及技术核心人员进行管理，保持管理群体的稳定性和凝聚力，加强与核心员工的沟通联系。

2. 人力资源经理的职责

一是作为企业高层管理者的战略伙伴，参与企业重要的管理决策，在重大政策制度及人事安排方面进行谋划，为组织人事方面的疑难问题提供解决方案。当然，其还必须了解企业的其他业

务及管理领域。

二是作为组织管理的教练员，掌握人力资源专业知识及相关学科知识，具有较强的指挥、领导、控制和创新能力，具有一定的影响力、感召力及人格魅力等，洞察员工的思想、影响员工的行为动机。

三是作为职能领域的专家，洞悉当前人力资源管理的发展势态，具有全局思维和不断变革的勇气，具有运用大数据分析、有效解决实际问题的技术方法，以战略性人力资源管理思路构建高绩效的工作系统，不断探索人力资源管理策略及实践改革。

3. 直线部门经理的职责

企业的生产、营销等直线部门经理要帮助高层管理者设计组织战略规划，负责本部门的职能战略规划，领导员工执行其职能战略并开展相应的业务活动。此外，作为所在部门及员工的管理者，直线部门经理还必须承担人力资源管理职责。

一是在选拔任用员工时起主导作用，指导新员工熟悉工作及组织环境，训练员工掌握工作技能，分派员工工作，帮助员工提高工作积极性、改进工作绩效，对所属员工的薪酬分配提出建议，培养员工的工作协作关系，开发员工的潜力，维护员工的身心健康。

二是制定职能战略规划，管理本部门的人事费用，宣传并推行组织人力资源管理方面的制度规范及管理理念。

三是当组织规模扩大、人事关系不断复杂时，中层管理者需与人力资源管理部门相互配合，在人力资源职能专家的帮助下完成以上职责。

人力资源是推动经济和社会发展的一项战略性资源，具有能动性、增值性、时效性和社会性等特征，人力资源状况可以用数量、质量以及结构等指标来诠释；人力资源管理是组织对人力资源的获取、维护、运用及发展的管理过程与活动，是对社会劳动过程中人与人、人与事、人与组织之间相互关系的统筹协调。

人力资源管理在帮助组织实现整体目标的前提下，完成建立组织需要的员工队伍、创造员工管理的良好环境、保证员工评价的准确有效、实现价值分配的科学合理等具体目标；人力资源管理是组织的重要职能，有效实施对员工的吸引、使用、培养、维持等管理活动。

第五章　人力资源战略规划

许多企业常常面临人才短缺或供求失衡的苦恼，业务快速发展却没有合适的人才可用，员工频频辞职或跳槽使现有工作难以为继，工作效率低下让主管大为光火。以上问题固然有许多客观原因，但其中不可忽视的是企业人力资源规划的"缺位"。"凡事预则立，不预则废"。人力资源规划是对组织未来人力资源工作的谋划和安排。制定一份切合组织战略、符合实际的"好规划"是人力资源管理者的职责。那么，如何开展人力资源规划？怎样做好人力资源规划呢？

第一节　企业经营战略与人力资源战略规划

一、人力资源规划概念

（一）人力资源规划的内涵

人力资源规划有广义和狭义之分：广义的人力资源规划是企业所有人力资源计划的总称，是战略规划与战术计划（即具体的实施计划）的统一，包括战略规划、组织规划、制度规划、人员规划和经费规划五部分；狭义的人力资源规划是指为实施企业的发展战略，完成企业的生产经营目标，根据企业内外环境和条件的变化，运用科学的方法，对企业人力资源的需求和供给进行预测，制定相宜的政策和措施，从而使企业人力资源供给和需求达到平衡，实现人力资源的合理配置，有效激励员工的过程。从规划的期限上看，人力资源规划可区分为长期规划（5年以上的计划）、中期计划（规划期限在1~5年的计划）和短期计划（1年以内的计划）。

（二）人力资源规划的类型

1.广义人力资源规划的类型

（1）战略规划

战略规划是根据企业总体发展战略的目标，对企业人力资源开发和利用的大政方针、政策和策略做出的规定，是人力资源具体计划的核心，是事关全局的关键性规划。

（2）组织规划

组织规划是对企业组织架构的设计，主要包括组织信息的采集、处理和应用，组织调查、诊断和评价，组织结构的设计与调整，组织的机构设置等。

（3）制度规划

企业人力资源管理制度规划是人力资源总规划目标实现的重要保证，包括人力资源管理制度体系建设的程序、制度化管理等。

（4）人员规划

人员规划是对企业人员总量、构成、流动的整体规划，包括人力资源现状分析、企业定员、人员需求与供给和人员供需平衡等。

（5）费用规划

人力资源费用规划是对企业人工成本、人力资源管理费用的整体规划，包括人力资源费用预算、核算、审核、结算以及人力资源费用控制。

2.狭义人力资源规划的类型

（1）人力资源总体规划

人力资源总体规划是指在计划期内对人力资源管理的总目标、总政策、实施步骤和总预算的安排。人力资源管理的总任务包括人员招聘、各类培训、薪酬与绩效管理等。人力资源的总政策包括开展新员工的入职培训、提高技术人员薪酬待遇和改进绩效考核方式等。

（2）人力资源业务计划

人力资源业务计划包括人员补充计划、配置计划、提升计划、教育培训计划、工资计划、保险福利计划、劳动关系计划和退休计划等。这些业务计划是总体规划的展开和具体化，每一项业务计划都由目标、政策、步骤及预算等部分构成。这些业务计划的结果应该能够保证人力资源总体规划目标的实现。

二、人力资源战略

（一）人力资源战略相关概念

从 20 世纪后期开始，"战略"一词被广泛运用到各个领域。《辞海》中的"战略"定义是："对战争全局的筹划和指挥。它依据敌对双方的军事、政治、经济和地理等因素，照顾战争全局的各方面，规定军事力量的准备和运用。"

1.企业战略

（1）企业战略的概念

"战略"被引用到企业管理中后，就形成了"企业战略"。人们对于企业战略有很多的理解。企业的战略可以被定义为基本的长期目标，企业通过采取一系列的行动和分配所必需的资源来获得目标的实现。企业战略就是用一系列的方针、计划来实现企业的目标，企业目前在做什么业务，想做什么业务；现在是一个什么样的公司，想成为一个什么样的公司。企业战略是一种计划，用以整合组织的主要目标、政策和活动次序。

我们认为，"企业战略"是指企业在预测和把握环境变化的基础上，为了求得长期生存与发展所作的整体性、全局性、长远性的谋划及相应的对策。企业战略是表明企业如何达到目标、完成使命的综合计划。随着经济全球化进程的加快及国际竞争加剧，人们对企业战略的要求也越来越高。

（2）企业战略的构成要素

企业战略主要包括四个要素：

①经营范围

经营范围是指企业从事生产经营活动的领域，它反映了企业目前与外部环境相互作用的程度。

②资源配置

资源配置是指企业过去和现在在资源和技能配置上的水平及模式。企业只有以其他企业不能模仿的方式取得并运用适当的资源，进而形成自己的特殊技能，才能更好地开展生产经营活动。

③竞争优势

竞争优势是指企业通过资源配置模式与经营范围的决策，在市场上形成的与竞争对手不同的竞争地位。一般来说，竞争优势主要来自企业在产品和市场上的地位。

④协同作用

协同作用是指企业从资源配置和经营范围的决策中所能追求到的各种共同努力的效果。在企业的经营运作中，整体资源的总收益要大于各部分资源收益的总和。

（3）企业战略的特点

①全局性

企业战略是从全局出发，对企业未来一定时期的发展方向和目标所作的整体规划和设计。

②长期性

企业战略是对内外部环境各种变化对企业可能产生的影响所作的具有前瞻性的积极反应。

③指导性

企业战略是企业的发展蓝图，规定了企业在未来一段时间内的基本发展指标和实现指标的途径。

④风险性

企业战略是对未来发展的筹划，具有不确定性，需要管理者有效地规避风险。

（4）企业战略的类型

企业战略根据不同的标准有不同的分类。

①按战略层次划分

企业战略可以分为公司战略、竞争战略和职能战略三个层次。

②按企业整体发展方向划分

企业战略可以分为增长型战略、稳定型战略、紧缩型战略和混合型战略。

③按成长机会和制约条件划分

企业战略可以分为进攻型战略和防御型战略。

2. 人力资源战略

（1）人力资源战略的概念

20 世纪 90 年代，人力资源专家提出了"人力资源战略"的概念。根据美国人力资源管理学者舒勒和沃克（Shuler & Walker）的定义，人力资源战略是"程序和活动的集合，通过人力资源部门和直线管理部门的努力来实现企业战略的目标，并以此来提高企业目前和未来的绩效及维持企业竞争优势"。库克（Cook）则认为，人力资源战略是指员工发展决策以及处理对员工具有重要和长期影响的决策，表明了企业人力资源管理的指导思想与发展方向。科麦斯－梅杰（Kames–Mejia）等把人力资源战略定义为：企业慎重地使用人力资源来帮助企业获得和维持竞争优势的一种计划或方法，并通过员工的有效活动来实现企业的目标。

人力资源战略包括三层含义：第一，人力资源战略的目标和方向必须始终与企业总体战略目标和方向保持一致，且企业的人力资源管理目标直接由企业目标所决定。第二，人力资源战略必须充分考虑企业内外部环境对人力资源及其管理的影响，并充分体现出来。第三，人力资源战略直接决定企业人力资源管理职能活动的目标方向、具体内容和实践结果等。

（2）人力资源战略的分类

目前，人力资源战略的分类并没有统一的标准，本教材主要介绍美国康奈尔大学的人力资源战略分类，即吸引战略、投资战略和参与战略。

①吸引战略

吸引战略主要通过丰厚的薪酬去诱引和培养人才，从而形成一支稳定、高素质的员工队伍。薪酬制度一般包括利润分享计划、奖励政策、绩效薪酬、附加福利等。由于薪酬较高，人工成本必然增加。为了控制人工成本，企业在实行高薪酬的吸引战略时，往往严格控制员工数量，通常聘用技能高度专业化的员工，招聘和培训的费用相对较低，采取以单纯利益交换为基础的传统的科学管理模式。

②投资战略

投资战略主要通过聘用数量较多的员工来形成人才库，从而提高企业的灵活性，并储备多种专业技能人才。这种战略注重员工的培训和开发，注意培养良好的劳动关系。管理者担负了较重的责任，确保员工得到所需的资源、培训和支持。由于采取投资战略的企业要与员工建立长期的工作关系，所以企业十分重视员工，视员工为投资对象，让员工感到有较好的工作保障。

③参与战略

参与战略让员工有较大的决策参与机会和权利，员工在工作中有自主权，管理人员只像教练一样为员工提供必要的咨询和帮助。采取这种战略的企业很注重团队建设、自我管理和授权管理。企业对员工的培训更注重沟通技巧、解决问题的方法、团队工作等方面，日本企业开创的质量管理小组，简称 QC 小组，就是这种人力资源战略的典型。

（3）人力资源战略与企业战略的关系

企业战略与人力资源战略之间只有相互结合才能有效实现企业的经营目标，提高企业竞争力。企业战略与人力资源战略有着密不可分的关系。首先，企业战略是制定人力资源战略的前提和基础。人力资源战略服从并服务于企业战略，支持企业战略目标的实现。人力资源战略必须建立在企业战略目标的基础之上。其次，人力资源战略为企业战略的制定提供信息。任何一项成功的企业战略的制定通常需要在企业内部人力资源状况和外部环境变化之间寻求平衡。这就需要人力资源战略提供内外各种信息。最后，人力资源战略是企业战略目标实现的有效保证。当今世界，国内外市场竞争日益激烈，组织结构不断变化、工作的日益复杂化等都要求企业比过去更重视人力资源战略。

三、人力资源规划的编制

随着组织所处的外部环境、企业战略目标以及企业目前的组织结构和员工的工作行为的变化，人力资源规划的目标也在不断变化。因此，制定人力资源规划不仅要了解企业现状，更要清楚企业战略目标方向和内外环境的变化趋势，不仅要了解现实的表现，更要清楚人力资源的潜力和问题。

（一）确定人力资源规划的原则

组织的发展重点、企业的技术设备特点、产品销售状况、经营规模和扩展方向等都会对人力资源提出不同的要求。人力资源规划必须满足组织的上述要求。因此，组织的人力资源规划应该在组织的总体发展战略和人力资源战略的指导下制定。另外，组织外部环境变化也会直接影响组织人力资源规划的制定，如组织外部经营环境或市场环境、劳动力市场供求状况、劳动者的文化素质、相关法律政策以及本地区平均工资水平、劳动力择业偏好等。因此，在制定企业人力资源规划前必须科学分析上述因素。

（二）分析组织现有的人力资源状况

对照组织发展的要求及企业现有的人力资源数量、质量、配置结构等进行人力资源分析，根据分析所得的资料（主要包括员工的自然情况、录用资料、教育资料、工作经历、工作业绩、工作能力和工作态度等信息），企业首先应该充分挖掘现有人力资源的潜力，通过人力资源培训、内部流动等方式满足组织的人力资源需求。另外，企业需找出现有人力资源与组织发展要求的差距。

（三）预测人力资源供求状况

在充分掌握信息的基础上，企业要使用有效的预测方法，对在未来某个时期的人力资源供给和需求做出预测。在整个人力资源规划中，这是最关键的部分，也是难度最大的部分，直接关系规划的成功。企业只有准确地预测供给和需求，才能采取有效的措施，实现人力资源供求平衡。进行需求预测时，企业应以历史数据、销售量、营业额、生产定额、直接生产人员与间接生产人员的比例等为基础。同时要对未来经营活动进行预测；预测人力资源供给情况，要从企业内部和外部两个方面来进行。相对而言，企业内部人力资源供给预测更为可靠，外部人力资源供给预测因受各种环境因素影响而比较难以准确把握。

（四）制定人力资源规划

完成以上的三个步骤后，相关人员就可以开始制定人力资源规划了，包括总体规划和各项业务规划。在制定相关措施时要注意，人力资源规划必须同时具有外部一致性和内部一致性。外部一致性是指人力资源规划应该成为企业总体规划的一个组成部分；内部一致性是指招聘、选拔、任用、培训等业务计划的设计应该彼此协调，从而使人力资源的总体规划得以实现。

第二节 企业人力资源战略规划内容

一、人力资源需求分析

（一）人力资源需求的概念

人力资源需求是指以组织的战略目标及组织的人力资源战略为出发点，综合考虑各种影响因素，对企业在未来某一特定时期内所需要的人力资源数量、质量以及结构进行的估计。

（二）人力资源需求的影响因素

企业人力资源需求的影响因素包括外部环境、内部环境。

1.外部环境因素

（1）经济环境

经济环境影响企业未来的发展趋势和社会经济发展状况，包括国家或地区经济状况、行业经济状况和世界经济形势。

（2）社会、政治和法律环境

社会、政治和法律环境主要指社会习惯、法律法规、国家政策等。社会政治环境因素，如政局变化、社会不稳定等会影响企业的人力资源规划。法律法规的变化，如环境保护法律法规变化等，会直接引起企业经营格局的变化以及人员供求结构的变化。

（3）劳动力市场

劳动力市场的变化表现在劳动力供给或需求的变化，或者是供求双方都发生了变化。无论是哪一种情况，劳动力市场的变化都会导致企业内部劳动力的动态变化。

2. 内部环境

（1）企业战略目标

企业战略目标为企业规定了发展方向和目标，决定了企业发展速度，明确了企业发展需要什么样的人来完成。企业战略目标一旦制定，就会对企业未来的人力资源需求和配置产生决定性影响。

（2）组织的经营效率

组织的经营效率是影响人力资源需求的重要因素。高效率的组织为了满足企业高速扩张的需求，可能需要的人员数量少但质量要求较高；如果组织经营效率低下，则需要分析现有人员的配备是否合理，是否存在人员供给与需求失衡的情况，是否需要减员等。

（3）企业的组织结构

企业的组织结构对人力资源需求会产生影响。如果组织结构趋向扁平化，则管理幅度会扩大，员工跨层级升迁的机会减少，同级人员供给会相对过剩，企业对普通员工的需求减少，而对具有较高素质、较强能力的管理者的需求会增加。组织结构对人力资源需求的影响还体现在要求员工具有更高的素质、善于学习、能适应新角色等方面。

（4）人力资源自身因素

影响企业人力资源需求的要素还包括人力资源自身，要看现有员工是否能够满足企业增加产量、提高效率的需要，能否适应市场竞争的需要。企业现有人员配备必须着眼于未来。当然，组织中的人员因为辞职或终止合同而带来的流动比例或流动频率等因素还要考虑。

（三）人力资源需求预测方法

人力资源需求和产品或服务需求同等重要，预测内容包括要达到企业目标所需的员工数量、层次和结构等许多方面。预测时主要考虑三方面因素，即企业的目标和战略、生产力或效率的变化以及工作设计或结构的改变。因为要考虑的因素复杂多变，所得的结果往往和实际存在一定的偏差，企业必须根据自身的情况选取较适合的方法。人力资源需求的预测方法可以按定性与定量或长期与短期分类。现介绍以下方法：

1. 经验预测法

经验预测法就是企业根据以往的经验来推测未来的人员需求的预测方法。这种预测方法的基本假设是人力资源的需求与某些因素的变化存在某种关系。这种方法受到预测者个人的经验和能力的影响较大，不同管理者的预测结果可能有偏差。这种方法应用于不同对象时，预测结果的准确程度也会不同。对于可准确测定工作量的岗位，预测的准确性较高，对于难以准确测定工作量的岗位，预测的准确性则较低。人们一般采用多人综合预测或查阅历史记录等方法来提高预测的准确率。经验预测法是人力资源预测中最简单的方法，适用于技术较稳定的企业的短期人力资源预测。

2. 德尔菲法（Delphi Method）

德尔菲法是在 20 世纪 40 年代由赫尔姆（Helmer）和达尔克（Dalkey）首创，经过戈尔登（J.Gordon）和兰德公司（RAND Corporation）进一步发展而成。1946 年，兰德公司首次用这种方法进行预测，后来该方法被迅速推广。

德尔菲法又称"专家预测法"，企业分别将所需解决的问题单独发送到各个专家手中征询意见，然后回收、汇总全部专家的意见，并整理出综合意见。随后将该综合意见和预测问题分别反馈给专家，再次征询意见，各专家依据综合意见修改自己原有的意见，再汇总。这样多次反复，逐步取得比较一致的预测结果。

3. 劳动定额法

劳动定额法是根据企业的工作任务、劳动定额以及工时利用率来预测人力资源需求的方法。劳动定额法主要适用于能计算员工的流动效率和能事先预测工作任务总量的企业，特别适合用来预测生产性企业的一线生产工人的需求数量。

在企业中，由于各类人员的工作性质不同，总工作任务量和个人的劳动定额变化形式以及其他影响人力资源需求的因素不同，具体的核定人员需求的公式也不同。常见的有以下三种方法。

（1）产量定额法

这种方法是根据计划期内的生产任务总量和产量定额来计算人力资源需求，计算公式如下：

$$L = W / (T \times t \times E)$$

其中：L 为人力资源需求量；W 为一定时期计划工作任务总量；T 为产量定额；t 为计划期工作时间；E 为工时利用率。

（2）工时定额法

这种方法是根据计划期内的生产任务总量和工时定额来计算人力资源需求。计算公式如下：

$$L = (W \times Q) / Q \times E)$$

其中 Q 为工时定额，W、t、E 同上。

如果企业生产的产品品种较多，且需要在生产中转换生产品种，则通常采用工时定额法。采用这个公式计算人力资源需求时同样要注意工作任务总量和计划期工作时间的时间单位、时间跨度要保持一致。

（3）设备看管定额法

这种方法是根据设备需要开动的台数和开动的班次、工人看管定额以及工时利用率来计算人力资源需求数量。计算公式如下：

$$L = (S \times Mb) / (Mq \times E)$$

其中：L 为人力资源需求量；S 为计划开动的设备数；Mb 为每台设备需要开动的班次；Mq 为工人的设备看管定额。在上面的公式里，工人的设备看管定额是指每人能看管几台机器，如果 2 人看管一同台机器，那么看管定额为 0.5，同时，设备开动的台数和班次，不一定是企业拥有的设备数，而是根据设备生产能力和生产任务计算出来的需要开动的台数和班次。

二、人力资源供给分析

（一）人力资源供给分析概念

人力资源供给分析是指在某一特定时期内对企业的人力资源供给数量、质量以及结构进行估计。在进行供给分析时，必须考虑企业的获取能力范围。人力资源的供给包括企业内部供给和外部供给两个方面，通常从内部供给分析开始。

（二）人力资源供给分析内容

企业在预测期内所拥有的人力资源构成了内部供给的全部来源，所以，内部供给的分析主要是对现有人力资源的存量及在未来的变化做出判断。内部供给分析主要包括以下几个方面。

1. 现有人力资源分析

人力资源不同于其他资源，即使外部条件保持不变，人力资源自身的自然变化也会影响未来的供给（如退休、生育等）。因此在分析未来人力资源的供给时，企业需要对现有的人力资源状况做出分析，通过信息收集，掌握现有员工的部门分布、技术知识水平、工种、年龄构成、性别、身体状况等。

2. 人员流动的分析

在进行人员流动分析时，假定人员的质量不发生变化，人员的流动主要包括两种。

（1）人员流出

由企业流出的人员数量形成了内部人力资源供给减少的数量，造成人员流出的原因有许多，如辞职、辞退、自然流失等。

（2）人员在企业内部流动

对企业内部流动的分析应针对具体的部门、职位等次或职位类别来进行，虽然这种流动对于整个企业来说并没有影响到人力资源的供给，但对内部的供给结构仍造成了影响。在分析企业内部的人员流动时，不仅要分析实际发生的流动，还要分析可能的流动，也就是说要分析现有人员在企业内部调换职位的可能性，以预测内部供给结构的变化。

3. 人员质量的分析

进行人员质量分析时，假定人员没有发生流动，人员质量的变化会影响到内部的供给，质量的变动主要表现为生产效率的变化。在其他条件不变时，生产效率提高，内部的人力资源供给相应就增加；相反，内部的供给相应就减少。影响人员质量的因素有很多，如工资的增加、技能的培训等。对人员质量的分析不仅要分析显性的，还要分析隐性的，如加班加点，虽然员工实际的生产效率没有发生变化，但是由于工作时间延长了，相应每个人完成的工作量就增多了，这同样增加了内部的供给，类似的还有工作分享、缩短工作时间等。

（三）人力资源供给分析方法

人力资源的供给可以从企业内部供给和企业外部供给两个方面来分析。

1. 内部供给分析

内部人力资源供给的方法主要有人员核查法、技能清单法和人员替换图法。

（1）人员核查法

人员核查法是通过对企业现有人力资源数量、质量、结构和其在各职位上的分布状况进行核查，以掌握企业现有人力资源的具体情况的分析方法。通过核查，企业可以了解员工在工作经验、技能、绩效、发展潜力等方面的情况，从而帮助人力资源规划人员估计现有员工调换工作岗位的可能性，进而决定哪些人可以弥补企业当前的职位空缺。为此，企业要对工作职位进行分类，划分级别和部门，同时在日常的人力资源管理中做好员工工作能力的记录工作。

（2）技能清单法

技能清单法是通过追踪员工的工作经验、教育程度、特殊技能等与工作有关的信息来反映员工综合素质的分析方法。技能清单可以清楚显示员工的能力、知识水平和技能，让决策者和人力资源部门可以对企业人力资源状况在总体上有把握，估计现有员工调换工作岗位的可能性，从而让企业人力资源得到更为合理的配置。一般而言，技能清单主要包括：第一，基本资料：年龄、性别、婚姻等；第二，技能资料：教育程度、工作经历、曾任职务、培训历史等；第三，特别资料：特长、奖励以及参加的团体等；第四，个人能力：心理测验及其他测验的成绩、健康资料等；第五，特殊爱好：喜欢的地理位置、职务类型以及其他爱好等。

（3）人员替换图法

人员替换图法是指通过建立人员替换图来跟踪企业内的某些职位候选人的当前绩效，预测企业内部一些关键岗位人员的供给情况，以便在关键岗位出现空缺时，通过录用或提升候选人来弥补空缺的方法。当前绩效一般由考核部门或上级领导确定，提升潜力则是在绩效的基础上由人力资源部门通过心理测验、面谈等方式得出。人员替换图可以显示哪些员工需要经过一段时间的培训和实践方可晋升，从而调动员工的工作积极性，引导员工的绩效不断提高。

2. 外部供给分析

长期看来，任何企业都必须面对招聘和录用新员工的问题。无论是因为企业生产规模的扩大、多元化经营、跨国经营，还是由于员工队伍的自然减员，企业都必须从劳动力市场上获得必要的人员以补充或扩充企业员工队伍。

组织外部人力资源供给来源是多方面的，如各类学校毕业生、转业和退伍军人、农民工、失业人员等。由于外部人力资源供给难以把握和控制，因此外部供给分析主要通过对影响因素进行判断，从而对外部供给的有效性和变化趋势进行判断。对外部人力资源的供给分析，主要考虑以下几方面因素：第一，本地区人口总量。它决定着该地区可提供的人力资源总量。第二，本地区人力资源的结构，包括年龄、性别、受教育程度、技能等。第三，本地区的经济发展水平。它决定了对外地劳动力的吸引力。第四，本地区的教育水平，特别是政府与组织对培训和再教育的投入。第五，本地区同行业平均工资收入水平、与相邻地区的工资收入差距、当地物价水平等。第六，本地区外来劳动力的数量和质量。第七，本地区同行业对劳动力的需求情况。

三、人力资源供求平衡分析

人力资源规划的最终目的是要实现企业人力资源供给和需求的平衡，因此在预测出人力资源的供给和需求之后，企业需要进行比较研究，并据此采取相应的措施。

（一）供给和需求的结构性失衡

企业人力资源供求完全平衡非常困难，即使供求总量达到平衡，但人力资源在内部层次和结构上也会出现不平衡。对于结构性不平衡，可以采用以下措施实现平衡。

1.内部人员重新配置

重新配置包括员工的晋升、调动、降职等。

2.专门培训

专门培训是指通过有针对性的培训，使员工能够从事空缺职位的工作，从而实现平衡。

3.外部引进

外部引进是指通过从外部引进组织所需的各种人才，同时裁减冗员，最终实现人员结构的平衡。

（二）供给大于需求

当预测的供给大于需求时，企业可以采取以下措施来实现平衡：一是扩大经营规模以增加对人力资源的总量上的需求。二是通过裁员或辞退员工来实现平衡，但这种方法可能会给社会带来不稳定，因此可能受到政府政策的限制。三是鼓励员工提前退休，对接近退休年龄的员工许以优惠政策，让他们提前离开企业。四是冻结招聘，暂时停止从外部招聘人员，通过内部自然减员来减少供给。五是对部分员工进行培训，为员工转岗或积累技能而开展培训，为未来的需求作储备。六是对企业内部机构和结构进行调整，关闭不景气的分厂、车间以及冗余的机构。

（三）需求大于供给

当预测结果是供不应求时，企业可以采取下列措施：一是有计划地从外部招聘人员，这是非常直接有效的方法。二是提高现有员工工作效率，如通过改进生产技术、加强员工技能培训等途径来提高工作效率。三是延长工作时间。这种方法比较适用于人员短缺不严重且员工凝聚力较强的企业。四是减少员工流失，同时进行内部调配，通过增加内部流动来提高某些职位的供给。五是通过业务外包减少企业内部人力资源需求的压力。

在管理实践活动中，企业人力资源供给和需求的不平衡经常不是单一的供大于求或供不应求，往往会交织在一起，出现某些部门或某些职位的供给大于需求，而其他部门或其他职位的供给小于需求。因此，企业在制定平衡供求的措施时，应当从实际出发，综合运用上述方法，使人力资源的供给和需求在数量、质量以及结构上都能平衡匹配。

第三节 企业劳动定员管理

一、企业定员管理概述

（一）定员管理的相关概念

1. 劳动定员

劳动定员，简称"定员"。企业劳动定员是在一定的生产技术组织条件下，为保证企业生产经营活动的正常进行，按一定素质要求，对企业配备各类人员所预先规定的限额。凡是企业进行正常生产经营所需要的各类人员都在企业定员的范围内，如从事企业生产经营活动的一般员工、各类初级中级管理人员、专业技术人员以及高层领导者。

劳动组织从设计组建之时起，就要考虑组织需要多少人，人员需要具备什么样的条件，如何将这些人合理组合起来，既满足生产和工作的需要，又能发挥各类人员的作用等问题。制定企业的用人标准，加强企业的定岗、定员、定额等管理，能促进企业劳动组织的科学化。

2. 人员编制

编制是指国家机关、企事业单位、社会团体及其他工作单位中，各类组织机构的设置及人员数量定额、结构和职务的配置。编制包括机构编制和人员编制两部分。机构编制是对组织机构的名称、职能（职责范围和分工）、规模、结构以及总机构、分支机构设置的限定。人员编制是对工作组织中各类岗位的数量、职务的分配、人员的数量及结构所作的统一规定。按社会组织的性质和特点，人员编制可分为行政编制、企业编制、军事编制等。

3. 劳动定员与劳动定额

劳动定员与劳动定额两个概念虽然有许多相似之处，但也有许多区别：从概念的内涵上看，企业定员是对劳动力使用的数量、质量进行界定，这种界定既包含了对劳动力消耗"质"的界定，也包含了对劳动力消耗"量"的限额。它与劳动定额的内涵，即对劳动消耗量的规定是一致的。

（二）企业定员管理的作用

企业劳动定员作为生产经营管理的一项基础工作，对于企业人力资源开发与管理具有重要的作用。

1. 合理的劳动定员是企业用人的科学标准

有了定员标准，企业在用人方面可精打细算，在保证员工生理需要的前提下，合理、节约地使用人力资源，用尽可能少的劳动消耗生产出尽可能多的产品，从而提高劳动生产率。

2. 合理的劳动定员是企业人力资源规划的基础

劳动定员是在对企业整个生产经营、管理等过程全面分析的基础上，以先进合理的定员标准和劳动定额为依据来核定的。所以，按定员标准编制企业各类员工的需求计划是企业人力资源规划的重要内容。

3. 科学合理定员是企业内部各类员工调配的主要依据

企业内部员工调配工作的目的是合理安排、使用、开发各类人才。为此，企业既要了解员工的知识、技能和健康等各方面状况，更要了解企业的定员计划，即各个工作岗位需要多少人、需要什么条件的人。定员标准是员工调配的主要依据，而员工调配又是定员标准得以贯彻的保证。

（三）企业管理定员的原则

为了实现劳动定员水平的先进合理，必须遵循以下原则：

1. 定员必须以企业生产经营目标为依据

科学的定员标准应能保证整个生产过程连续、协调进行所必需的人员数量，因此，定员必须以企业的生产经营目标以及保证这一目标实现所需的人员为依据。

2. 定员必须以精简、高效、节约为目标

在保证企业生产经营目标的前提下，定员应强调精简、高效、节约的原则。为此，产品方案要设计科学、兼职设计要合理、工作分工要明确、职责划分要清晰。

3. 确保各类人员的比例关系协调

企业内部人员的比例关系包括直接生产人员和非直接生产人员之间的比例、基本生产工人和辅助生产工人之间的比例、非直接生产人员内部各类人员以及基本生产工人和辅助生产工人内部各工种之间的比例等。在一定的产品结构和生产技术条件下，上述各类岗位存在数量上的最佳比例，按此比例配备人员能使企业获得最佳效益。因此，在定编定员中，企业应处理好比例关系。

4. 定员要做到人尽其才、人事匹配

企业一方面要认真分析劳动者的基本状况，包括年龄、工龄、性别、专业知识和技术水平等，另一方面要进行岗位分析，了解每项工作的性质、内容、任务和环境条件等。只有将劳动者安排到真正能发挥其作用的岗位上，定员工作才是科学合理的。

5. 创造贯彻执行定员标准的良好环境

定员的贯彻执行需要有适宜的内外部环境。内部环境包括企业领导和广大员工思想认识的统一，企业的用人制度、考勤制度、奖惩制度、劳动力余缺调剂制度等基本健全。外部环境包括企业真正成为独立的生产者，企业的经营成果与员工的经济利益挂钩，相对规范的劳务市场已建立，劳动者有选择职业的权利，企业有选择劳动者的权利。

二、企业定员的核定

由于各类人员的工作性质不同，总工作任务量和个人工作（劳动）效率表现形式以及其他影响定员的因素不同，企业核定用人数量标准的具体方法也不尽相同。长期以来，我国企业在核定定员人数时，总结和推广了五种常用核定方法。

（一）按劳动效率定员

1. 适用范围

按劳动效率定员适用于以手工操作为主的工种。

2. 计算公式

$$定员人数 = \frac{计划期生产任务总量}{工人劳动率×出勤率}$$

其中，工人劳动效率 = 劳动定额 × 定额完成率（劳动定额可以是工时定额或产量定额），当某工种生产产品的品种单一、变化较小而产量较大时，宜采用产量定额来计算人数。

如计划期任务是按年规定的，而产量定额是按班规定的，可采用下面的公式：

$$定员人数 = \frac{\sum（每种产品年总数量×单位产品工时定额）}{年制度工日×8×定额完成率×出勤率}$$

此外，在生产实际中，有些工种（或工序）不可避免会有一定数量的废品产生，计算定员时，需要把废品因素考虑进去。

$$定员人数 = \frac{\sum（每种产品年总数量×单位产品工时定额）}{年制度工日×8×定额完成率×出勤率（1-计划期废品率）}$$

（二）按设备定员

1. 适用范围

按设备定员适用于以机械操作为主，使用同类型设备，采用多机床看管的工种。

2. 计算公式

$$定员人数 = \frac{需开动设备台数×每台设备开动次数}{工人看管定额×出勤率}$$

（三）按岗位定员

1. 设备岗位定员

（1）适用范围

按设备岗位定员适用于连续性生产装置（或设备）组织生产的企业，如冶金、化工、炼油、造纸、烟草、机械制造、电子仪表等企业中需使用大中型连动设备的工种。

（2）计算公式

多人进行操作一台设备的岗位的定员计算公式如下：

$$定员人数 = \frac{共同操作的各岗位生产工作时间总和}{工作班时间 - 个人需求与休息宽放时间}$$

2. 工作岗位定员

按工作岗位定员适用于有一定岗位，但没有设备且不能实行定额的工种，如检修工、检验工、值班电工、茶炉工、警卫员、清洁工、文件收发员、信访人员等。这种定员方法和按设备定员的方法基本相似，主要根据工作任务、岗位区域、工作量和实行兼职作业的可能性等因素来确定定员人数。

（四）按比例定员

1. 适用范围

按比例定员主要适用于服务业或企业中非直接生产人员的定员。例如，辅助生产工人，政治思想工作人员，工会、妇联、共青团脱产人员以及从事特殊工作人员的定员。

2. 计算公式

定员人数=员工总数或某一类人员总数×定员标准（百分比）

在企业中，由于劳动分工与协作的要求，某一类人员与另一类人员之间总存在着一定的数量依存关系，并且随着后者人员数量的增减而变化，如就餐人数和服务人员、保育员与入托儿童人数、医务人员与就诊人数、人力资源管理人员数量与企业人数等。企业对这些人员定员时，应参考国家或主管部门所确定的比例。

（五）按业务分工定员

1. 适用范围

按业务分工定员主要适用于企业管理人员和工程技术人员的定员。

2. 定员方式

一般是先定组织机构，再定各职能科室，明确了各项业务及职责后，根据各项业务工作量、复杂程度，结合管理人员和工程技术人员的工作能力、技术水平等进行定员。

上述几种定员核定的基本方法在确定定员标准时，应视具体情况，灵活运用。例如，机器制造、纺织企业应以效率和设备定员为主，冶金、化工、轻工企业应以岗位定员为主。有的大中型企业，工种多、人员构成复杂，可以同时采用上述多种方法进行定员。实际上，企业除了可以直接规定劳动定额的工种外，尚有多种需要区分不同情况的工作岗位，针对不同的变动因素，企业需采用不同的方法进行定员。

第六章 转型期企业员工的培训与开发

人才的优先发展，是现代经济发展的重要前提。现代人才概念认为，学习能力的高低是现代人才的重要标志之一。在新时期企业中，核心竞争力的强弱主要由人力资本的状况来决定，由此可以看出，企业要拥有持久的竞争优势，不断加强学习提升其人力资本是其所必须采用的主要策略，相应地，对于新时期企业来说，扩展人力资本的重要途径就体现在重视现有人力资源的培训与开发上面，特别是在知识经济条件下，企业人力资源管理的相关研究中，关于对人力资源的培训与开发已经成为最具活力的前沿性学科之一。

第一节 企业人力资源培训与开发概述

培训和开发是为员工提供信息、技能和对组织及其目标理解的过程。另外，设计培训和开发系统的目的是帮助员工保持良好绩效，并为企业作出积极贡献。

一、上岗引导

（一）上岗引导的介绍

上岗引导是为了使员工在开始时能与企业使命、目标和文化相一致。在某些企业中，在培训和开发之前，员工通过上岗引导来了解组织代表的是什么和他或她被期望从事的工作类型。如能有效地实施，上岗引导就能发挥一定的作用。一般来说，上岗引导过程与社会学家称为社会化的过程是相似的。当新员工学习了规范、价值观、工作程序和组织中期望的行为和着装规范时，社会化就发生了。

组织的社会化包含了社会化过程，通过这种过程，组织把对与其成员角色相联系的期望传递给他们。在实践中，对于新手该如何表现，已建立的团体（公司、单位、文化）的成员会将系统化的期望告知新员工。经历社会化的人会做出认知和情感的反应。首先，他们接受和尝试去理解文化信息，这些信息由社会化机构（同事、上司、下属、顾客）向他们发出。其次，他们以不同的程度赞同和接受那些信息。如果发出的信息不被理解或接受，正在社会化的人一定会产生他们自己的行为。

（二）上岗引导的目标

上岗引导是为了传播、提供关于公司文化、工作和期望的准确信息。不幸的是，对于通一件事情，一个人可能很清楚，另外一个人可能很糊涂。当适当的信息被理解和接受时，上岗引导可以实现以下目标。

1. 减少焦虑

在这种情况下，焦虑意味着对工作上失败的恐惧。这是对未知的正常恐惧，集中在工作的能力上。如果老员工戏弄新员工的话，这种焦虑可能会更严重。

2. 减少人员流动率

如果雇员把他们自己想成是没有效率的或不是组织需要的，他们可能以辞职的方式作为对这些感觉的反应。在熟悉工作期间，人员流动率较高，而有效的上岗引导可以减少这种高成本反应。

3. 节约时间

当上岗引导缺乏有效性时，员工仍能把工作做完，但是他们需要帮助才能做完。最有可能提供帮助的人是同事和主管，他们将花时间使新员工熟悉工作。优秀的上岗引导为每个人都节约时间。

4. 开发现实的期望

在社会学家声称出现较早的职业（法律、医学）或整体的社会机构（教堂、监狱、军队）中，工作期望是明确的，因为经过多年的培训和教育，它已经被充分开发。社会已经建立起一系列态度和行为，这些态度和行为被认为是与这些工作相适应的。但是，对于世界上大多数工作而言，这并不准确。新员工必须了解组织对他们的现实期望，他们自己对工作的期望既不能太低也不能太高。每个工人必须把工作及其工作价值融入他或她的自我形象中。上岗引导对这个过程有帮助。

（三）上岗引导者

在较小的组织中，运营经理通常进行所有的上岗引导。在一些工会化的组织中，工会领导也会参与。为了更有效地执行上岗引导，人力资源经理应帮助培训运营经理。

对于新员工的上岗引导计划既有非正式的（主要是口头的），也有以书面讲义作为补充的正式安排。正式的上岗引导经常包括对设施的参观或观看这些设施的幻灯片、图片和照片。当有很多雇员要进行上岗引导时，通常使用后者。

一个更系统化和有导向性的程序代替了快速和信息量过大的上岗引导计划。对于这样的计划指导方针有：第一，上岗引导应从最直接的信息开始，然后到组织更普遍的政策。它的进度应使新员工感到舒适。第二，上岗引导最重要的部分是人的方面：把主管和同事的知识教给新员工，告诉他们要花多长时间达到有效工作的标准；当需要时，鼓励他们寻求帮助和建议。第三，新员工应该由有经验的工人或主管指导进入目前的环境，他们能回答新员工的问题并在其加入组织的早期与之保持密切的联系。第四，应该逐渐地把将与新员工共事的人介绍给他们，而不是在第一天通过表面的介绍就把他们介绍给所有人，目的是帮助他们认识他们的同事和主管。第五，在工作要求提高之前，应该给新员工充足的时间使他们能脚踏实地。

（四）上岗引导的后续行动

一个设计完美和系统化的上岗引导计划的最后阶段是新员工工作的分配。在这时，主管应接管和继续上岗引导计划。保证妥当的上岗引导的一个方法是设计反馈系统来控制计划或使用目标管理，可以使用一张表格来传递来自接受培训者的反馈。新员工可能被告知："尽可能好地完成这张清单。然后把它拿给你的主管，他会仔细察看并给你一切你所需要的额外信息。"员工及其主管在工作信息表格上签字。当工作提供了后续行动的机会来决定员工调整得如何和允许对上岗引导计划进行评估时，在第一个月内要与上岗引导小组安排会面。设计这个表格不是用于指标的测试，而是为了帮助加快上岗引导的过程。即使是具有极其完善的上岗引导计划的组织，当需要培训或开发时，这个时期也会不可避免地到来。

二、培训

（一）培训的介绍

培训对于新员工或现有的员工来说是重要的。简而言之，培训是为提高当前和未来绩效的尝试。下面的观点对理解培训是重要的。培训是使员工的行为向能达到组织目标的方向上转变的系统性过程。培训与员工目前的工作技能和能力有关。培训包括当前的上岗引导，帮助员工成功掌握所需要的具体技能和能力。

体现培训和开发的意义及理解力的一种方式，是建立一个现实模型在组织中进行实际的运用。需求评估阶段是为决策框架服务的，在后面的阶段必须做出决策。完整、适时、准确的需求评估是重要的。需求评估是被用来决定是否需要培训和需要哪种培训的过程。它通常涉及组织、个人、任务分析。组织分析涉及检查企业的使命、资源和目标，以决定培训是否有助于企业的成功、成长和战略。个人分析涉及决定谁需要培训，以及需要为培训作哪些准备。任务分析涉及任务的识别应该包括在培训计划中的知识、技能和行为。

（二）培训的目标

评估可以提供有关各种培训目标什么时候完成的信息。

1. 培训有效性

在培训中，受培训者是否学到了技能或者获得了知识或能力。

2. 转移有效性

在培训中学到的知识、技能或能力是否促进工作中绩效的改进。

3. 组织内的有效性

在同一个组织内，受培训者所处新的小组工作绩效与原来所以培训的小组工作绩效相比。

4. 组织间的有效性

在一个组织内被证明是有效的培训计划，在另一个组织内能否成功。这些问题（目标）导致了不同的评价程序，用来检查培训和开发完成了哪些目标、是否全部完成。

（三）学习理论和培训

因为培训是教育的一种形式，所以有关学习理论的一些发现在逻辑上可应用于培训。这些原则在正式和非正式的培训计划的设计中可能是重要的。下面简单概述可能用作培训方法学习原则：

1. 必须激励受训者去学习

为了进步，一个人必须要学习。在培训的背景下，动机影响一个人对培训的热情，保持注意力集中在培训活动上，巩固所学的内容。受训者的信念和知觉影响着动机。如果受培训者没有受到激励，在培训计划中他们就收获甚微。

2. 受训者必须具备学习能力

学习复杂的事情，一个人必须要有些才能。数千次的重复和数小时的培训就能使任何人都击中一个优秀联盟棒球投掷手要飞出棒球场的曲线球吗？答案是否定的。学习能力在培训计划所讲授的东西能否被理解和能否应用到工作中起着重要作用。

3. 学习必须被巩固

行为心理学家已经证明，当特有的行为得到相当及时的强化时，人的学习效果最好。学习者由于新的行为而得到奖赏，诸如工资、认可和提升，以这种方式满足需求。应该为学习者设置绩效标准。为学习者设置的标杆给学习者提供了目标，当实现目标时，学习者会有一种成就感。这些标准为富有意义的反馈提供了测量方法。

三、开发

（一）开发的介绍

组织和它们的环境是动态和经常变化的。新技术被开发，竞争者进入和离开市场，通货膨胀率上升，生产率变动，这些是经理人员面对的各种变革。在大多数成功企业中，经理人员和非经理人员的开发是持续的过程，应把研究领域引向使用行为科学知识处理变革的问题。管理开发应该有规划，因为它需要系统性的诊断、计划的开发和资源的调动（培训者、参加者、教学辅助设备），涉及整个系统或整个单元。如果要成功，它必须要有高层管理者的支持。

（二）开发的个体技术

对开发技术进行分类的一个方法是根据它们意图影响的目标领域。三个主要目标领域是：个体，小组，组织。目标设置旨在提高个体设定和达到目标的能力。行为调整强化了个体学习的运用，团队建设集中于小组，而全面质量管理（TQM）把整个组织作为目标。

1. 目标设置

目标是行动的目的，这是一个人试图达到的。例如，试图销售更多的产品、提高顾客对服务的满意程度和降低部门内 5% 的故意旷职率就是目标，对把目标设置应用到组织的问题就产生了巨大和不断增长的兴趣。

洛克提出目标设置是实践效用的认知过程。他的观点是个体有意识的目标和意图是行为的主要决定因素。也就是说，有意行为通常可以观察的一个特征是它倾向于保持前进直到完成。一旦某人开始某事（如一个工作、一个新的工程），他或她会不断前进直到目标被达成。意图在目标设置理论中扮演了突出的角色。理论也特别强调了有意识的目标在解释被激发的行为方面的重要性。洛克使用了意图和有意识的目标的观念，如果个体接受了目标，那么，更坚定的有意识的目标会导致绩效达到更高层次。

在适当的条件下，目标设置仍然是激励雇员的一种有力的技术。当正确使用、仔细监视和经理人员积极支持时，它可以提高绩效（目标的难度和接受程度是管理层需要考虑的两个因素）。经理人员明显的意图是让员工设置和努力完成具体、相对困难的目标，这可以产生较强的激励力量。

2. 行为调整

操作性条件的基本假设是行为受其结果的影响。B.F. 斯金纳对于动物的研究导致了术语操作性条件的使用。但是，当操作性条件的原则被应用到个体时，更常用的术语是行为调整，因此，行为调整是强化的个体学习。

组织行为调整是更一般的术语，它指出了"希望的组织行为系统性的强化和希望的组织行为的不强化或惩罚"。组织行为调整是组织行为的一种操作性方法，"组织"被加进来则表明操作性方法用于工作背景下。但是，术语行为调整和组织行为调整的使用是可以互换的。

（三）开发的小组技术

许多开发技术改进了小组的效果，如过程咨询、调查反馈和团队建设。为了更全面地理解这些类型的技术，团队建设在此被提出。团队建设是开发过程，有助于小组工作得更有效率和效果。它被用来增强个体团队成员的问题解决技能、沟通和对他人的敏感性。

如果组织要获得成功，那么，它们中的任何人都要依赖于一定数量成员的合作。因此，团队的成员必须在暂时或永久协调的基础上工作。任务力量、委员会和部门间的小组是使人聚在一起的团队类型。在组织中，团队建设遵循这样的模式。

1. 团队技能专题讨论会

企业中的生产型团队要完成一个两天半的专题讨论会，它包括了各种各样的经验练习。

2. 数据收集

从所有的团队（个体成员）处收集关于态度和工作的数据。

3. 数据面对面

咨询顾问把数据提供给团队，讨论数据并挑选出问题区域。每个团队也要建立优先考虑的事项。

4. 行动计划

团队开发了自己的暂时计划以解决问题。

5. 团队建设

团队最后定下计划，解决第4步确认的所有问题，并思考如何克服遇到的障碍。

6. 小组间的团队建设

相互依赖的团队通过会面两天后，要建立一个相互接受的计划。当团队建设是成功的，员工的积极参与会得到鼓励和支持。在团队中和团队之间，成员会改进沟通和问题解决的方式。

第二节 现代企业人力资源培训的技术与策略

一、培训计划

（一）决定需求和目标

培训是确定培训需求和为这些需求设定目标。需求评估涉及分析组织的需求，做好工作所需要的知识、技能和能力，个人或固定工作者的需求。组织的需求评估需要对企业的长期和短期目标进行审查。组织的财务、社会、人力资源、成长和市场的目标要与企业员工的才能、结构、氛围、效率相匹配。组织的发展目标是什么，它是否有能力实现目标，这是需要评估的重要问题。通常目标、比率、组织轮廓图、旷工的历史记录、产品的质量、效率和绩效评估是需要仔细回顾的。

绩效分析是可以洞察培训需求和目标的正确程序。这样的分析揭示了培训不是确认不一致行为的最好办法。如果是这种情况，当进行绩效分析时，其他解决办法将露出水面。

如果绩效分析确认有培训需求，那么，建立具体、可测量的培训目标是必不可少的。如果可能的话，培训目标应该用行为性的术语来表达。例如，Pritex 的领导力培训计划的行为性目标是：第一，开发一支在接下来的 3 年中能担当责任职位的领导骨干队伍。第二，演示倾听和反馈技能，这将导致提高了的员工对企业的个人开发计划做出反应。第三，增加员工对企业年度氛围调查中显示的管理实践的满意度。通过使用基于行为的目标，培训计划的内容被确定。在一些案例中，要明确说明行为性目标是困难的。

（二）挑选培训者和受训者

在选择有效率的教师和培训者时要十分注意。在一定程度上，培训计划的成功取决于是否有完成培训任务的合适人选。个人特征（如口才好、文笔有说服力、能组织他人的工作、有创造力和鼓励他人取得更大成就的能力）是挑选培训者需要考虑的重要因素。分析需求和开发培训计划的过程可以由公司培训者完成。向人力资源经理和高层经理报告的人力资源专家或外部雇用的咨询师也被用来完成需求分析和进行培训。

尽管非常正式的培训是由专业的培训者执行的，但是运营主管通常是技术最好的培训者，尤其是当培训经理为他们准备材料时。使用运营经理作为培训者有力地回击了"培训在教室中是好的，但是它不能在工作场所起作用或运用到工作中"这类常见的批评。受过培训的培训者的出现是培训计划能否成功的一个主要因素。如果以下几个学习原则被遵循，那么对培训计划会有所帮助。第一，为材料和实践提供时间。第二，要求实践和材料的重复。第三，有效地传达材料。

二、培训和开发的方法与形式

在需求和目标确定以及培训者和受训者已经挑选好后，计划就开始运行了。这个阶段包括对使用的内容和方法的选择以及实际的培训开发方法。在许多情形下，教学的方法是被综合使用的。

（一）在职培训

使用最广泛的培训方法（正式和非正式的）可能是在职培训。超过60%的培训是在工作中发生的。员工置身于真实的工作情形中，有经验的员工或主管会告诉他们工作和这一行的诀窍。

尽管这个计划似乎是简单的，且成本相对较低，但是如果它没有被合适地处理，成本可能很高——损坏的机器、不满意的顾客、归错档案的表格、没有培训好的工人。为了避免这些问题，培训者必须仔细地挑选和培训。受训者应该被安排在背景和个性与之相似的培训者那里。培训者应该受到激励，培训做得好应该有所奖赏。在给受训者培训时，培训者应该使用有效的技术。系统性在职培训的一种方法是在"第二次世界大战"中开发的工作教学培训（JIT）系统。在这个系统中，培训者首先培训主管，接下来由他们培训雇员。

（二）角色扮演

角色扮演是案例方法和态度开发计划的交叉。每个人在情境（如一个案例）中被分配到一个角色，并被要求扮演这个角色和对其他扮演者做出反应。扮演者被要求假装成情境中的焦点人物，并像角色那样对刺激做出反应。提供给扮演者的是有关情境的背景和其他扮演者的信息。通常，会将简单的剧本提供给参加者。有时角色扮演被制作成录像，并作为开发情形的部分被重新分析。角色扮演适于12人左右的小组。这种方法的成功取决于扮演者扮演被分配到角色的能力。如果实施得好，角色扮演可以帮助经理人员更了解他人的感受，对他人的感受也更加敏感。

（三）行为模仿

提高人际关系技能的一种开发方法就是行为模仿，它也被称为相互作用管理或模仿模型。行为模仿的关键是通过观察或想象来学习。因此，模仿时强调观察的"替代"过程。

有一种行为模仿的方法是通过确认员工尤其是经理，面临的19种人际关系问题。典型的问题有作为主管获得接受、处理歧视的抱怨、授权责任、提高出席率、有效的控制、战胜变革的阻力、设定绩效目标、激励普通绩效、处理情感情境和采取矫正行动。这个过程有四个步骤：第一步，有效行为的模仿——通常是利用电影。第二步，角色扮演。第三步，社会强化——受训者和培训者表扬有效的角色扮演。第四步，把培训向工作转化。

行为模仿为组织提供了一些有希望的可能性。组织中一个尤为重要的需求是开发有效的领导者。如果与录像方法联合使用，模仿将为开发领导力技能提供希望。参加者可以观察他们的风格、行为、优势和劣势，并从个人的直接看法中学习。看见自己行动的人，可以得到从实践中获益的鲜明提醒。

（四）非在职培训

有着最大培训计划的组织经常使用非在职培训。对于特定目的，非在职培训技术是最有效的。此外，如果培训要提高解决问题的技能，使用培训的案例方法是比较好的（如让参加者分析与工作有关的案例）。研究显示，对于非在职培训，受人欢迎的教学方法有：讲座—讨论方法和计算机辅助教学。

1.讲座—讨论方法

讲座—讨论方法即培训者做讲座，并使受训者参与学习材料的讨论。有效的教室陈述用视听教学的帮助补充了讲座的不足，视听教学的手段有黑板、幻灯片、实物模型。这些讲座通常是要录像或录音的。这种方法允许培训者的信息传播到许多地方，也可以为了受训者的需要而经常重复。录像也允许自我面对，这对诸如销售培训和人际关系这样的计划是尤其有用的。受训者的陈述也可以录下来，并重新回放以便分析。

2.计算机辅助教学

每天都有更多的企业在使用计算机辅助教学来培训员工。这种培训的优势包括允许受训者以他们自己的节奏学习，让受训者学习他们需要提高的领域以及形式的灵活性（依赖个人电脑的可得性）。计算机改变了工作者的学习方式。学习更加自发化个性化。一些计算机培训方法得到越来越广泛的使用。

互联网（Internet）提供了增加学习、链接资源和在组织内外分享有价值知识的途径。人们可以使用互联网的方式递送培训，可以单独使用，也可以与其他教学方法相结合。电子邮件可用来存取课程材料和分享信息。公告牌、论坛和新闻组可用来粘贴评论和问题。互动的个别指导课和一般课程使得受训者可以在线上上课。实时会议把所有参加者都置于同一个虚拟教室中。受训者可以下载文件、指导课和软件。

三、培训评估

（一）评估标准

评估培训的标准有三类：内部的、外部的和参加者的反应。内部标准与计划内容直接联系，例如，员工是否学到了计划所覆盖的事实或指导方针。外部标准更多的是与计划最终目的相联系的，例如，提高员工的效率。可能的外部标准包括工作绩效评级，从培训和开发向在职情境中转移的学习内容的程度，以及销售量的增加或者人员流动率的降低。参加者的反应，或主体如何感受到有关具体的培训或开发经历，通常被用作内部标准。

大多数专家认为使用多重标准评估培训更为有效。其他专家相信单一标准，如培训向在职绩效或绩效的其他方面转移的程度，是令人满意的评估方法。第一，参加者的反应——主体是否喜欢这个计划。参加者显示了他或她对计划的满意。第二，学习——对于培训计划中提供的知识和练习的技能，主体吸收的程度。在培训和开发后的测试中，参加者的得分比培训或开发前测试的得分高吗？第三，行为——工作行为中转变或没有转变的外部测量；参加者在绩效评估中获得的评级（"前"和"后"评级的比较）。第四，结果——计划对组织中一些维度的效果，如员工流动率、生产率和销售量。

（二）引导评估的矩阵

指出评估问题的一个有用工具是系统性的评估矩阵。矩阵可以帮助涉及培训和开发计划的人系统性地回顾有关问题。

有关问题——技能的改进、培训和开发的材料、成本和长期效果——通过进行评估是可以回答的关键问题。但是问题只是提供了所应走的方向。实际的设计和数据收集需要遵循行为科学家所使用的科学方法。在参加者参加了敏感性小组或行为模仿之后，简单地问他们是否喜欢这个计划是非常不科学的。你期望的回答是什么呢？当然，我们中的大多数喜欢新经历、新观念。但是，这并不意味着一个计划在工作中改进了绩效或扩展了人际关系，它就是好的或有益的。最迫切的问题也许是培训中所学的内容能否向工作中转移。另一关键问题是管理层使用什么战略才能有助于学习的内容向工作中转移。

总之，已经显示正式的培训和开发要比非正式的或不进行培训和开发要更加有效。但是，对于大多数培训和开发计划，结果倾向于被假设而不是被评估。

第三节 现代企业核心人力资源培训、开发的策略

一、经理的在职开发

（一）教练和咨询

培训新经理最好和最常用的方法之一是由优秀的经理去教新的经理。教练上司为经理要做什么树立了好榜样。他或她也回答问题，并解释事情为什么以这样的方式来完成。教练上司有义务与管理培训生进行合适的接触，以使工作可以被容易地学习和表现得更妥当。在某种程度上，教练上司和管理培训生的关系类似员工培训中的伙伴系统。

上司可以使用的一种技术是与培训生一起召开制定决策的会议。在这些会议中，对程序已经取得一致意见。如果培训生要学习，上司必须给他或她足够的权利做出决策，即使他或她的决策可能是错误的。这种方法不仅为培训者提供了学习的机会，而且要求有效的授权，还培养了相互信任的感情。

尽管大多数组织把教练和咨询用作正式或非正式的管理开发计划，但是它并不是没有问题。当没有留出充足的时间给教练和咨询，下属不被允许犯错误时是如果产生了竞争或下属的依赖需求不被上司承认和接受，那么教练和咨询就失败了。总之，许多专家坚信只有加上有计划的工作和职能的轮换，教练和咨询才是有效的技术。最后，该方法涉及主管，这对成功的管理开发是必不可少的。

（二）短暂的替代经历

管理培训的另一种方法是提供短暂的经历。一旦决定了某个人将被提升到一个特定的岗位，在提升前要提供短期的预备，她或他可以学习新的工作，在完成大多数旧职责的同时，也能完成一些新的职责。这种中间安排在不同的组织被贴上不同的标签：助理替角、复合管理或管理学徒。

这种类型计划的主要特征是它给予在未来担任某个职务的个人部分优先的经历。在复合管理中，几个决策主体就同一问题做出决策并进行比较——职位低的小组做出的决策与高级管理小组做出的决策比较。这种变化形式是为了培训受训者和拓展他们的经历，给他们提供一系列属于新工作的任务。

（三）调动和轮换

在另一种在职方法中，受训者在一系列工作上轮换以拓展管理经历。组织通常开发了职业计划，它包括职能和地理上的调动。调动和轮换的拥护者坚信这种方法拓宽了经理人员的背景，加速了有才干人的提升，把更多的观点引入了组织，并增加了组织的有效性。但是一些研究证据质疑这些结论，如个体的差异会影响这些结果；在专门的职位上，多面手也可能不是最有效的管理者。

一般而言，由于在职经历的实用性，在管理开发计划中应该提供在职培训。但是，由于开发中个体的差异和组织的薪酬，非在职开发计划应该在不能快速得到专门知识的组织中作为在职培训的补充。单一的在职计划将导致视野狭窄和抑制新的观念。

二、管理人员的培训

（一）管理人员培训的含义和意义

管理人员培训包括组织为管理人员所提供的各种学习机会，这些机会可以使管理人员掌握和提高在现在和将来的管理岗位上所需的知识及技能。虽然领导力常常被描述为一种鼓舞人心和富有魅力的能力，但它同时也有另外的一面：如果失败将导致领导职位的散失。所以在今天的快速变革面前，它的风险是非常大的。这种情形凸显了对企业管理层进行开发的重要性。

一个企业的未来很大一部分操控在它的管理者手中。管理层的职能对于组织的生存和繁荣是至关重要的。他们必须在绝大部分决策中做出正确的决定，否则的话，企业将不能发展，而且会面临失败的危险。因此，管理者的当务之急就是在他们各自所管辖的领域做到与时俱进，同时，要管理处于动态环境中不断变化着的员工。当管理者达到组织中的较高层级时，他们的专业技能便不再那么重要，但公司对他的人际交往能力和商业知识的要求就会越来越高。

（二）管理人员培训的方法

辅导和教练是管理人员培训中很重要的方法。因为辅导和教练这两个词意思相近，而且在文献中也经常互换，所以我们把它们放在一起讨论。辅导和教练活动，可以正式也可以非正式地进行，它们是强调一对一学习的最主要的方法。

辅导是一种提供建议、提供训练和强调培养的方法，目的是促进个人职业发展和专业上的进步。它强调如何去激发学生更高一层的潜力，从而使其在职业上取得突破。这里的导师可以是组织内部的任何一个人，也可以是另一企业的某一个人。许多年来，无论男女，辅导一直是影响他们职业道路的最重要的因素。

教练通常被认为是一个即时老板的职责，类似于导师。指导者（或教练）比学生具有更多的经验和更好的专业技能，而且他有责任给予学生一些明智的建议。指导已经成为培训管理者和执行官的一条非常好的途径。虽然一部分公司还没有能力提供一些内部的教练，但管理者已经各自在外寻找他们自己的教练了。

三、特殊培训

许多组织也有为管理者和员工而设立的范围较广的培训项目。这些项目通常强调工作中的特定任务以及特定的工作，还有一些项目可能关注的是和工作相邻的关键领域。

（一）多样性培训

多样性培训旨在提高员工对于少数族裔和女性所面临挑战的敏感性，并努力创造一个更和谐的工作环境。许多公司已经认识到多样劳工群体的重要性，因而认为多样性培训是必需的。SHRM 的一项研究表明，大约三分之二的美国公司为员工提供多样性的培训，但其中大多数是强制性的，而且针对的是执行官和管理者。

（二）企业道德

在安然等公司丑闻曝光之后，许多企业都非常看重企业道德。它们通过强调公平竞争和遵守法律，旨在发展一种奖励道德行为的公司文化。这种重视有它实际的一面。在联邦政府的指导方针下，如果公司在之前建立了防范和审查欺诈的项目，那么对公司犯罪的定罪可以适当减刑。

（三）远程沟通者

远程沟通者和他们的主管都需要远程沟通培训。远程培训应该强调有效的沟通策略，这种策略可以使管理者和员工一起确定工作职责，并为工作设定目标和愿景。远程沟通者面临的最大挑战是在没有直接指导的情况下进行工作，对于指导者的挑战则在于：要从对活动的管理转换到对结果的管理上。这种转换对于许多管理者来说是十分困难的，因为他们认为，工人在管理者不在场的情形下就不可能具有很好的生产积极性。

（四）顾客服务

顾客服务培训教授员工掌握必需的技能以满足和超越顾客期望。其中的沟通技能，包括倾听的技能和对不同顾客的需求要做出不同反应的意识。

（五）冲突解决

冲突解决培训旨在开发出一种打破关系僵局的沟通技能。组织中的某些冲突可能是有价值的，它能帮助组织成长和变革，但同时，认识冲突、管理并把冲突转化成一种有利于达到公司目标的动力是非常关键的。

（六）团队合作

团队合作培训旨在教授员工如何在拥有较大决策权和自主权的团队中工作。这种类型的培训是非常必要的，因为现代企业文化常常培养的是个人的成就，然而组织却越来越需要团队的整体运作。团队建设是一种常用的组织发展干预手段。

（七）授权

授权培训教授员工和团队如何做出决策并为结果负责。它通常和团队培训一起进行，因为企业中的一些团队通常有很大的权利。举例来说，某些工作团队可以自己雇用员工，决定是否加薪，并制定工作进程表。

（八）补救

补救培训关注的是一些基本的技能，如识字技能和数学技能等。因为很大一部分加入劳工群体的人并没有必备的职业技能来驾驭科技发展带来的新兴职业。据估计，大概有三分之一的新员工在高中毕业后需要通过补救培训去适应他们的工作。

第七章 员工职业生涯管理

第一节 员工职业生涯管理

一、职业生涯管理的含义

（一）职业

职业一般是指人们在社会生活中所从事的以获得物质报酬作为自己主要生活来源并能满足自己精神需求的、在社会分工中具有专门技能的工作。它是人类文明进步、经济发展以及社会劳动分工的结果。同时，职业也是社会与个人或组织与个体的结合点。通过这个结合点的动态相关形成了人类社会共同生活的基本结构。这也就是说，个人是职业的主体，但个人的职业活动又必须在一定的组织中进行。组织的目标靠个体通过职业活动来实现，个体则通过职业活动对组织的存在和发展作出贡献。因此，职业活动对员工个人和组织都具有重要的意义。

从个人的角度讲，职业活动几乎贯穿于人一生的全过程。人们在生命的早期阶段接受教育与培训，为的是为职业作准备。从青年时期进入职业世界到老年退离工作岗位，职业生涯长达几十年，即使退休以后仍然与职业活动有着密切的联系。职业不仅是谋生的手段，也是个人存在意义和价值的证明。选择一个合适的职业，度过一个成功的职业生涯，是每一个人的追求和向往。对于组织来说，不同的工作岗位要求具有不同能力、素质的人担任，把合适的人放在合适的位置上，是人力资源管理的重要职责。只有使员工选择了适合自己的职业并获得职业上的成功，真正做到人尽其才、才尽其用，组织才能兴旺发达。组织能不能赢得员工的献身精神，能不能充分调动员工积极性，一个关键因素在于其能不能为自己的员工创造条件，使他们有机会获得一个有成就感和自我实现感的职业。

（二）职业生涯

一个人选择一种职业后也许会终身从事，也许一生中转换几种职业。不论怎样，一旦开始进入职业角色，他的职业生涯就开始了，并且随时间的流逝而延续。职业生涯就是这样一个动态过程，它指一个人一生在职业岗位上所度过的、与工作活动相关的连续经历，并不包含在职业上成功与失败或进步快与慢的含义。也就是说，不论职位高低，不论成功与否，每个工作着的人都有自己的职业生涯。职业生涯不仅表示职业工作时间的长短，而且包含着职业发展、变更的经历和过程，包括从事何种职业工作、职业发展的阶段、由一种职业向另一种职业的转换等具体内容。

职业生涯是一种复杂的现象，由行为和态度两方面组成。要充分了解一个人的职业生涯，必须从主观和客观两个方面进行考察。表示一个人职业生涯的主观内在特征是价值观念、态度、需要、动机、气质、能力、性格等，表示一个人职业生涯的客观外在特征是职业活动中的各种工作行为。一个人的职业生涯受各方面的影响，如本人对自己职业生涯的设想与计划、家庭中父母的意见与配偶的理解与支持、组织的需要与人事计划、社会环境的变化等都会对职业生涯有所影响。

（三）职业生涯管理

所谓职业生涯管理主要是指对职业生涯的设计与开发。虽然职业生涯是指个体的工作行为经历，但职业生涯管理可以从个人和组织两个不同的角度来进行。

职业生涯是个人生命运行的空间，但又和组织有着必然的内在联系。一个人的职业生涯设计得再好，如果不进入特定的组织，就没有职业位置，就没有工作场所，职业生涯就无从谈起。组织是个人职业生涯得以存在和发展的载体。同样，组织的存在和发展依赖于个人的职业工作，依赖于个人的职业开发与发展。在人才激烈竞争的今天，如何吸引和留住优秀的职业人才是人力资源管理所面临的难题。如果一个人的职业生涯规划在组织内不能实现，那么他就很有可能离开，去寻找新的发展空间。所以，员工的职业发展就不仅是其个人的行为，也是组织的职责。事实上，筛选、培训、绩效考评等诸如此类的人力资源管理活动在组织中可以扮演两种角色。首先，从传统意义上来讲，人力资源管理的重要作用在于为组织找到合适的人选，即用能够达到既定兴趣、能力和技术等方面要求的员工来填补工作岗位的空缺。然而人力资源管理活动还越来越多的在扮演着另外一种角色，这就是确保员工的长期兴趣受到企业的保护，其作用尤其表现在鼓励员工不断成长，使他们能够争取发挥出其全部潜能，人力资源管理的一个基本假设就是企业有义务最大限度地利用员工的能力，为每一位员工提供一个不断成长以及挖掘个人最大潜力和建立职业成功的机会。这种趋势得到强化的一个信号是，许多组织越来越多地强调重视职业规划和职业发展。换言之，许多组织越来越多地强调为员工提供帮助和机会，以使他们不仅能够形成较为现实的职业目标，而且能够实现这一目标。比如，人事计划不仅可以预测企业中的职位空缺情况，而且能够发现潜在的内部候选人，并能够弄清楚为了使他们适应新职位的需要，应当对他们进行哪些培训。与此同时，企业不仅要定期地以对员工工作绩效评价来确定薪酬，而且可以通过它去发现某一位员工的发展需要，并设法确保这些需要得到满足。换句话说，所有的人力资源管理活动都可以不仅满足企业的需要，而且满足个人的需要，实现"双赢"的目标，即组织可以从更具有献身精神的员工所带来的绩效改善中获利，员工则可以从工作内容更为丰富、更具挑战性的职业中获得收益。

二、职业选择理论

职业选择是指人们从自己的职业期望、职业理想出发，依据自己的兴趣、能力、特点等自身素质，从社会现有的职业中选择一种适合自己的职业的过程。从某种意义上说，选择了自己的职业，实际上就等于选择了自己的职业生涯。自主择业、双向选择是现代社会的主要就业方式，职业流动、职业转换现象司空见惯。这就是说，人们不仅在就业前面临着职业选择的问题，即使就业后仍然有对职业重新选择的机会。职业选择成为人们职业生涯管理中的一个重要环节。长期以来，很多心理学家和职业指导专家对职业选择的问题进行了专门的研究，提出了自己的理论。这里介绍两种有广泛影响的职业选择理论。

（一）帕森斯的人与职业相匹配的理论

美国波士顿大学教授帕森斯阐述了这一经典性的理论。每个人都有自己独特的人格模式，每种人格模式的个人都有与其相适应的职业类型，人人都有职业选择的机会，而职业选择的焦点就是人与职业相匹配，即寻找与自己特性相一致的职业。由此，他提出了职业选择的三大要素：第一，了解自己的能力倾向、兴趣爱好、气质性格特点、身体状况等个人特征。这可以通过人员素质测评和自我分析等方法获得。第二，分析各种职业对人的要求，以获得有关的职业信息。这包括：职业的性质、工资待遇、工作条件以及晋升的可能性；求职的最低条件，如学历要求、身体要求、所需的专业训练以及其他各种能力等；为准备就业而设置的教育课程计划，提供这种训练的机构、学习时间、所需费用等；就业的机会。第三，上述两个因素的平衡，即在了解个人特征和职业要求的基础上，选择一种适合个人特点又可获得的职业。综上可知，注重个人差异与职业信息的搜集和利用是该理论的基本特点，实现人职匹配是该理论的核心。

我们可以将帕森斯的这一理论运用于对职业生涯的管理，在职业选择时进行职业适宜性分析。职业的种类千千万万，我们常说"三百六十行，行行出状元"，但为什么同样一个员工在某一职业岗位上得心应手，做另一种工作则显得力不从心呢？这里就涉及员工和他所做的工作是不是相适合的问题。每个人都具有一定的潜能和可塑性，但并不是每个人都适合于任何一种工作。这是因为人的个性千差万别，而每一种工作对人的要求也各不相同。当人的个性与工作的要求相吻合时，干起工作来就如鱼得水，轻松自在，获得职业生涯成功的可能性就大。因此，在职业选择和职业决策的过程中，人们总是不可避免地要问自己："我究竟适合做什么？"所谓职业适宜性分析，就是要解决什么样的人适合做什么类型的工作，或者说什么类型的工作需要什么样的人来做这一问题。它通过分析、了解自我的个性特征和不同工作的性质、特点及其对任职者的具体要求，从而找出和个人相匹配的职业类型。这种职业适宜性分析是职业生涯管理中非常重要的一项工作。

（二）霍兰德的人业互择理论

约翰·霍兰德是美国约翰·霍普金斯大学心理学教授，著名的职业指导专家，提出了具有广泛社会影响的人业互择理论。这一理论认为，职业选择是个人人格的反映和延伸，他将人格分为六种基本类型，相应地将职业分为六种类型。职业选择取决于人格与职业的相互作用。

1. 现实型

人格特点：真诚坦率，重视现实，讲求实际，有坚持性、实践性、稳定性。职业兴趣：手工技巧、机械的、农业的、电子的技术。代表性职业：体力员工、机器操作者、飞行员、农民、卡车司机、木工、工程技术人员等。

2. 调查型

人格特点：分析性、批判性、有好奇心的、理想化的、内向的、有推理能力的。职业兴趣：科学、数学。代表性职业：物理学家、人类学家、化学家、数学家、生物学家、各类研究人员。

3. 艺术型

人格特点：感情丰富的、理想主义的、富有想象力的、易冲动的、有主见的、直觉的、情绪性的。职业兴趣：语言、艺术、音乐、戏剧、书法。代表性职业：诗人、艺术家、小说家、音乐家、雕刻家、作家、作曲家、导演、画家。

4. 社会型

人格特点：富有合作精神的、友好的、肯帮助人的、和善的、爱社交和易了解的。职业兴趣：与人有关的事、人际关系技巧、教育工作。代表性职业：临床心理学家、咨询者、传教士、教师、社交联络员。

5. 企业型

人格特点：喜欢冒险的、有雄心壮志的、精神饱满的、乐观的、自信的、健谈的。职业兴趣：领导、人际关系的技巧。代表性职业：经理、汽车推销员、政治家、律师、采购员、各级行政领导者。

6. 常规型

人格特点：谨慎的、有效的、无灵活性的、服从的、守秩序的、能自我控制的。职业兴趣：办公室工作、营业系统的工作。代表性职业：出纳员、统计员、图书管理员、行政管理助理、邮局职员等。

人格类型与职业类型的关系也并非绝对相对应。霍兰德经过实验发现，尽管大多数人的人格类型可以主要地划归为某一类型，但个人又有着广泛的适应能力，其人格类型在某种程度上相近于另外两种类型，也能适应另外两种职业类型的工作。也就是说，某几种类型之间存在着较多的相关性，同时每一种人格类型又有一种极为相斥的职业类型。

三、职业生涯发展阶段

职业生涯的发展常常伴随着年龄的增长而变化，尽管每个人从事的具体职业各不相同，但在相同的年龄阶段往往表现出大致相同的职业特征、职业需求和职业发展任务，据此可以将一个人的职业生涯分为不同的阶段，要对职业生涯进行有效的管理，就有必要了解这一点。

美国著名人力资源管理专家加里·德斯勒将职业生涯划分为五个阶段：

（一）成长阶段（从出生到14岁）

在这一阶段，个人通过对家庭成员、朋友、老师的认同以及与他们之间的相互作用，逐渐建立起了关于自我的概念，并形成了对自己的兴趣和能力的基本看法，到这一阶段结束的时候，进入青春期的青少年就开始对各种可选择的职业进行某种带有现实性的思考了。

（二）探索阶段（15岁到24岁）

在这一时期，个人将认真地探索各种可能的职业选择。人们试图将自己的职业选择与自己对职业的了解以及通过学校教育、休闲活动和业余工作等途径所获得的个人兴趣和能力匹配起来。在这一阶段开始的时候，人们往往做出一些带有实验性质的较为宽泛的职业选择。随着个人对所选择的职业以及自我的进一步了解，人们的这种最初选择往往会被重新界定。到了这一阶段结束的时候，一个看上去比较恰当的职业就已经被选定，人们也已经做好了开始工作的准备。人们在这一阶段需要完成的最重要的任务就是对自己的能力和天资形成一种现实的评价，并尽可能地了解各种职业信息。

（三）确立阶段（25岁到44岁）

这是大多数人职业生涯中的核心部分。人们通常希望在这一阶段的早期能够找到合适的职业，并随之全力以赴地投入到有助于自己在此职业中取得永久发展的各项活动中。然而，大多数情况下，在这一阶段人们仍然在不断地尝试与自己最初的职业选择所不同的各种能力和理想。

（四）维持阶段（45岁到65岁）

在这一阶段，人们一般已经在自己的工作领域中为自己创立了一席之地，因而人们把大多数精力主要放在保有这一位置上了。

（五）下降阶段

当临近退休的时候，人们就不得不面对职业生涯中的下降阶段。在这一阶段，许多人都不得不面临这样一种前景，接受权利和责任减少的现实，学会接受一种新角色，学会成为年轻人的良师益友。接下来，就是几乎每个人都不可避免地要面对的退休，这时人们所面临的选择就是如何去打发原来用在工作上的时间，对职业生涯作阶段划分的意义在于，在不同的生命阶段有不同的职业任务，面临不同的职业问题，应该进行有针对性的职业生涯管理。

四、职业生涯管理中组织的任务

个人职业生涯管理的成功，不仅需要员工个人的努力，而且需要组织的配合。在我国，职业生涯的开发与管理还是一个新的课题，但已引起了许多有远见的企业的高度重视，他们已经开始实施员工职业生涯管理方案，并取得显著效果。职业生涯规划不仅为员工架起了成长的阶梯，而且使公司的发展获得了永不衰竭的动力。总结成功企业的经验，结合有关职业生涯发展的理论，从组织角度进行的职业生涯管理，应该找出不同职业生涯期的管理重点。

（一）招聘时期的职业生涯管理

员工的职业生涯管理是一个长期动态的过程，从招聘新员工起就应该开始。招聘的过程实际上是应聘者和组织相互了解的过程。组织职位出现空缺时，有的愿意从应届大学生中招聘，有的则愿意接受有工作经验的候选人。大学生初出校门，缺乏对组织和职业的了解，往往有许多不切实际的幻想，即使是有工作经验的应聘者对未来的工作组织也不够了解。在这一阶段，组织急于网罗高素质的人才，应聘者急于将自己优秀的一面展示给组织，双方往往都会发出不真实的信息。其结果是组织对应聘者的职业目标形不成较为真实的印象，而应聘者对组织形成了一种较好的但也许是不现实的印象。这对员工刚开始的职业生涯是不利的，一方面组织不能真正了解应聘者，就很难做出人尽其才的职业安排，另一方面当新员工发现组织与其想象的差距较大时，就会萌生离意。因此，组织在招聘时，要提供较为现实的企业与未来工作的展望，要将组织的基本理念和文化观念传达给应聘者，以使他们尽可能真实地了解组织；此外，要尽可能全面了解候选人，了解他们的能力倾向、个性特征、身体素质、受教育水平和工作经历，以为空缺岗位配备合格的人选，并为新员工未来的职业发展奠定一个好的开端。

（二）进入组织初期的职业生涯管理

这大致相当于职业生涯确立阶段的尝试子阶段。在一个人的职业生涯中，没有哪个阶段能像他初次进入组织时那样需要组织考虑他的职业发展情况。正是在这一阶段，员工被招募、雇用并第一次被分配工作和认识上级。在这一阶段上，员工必须建立一种自信的感觉，必须学会与第一个上级和同事们相处，必须学会接受责任，然而最重要的莫过于对自己的才能、需求以及价值观是否与最初的职业目标相吻合进行审视和判断。对于新员工来说，这是一个现实测试时期，他的最初期望和目标第一次面对组织生活的现实，并且第一次与自己的能力和需求面对面碰在一起。对于许多第一次参加工作的人来说，这可能是一个比较痛苦的时期，因为他们天真的期望第一次面对现实的冲击。比如，年轻的工商管理硕士或注册会计师们可能满怀希望去寻找第一份富有挑战性的激动人心的工作，希望这种工作能发挥自己在学校所学得的新技术、证明自己的能力、为提升提供大量的机会。然而在现实的工作中，他们常常会苦恼地发现自己被委派到一种并不重要的低风险的工作岗位上，或者马上陷入错综复杂的部门间冲突和政治斗争中，或者是遇到一位使人感到灰心丧气的上级。

（三）中、后期的职业生涯管理

中期大致相当于职业生涯确立阶段的稳定子阶段和危机子阶段。职业生涯中期是一个时间长、变化多，既有事业成功，又可能引发职业危机的敏感时期。这一时期的年龄跨度一般是从30 岁到 45 岁，甚至到 50 岁。成家立业、生儿育女、赡养父母、工作上独当一面，这一时期不仅家庭责任重大，同时职业任务繁重。一般而言，进入这一年龄段的员工大都去掉了 20 多岁时不切实际的幻想，通过重新审视和评估自我，有了明确的职业目标，确定了自己对企业的长期贡献区，积累了丰富的职业工作经验，逐步走向职业发展的顶峰。人到中年，一方面年富力强，自我发展的需要仍很强烈，另一方面会意识到职业机会随年龄增长越来越受到限制，从而产生职业危机感。总之，这是一个充满矛盾的复杂阶段，尤其需要组织加强职业生涯的管理。

古人云：三十而立。这一时期的员工十分重视个人职业上的成长和发展。在这一时期的职业生涯管理中，组织要保证员工合理的职位轮换和晋升。所谓职位轮换，是指把一个人安排到另一个工作岗位上，其所承担的义务、责任、职位和报酬都与前一个工作差不多。但职位轮换可以使员工学到新知识和新技能，为今后的晋升和发展奠定基础。晋升是在组织中被指定做更高一级的工作。通常，新的工作在薪资和地位上有所提高，并要求有更多的技能或承担更多的责任。晋升能够使组织更有效地利用员工的技能和知识，而且也可以将得到晋升的机会看作是对员工的内在激励。因此，组织管理的一项重要工作就是为员工设置合理畅通的职业发展通道。职业通道是组织中职业晋升的路线，是员工实现职业理想和获得满意工作，达到职业生涯目标的路径。组织中的职业发展通道不应是单一的，而应是多重的，以便使不同类型的员工都能寻找到适合自己的职业发展途径。海尔公司在这方面的探索值得借鉴。海尔对每一位新进厂的员工都进行一次个人职业生涯培训。不同类型的员工自我成功的途径不尽相同，为此海尔为各类员工设计出了不同的升迁途径，使员工一进厂就知道自己该往哪方面努力，才能取得成功。

到职业后期阶段，员工的退休问题必将提到议事日程。大量事实表明，退休会对退休的员工产生很大冲击，也会对组织的工作产生影响。组织有责任帮助员工认识接受这一客观事实，并帮助每一个即将退休的员工制定具体的退休计划，尽可能地把退休生活安排得丰富多彩一些。同时，多数退休员工的贡献能力不会随着正式退休而完结，组织可采取兼职、顾问或其他方式聘用他们，延长他们的职业生涯，使他们有机会继续为组织发挥"余热"。

第二节 人力资源调配

一、人力资源市场

人力资源市场就是供求双方通过相互选择而自动配置人力资源的体系，或者说是一种以市场机制调节人力资源供求的经济关系。人力资源市场的形成需要具备以下三个条件：第一，人力资源供求双方具有相对独立性。员工个人拥有独立支配自己人力资源的权利，人力资源需求方拥有独立的用人权，供求双方均可自由进行选择。第二，人力资源供求双方作为对等的利益主体，以劳动合同的形式确立劳动关系。第三，工资是人力资源的市场价格，由人力资源市场供求关系调节。工资率成为引导人力资源合理配置的价格信号。人力资源市场可以分成社会人力资源市场和组织内部的人力资源市场。

社会人力资源市场是一种人力资源供给方和需求方可以跨地区、跨部门、跨行业进行相互选择，以实现全社会范围内人力资源最佳配置的人力资源市场。我国社会人力资源市场的目标模式，是建立公平竞争、运行有序、控制有力、服务完善的现代人力资源市场。这就意味着要彻底打破统包统配的就业政策，废除人力资源在不同所有制、不同地区、不同行业之间自由流动的身份界限，消除人力资源市场的歧视，例如，性别歧视、年龄歧视、身份歧视、对残疾人的歧视等，员工自主择业、自主流动，企业自主用人，人力资源供求主体之间通过公平竞争、双向选择建立劳动关系。人力资源市场应建立一整套法规，使劳动关系的建立、调整和终止都通过劳动合同等法律形式来进行。还要通过劳动监察，保证人力资源市场良好运行，并通过经济的、法律的以及必要的行政手段调控人力资源总量和结构。同时要建立完整的人力资源市场服务体系和保障体系，其中主要包括社会保险体系、就业服务体系、统计信息服务体系、劳动法律服务咨询体系、劳动安全监察体系、宏观调控体系等，为各类组织和全社会人力资源提供优质高效的服务及社会保障。

组织内部的人力资源市场是指在雇用关系比较稳定的组织内部，供组织（雇主）和员工双方再次选择经济关系的人力资源市场。例如，组织内部的人员调动、提升、降职、转业等。组织内部的人力资源市场是促进组织内部人员流动的重要途径。某些情况下，组织内部的人力资源市场还被赋予另一种意义，即它是解决组织富余人员的一种手段。在我国，富余人员的安排还不可能由社会全部包下来，组织还需要在内部开辟就业门路，例如，组织富余人员从事社会需要的第三产业、进行专业培训等，所有这些措施所导致的新的劳动契约关系及相应的谈判都被归于内部人力资源市场范畴。有的企业为了解决富余人员的问题，还实行了"内部待业制"，凡是工作不能达到要求的员工都需要离开原来的岗位，但不与企业脱离关系，而是在企业内部待业。待业期间，员工只能领到基本工资，为了能够重新上岗，还必须参加一些必要的培训。这种制度强化了组织内部的竞争气氛，对于改变员工自身的素质、提高劳动生产率都能起到很大的作用。

市场经济要求人力资源的使用市场化。人力资源个人所有和风险型就业是市场经济条件下人力资源使用的基本特征。人力资源属于个人所有，员工有权支配个人的人力资源。在人力资源市场中，员工是具有自主性的市场主体，自主就业、自主流动、自己掌握自己的命运。人力资源的利用遵循价值规律，供求规律调节人力资源供求关系，从而促进人力资源管理流动，优化人力资源的合理配置。在人力资源市场上，通过员工与组织的双向选择，引入竞争机制，从而提高双方的积极性。通过每个社会成员个人的最优化选择，实现整个社会劳动资源的最优化配置。

二、人力资源的流动

人力资源流动一般是指员工相对于人力资源市场条件的变化，在岗位之间、组织之间、职业之间、产业之间以及地区之间的转移。简单地说，人力资源流动就是指员工离开原来的工作岗位，走向新的工作岗位的过程。人力资源流动包括水平流动和垂直流动。所谓水平流动，即员工在不同地区、不同行业、不同组织、不同部门或同一部门的不同岗位之间自由流动。所谓垂直流动，是指员工在组织内部的升迁。人力资源流动的总倾向是从经济增长缓慢、收入水平低、就业机会少的落后地区流向经济增长迅速、收入水平高、就业机会多的发达地区，从经济效益差、社会声望低、薪酬水平低的组织流向经济效益好、社会声望好、薪酬水平高的组织。

人力资源流动是一种客观必然的社会经济现象。具体地说，主要有以下几个原因引起了劳动力的流动。第一，产业结构的变化。随着社会经济的不断发展以及生产的社会化和现代化，旧的生产形式和产业部门不断被淘汰，原来在这些部门工作的人力资源面临着职业转换。同时新兴产业的涌现又提供了新的就业机会，不断地把原来分布于传统部门的人力资源纳入自己的生产过程。经济的发展和产业结构的变动推动了人力资源的全面流动。第二，科学技术的发展。科学技术的发展一方面创造了许多新的就业机会和就业岗位，另一方面又淘汰了一部分旧的工作岗位。技术密集型的产业由于其产品的技术含量大，产品附加值高，其人力资源的价格必然较高，待遇较好，从而吸引了大批合格人力资源进入，加剧了人力资源的流动。第三，区域经济发展的不平衡。由于资源分布、自然条件以及其他因素的差异，地区经济发展的状况很不平衡。经济落后地区由于受经济发展水平的限制，就业机会很少，人力资源供给又常常大于需求，致使人力资源就业比较困难。而经济发达地区人力资源需求量大，本地供给相对不足，人力资源价格又明显高于不发达地区，同时个人发展的机遇也比较多，这就促使不发达地区的剩余人力资源向发达地区流动。第四，不同部门、不同组织间同样存在着经济、技术发展的不平衡。这种不平衡不断对所需的人力资源的数量和质量提出新的要求，推动着人力资源的全面流动，并促使员工由经济效益差的部门、组织流向经济效益好的部门和组织。第五，人力资源供给意向的变化。人力资源供给意向的变化取决于人们对物质需求和精神需求满足程度的判断。员工根据自己的兴趣、爱好、专长和收入等需求目标，对现有的职业或岗位和市场上可供选择的职业或岗位做出比较性评价。只要有其他岗位或职业能使其更有效地发挥个人才能并得到更大的效用和满足，员工就有可能辞去现有的工作而选择新的工作，从而引起人力资源的流动。

从全社会的角度看，人力资源的流动有利于整个社会更加合理地使用人力资源，实现资源的优化配置。国民经济是一个动态系统，各组织、各行业、各地区的发展是不平衡的，对人力资源的需求也必然是不平衡的。为了使人力资源得到最充分的利用，必然要求人力资源从相对富裕的行业、地区以及组织流入相对稀缺的行业、地区及组织。只有让人力资源流动起来，才能使员工在流动中找到适合自己的岗位，也才能使最需要人才的地区和组织得到自己所需要的人才。人力资源流动的意义，在于从根本上促进了人与事的配合和协调，优化资源配置，使人尽其才、事得其人。

对于组织来说，人力资源的流动有利于促使组织提高人力资源管理水平；人才竞争是现代社会的一个重要特征。人才竞争必然带来人才流动。对于现代的员工来说，就业绝非单纯的谋生手段，也是谋求个人发展、实现自我价值的途径。一个组织，如果没有较强的经济实力、良好的内部文化和管理，就无法吸引和留住人才，有可能走向衰落。因此，要增强组织的竞争力、吸引力，就要在组织内部要创造一种机制，使所有的组织成员都能通过自身的努力获得增加收入、升迁职位、发展事业的机会，这将促使组织内部的人力资源管理走向科学化和规范化。

对于员工来说，人力资源流动有助于个人规划自己的职业生涯，实现自己的人生价值。根据职业选择发展理论，个体的职业选择不是一次性完成的，而要经历"尝试""转变""稳定"这样一个逐步成熟的过程。在过去统包统配的制度下，个体职业发展的自然过程受到严重制约，员工一旦被分配到某一职业岗位，不管适合与否，变动的可能性极其有限，员工的职业流动只能在一个相当有限的范围内沿着系统内部"由低向高"（即垂直流动）这样一种单一的模式发展。但在就业制度和劳动用工制度发生根本变化以后，加上新兴的职业和新的就业机会的不断出现，员工的职业流动需要便迅速表现出来，它打破了传统的单一垂直流动模式而形成了多元化的局面，使员工能够在职业流动中发现自己的兴趣与潜能，形成对自身价值的准确评价，并不断丰富自己的经历，提高自己的能力，实现自己的价值。

人力资源流动也可能为社会、组织、个人带来负面作用。例如，人力资源的流动会造成发达地区、好的行业和组织人才济济甚至过剩，而落后地区、不好的行业和组织则人才外流、人才短缺、技术的流失、商业机密的泄露等。因此，必须加强对人力资源流动的管理。

三、就业指导

所谓就业指导，就是由专门的就业指导机构帮助择业者确定职业方向、选择职业、准备就业、并谋求职业发展的咨询指导过程。就业指导作为一项重要的社会活动，最早出现在欧美国家，它是西方国家经济发展、职业分化、技术进步而产生一系列社会矛盾后，社会为解决就业问题而做出努力的产物。

我国是一个拥有十多亿人口的大国，解决如此众多人口的就业问题不仅关系到国民的生计，而且关系到国家的稳定与发展。在人力资源市场上，人力资源的分配与使用是通过员工与组织"双向选择"来实现的。社会各行各业各种工作岗位为员工个人提供了广泛的就业门路，而求职者则为不同的组织提供了广泛的人力资源来源。然而，对求职者来说，面对千差万别的职业，往往不知所措，找不到适合自己的位置。而对组织来说，如何从千差万别的求职者中选拔到最适当的工作人员，同样面临着种种困难。就业指导最基本的含义就是实现"人—职"匹配，即把员工推向最合适的工作岗位，以及为特定的工作岗位物色最合适的员工。就业指导可以减少盲目择业带来的盲目职业流动，减少"人—职"错位造成的人才浪费，使社会的人力资源得到最有效的利用，促进整个社会的稳定与发展。同时就业指导也是一种教育过程，一种培养人的过程，即通过就业指导来增进员工（包括学生）的职业角色和生活角色技能，培养员工的职业决策能力，满足社会对员工的需求。因此，我们应该大力开展就业指导工作。就业指导工作的主要内容包括以下几个方面：

（一）职业素质分析

就业指导的目的在于帮助择业者寻找适当的职业，通过人员素质测评，了解求职者在能力、个性方面的具体水平，帮助求职者客观地了解自己，以此作为达成"人—职"匹配的基本依据。

职业素质分析项目，主要包括职业身体素质、职业能力倾向、职业个性特征、职业价值观类型等。职业素质分析可以采用人员素质测评方法测试，包括心理测验、面试等，也可以借助各种工具、仪器进行测评，并要有专家进行分析说明。这些测评的结果既可以为择业者提供选择建议，也可以作为组织录用的参考。

（二）职业信息服务

职业信息服务的内容十分广泛，主要有：

1. 传播职业知识

职业知识包括职业的名称、种类、职业的社会经济意义、职业的环境条件、报酬、晋升机会、职业前景、职业资格要求，如体力要求、能力和个性要求、教育程度、职业道德等。只有掌握有关的职业知识，择业者才有可能做出适当的职业选择。

2. 反映市场供求

员工与职业岗位的结合，最终取决于就业市场的供求关系。人力资源供求关系经常处于变化之中，不同的社会发展阶段、不同的地区、不同的时间，职业岗位的空缺与求职者人数都是有变化的。求职者迫切需要得到就业市场的供求信息，作为职业定向的现实依据。因此，充分地、不失时机地反映就业市场供求状况是就业指导信息服务的重要内容。

3. 宣传就业政策

就业政策也是影响就业市场供求关系和个人职业选择的重要因素。在我国，就业政策及劳动人事制度随着社会政治经济形势的变化而变化，就业指导工作应配合劳动人事制度，宣传新的就业政策，帮助人们正确理解并适应市场经济条件下的就业政策和就业方式。

（三）职业咨询

职业咨询是一种以语言为主要沟通方式，对当事人在自己职业选择与职业生涯发展中所遇到的问题给予分析和帮助，从而使其能够根据自身的实际状况做出合理职业决策的就业指导方式。人们在职业选择以及就业以后的工作中，往往会面临各种各样的职业问题，诸如不知道自己适合哪种职业，不知道如何找一份理想的工作，面临多种职业机会不知如何选择，刚参加工作职业适应不良，工作中人际关系紧张，职业生涯中期所遇到的职业危机等。造成这些问题的原因，或是由于缺乏全面的自我认知和对职业世界的了解；或是由于不恰当的职业观念，或是由于个人性格等。即使人们对自身的职业素质有一定的了解，也掌握了大量的职业信息，但在职业生涯中仍然会遇到各种问题，而职业咨询的功能就是帮助人们解决职业生涯中所遇到的各种困难和问题。职业咨询的目的不是代替当事人做出职业决策或解决职业问题，而是运用心理咨询技术及其他技巧和方法，协助当事人查明所遇问题的性质，帮助当事人分析自己的特性、兴趣、长处、不足和发展需要，通过促进当事人自我认识的发展，从而引导当事人自己寻找解决问题的方法和途径，以克服职业发展过程中的障碍和问题。

所以，职业咨询的过程实质上就是促进当事人自我认识的发展，从而引导当事人自己寻找解决问题的方法和途径，以克服职业发展过程中的障碍与问题。所以，职业咨询的过程实质上就是促进当事人自我认识发展的过程，培养当事人自我决策能力的过程，提高当事人解决职业问题能力的过程。承担职业咨询的可以是专门的职业咨询机构，大学或研究院的有关研究机构，职业生涯研究专家、心理学专家、组织中员工的直接主力或人力资源部门专门负责此项工作的专员。

第三节 劳动关系与合同管理

一、劳动关系

（一）劳动关系的内容和法律特征

从广义上看，劳动关系的内涵非常宽泛，它包括一切劳动者在社会劳动时形成的所有劳动方面的关系。而从人力资源开发与管理的角度谈论的劳动关系，仅指员工与所在组织之间在劳动过程中发生的关系，是员工与企业之间基于有偿劳动所形成的权利义务关系。这种关系具有相对稳定性并受到法律的保护。在西方国家，劳动关系又称为"劳资关系"，是指雇主（由管理层代表）和工人（通常由工会代表）之间的相互关系。它涉及集体交涉过程、谈判和协商。劳动关系的基本内容包括：员工与组织之间在工作时间、休息时间、劳动报酬、劳动安全卫生、劳动纪律与奖惩、劳动福利保险、职业教育培训、劳动环境等方面形成的关系。这些方面都与员工的自身利益密切相关，是直接影响企业员工劳动积极性和工作满意度的重要因素。人是生产力中最重要的因素，而劳动关系是生产关系中的重要因素之一。调整、维护和谐的劳动关系，是人力资源管理和开发的重要内容。

劳动法是调整劳动关系以及与劳动关系密切联系的其他关系的法律规范，其作用在于从法律角度确立和规范劳动关系。劳动法所规范的劳动关系主要有以下三个法律特征：第一，劳动关系是在现实劳动过程中发生的关系，与员工有直接的联系。第二，劳动关系的双方当事人，一方是员工，另一方是提供生产资料的员工所在的组织，如企业组织、行政部门等。第三，劳动关系的一方员工要成为另一方组织的成员，并遵守组织的内部劳动规则，我国的劳动法对劳动主体双方所享有的权利和应承担的义务做出了明确的规定，而这些权利和义务的规定涵盖了劳动关系的具体内容。员工依法享有的权利有：劳动权，民主管理权，休息权，劳动报酬权，劳动保护权，职业培训权，社会保险权，劳动争议提请处理权等。员工承担的主要义务有：按质按量完成生产任务和工作任务、学习政治、文化、科学、技术和业务知识；遵守劳动纪律和规章制度；保守国家和企业的机密。

（二）解决劳动争议的途径和方法

劳动争议也称劳动纠纷。它是指劳动关系当事人之间因劳动的权利发生分歧而引起的争议。狭义的劳动争议指因执行劳动法或履行劳动合同、集体合同的规定而引起的争议。广义的劳动争议不仅包括因执行劳动法或履行劳动合同、集体合同的规定而引起的争议，还包括因制定或变更劳动条件而产生的争议。

劳动争议是劳动关系双方发生矛盾、冲突的表现，争议的有效解决则可以使劳动关系由矛盾、冲突达到统一、和谐。解决劳动争议的途径和方法如下：

1. 通过劳动争议委员会进行调解

劳动法规定，在组织内部可以设立劳动争议调解委员会。它由员工代表、组织代表和工会代表三方组成。在企业中，员工代表由员工代表大会或员工大会选举产生，企业代表由厂长或经理指定，工会代表由企业工业委员会指定。调解委员会组成人员的具体人数由职代会提出，并与厂长（经理）协商确定，企业代表的人数不得超过调解委员会成员人数的三分之一。调解委员会主任由企业工会代表担任，其办事机构设在企业工业委员会。劳动争议调解委员会所进行的调解活动是群众自我管理、自我教育的活动，具有群众性和非诉讼性的特点。

2. 通过劳动争议仲裁委员会进行裁决

劳动争议仲裁委员会是依法成立、独立行使劳动争议权的劳动争议处理机构。它以县、市、市辖区为组织，负责处理本地区发生的劳动争议。

劳动争议仲裁委员会由劳动行政主管部门、同级工会和组织三方代表组成，劳动争议仲裁委员会主任由劳动行政主管部门的负责人担任。劳动行政主管部门的劳动争议处理机构为仲裁委员会的办事机构，负责办理仲裁委员会的日常事务。劳动争议仲裁委员会是一个带有司法性质的行政执行机关，其生效的仲裁决定书和调解书具有法律强制力。

3. 通过人民法院处理劳动争议

人民法院只处理以下范围内的劳动争议案件。

（1）争议事项范围

因履行和解除劳动合同发生的争议；因执行国家有关工资、保险、福利、培训、劳动保护的规定发生的争议；法律规定由人民法院处理的其他劳动争议。

（2）企业范围

国有企业；县（区）属以上城镇集体所有制企业；乡镇企业；私营企业；三资企业。

（3）员工范围

与上述企业形成劳动关系的员工；经劳动行政机关批准录用并已签订劳动合同的临时工、季节工、农民工；依据有关法律、法规的规定，可以参照劳动法处理的其他员工。

人民法院受理劳动争议案件的条件是：劳动关系当事人间的劳动争议，必须先经过劳动争议仲裁委员会仲裁。必须是在接到仲裁决定书之日起 15 日内向人民法院提起诉讼的，超过 15 日，人民法院不予受理。

二、劳动合同

（一）劳动合同的含义和特征

1.劳动合同的含义

在现代社会中，劳动关系通常以劳动合同来确立。签订劳动合同是建立劳动关系的具体方式。所谓劳动合同，就是员工与组织确立劳动关系、明确双方权利和义务的协议，是组织和员工之间确立劳动关系的法律凭证。我们可以从以下几个方面来理解劳动合同这一概念。

（1）组织和员工之间建立劳动关系，必须签订劳动合同

劳动合同一经签订，就是一种法律文件，具有法律效力，就成为规范双方当事人劳动权利和义务的依据，合同规定的各项条款双方当事人都必须认真履行，否则必须承担相应的法律责任。

（2）劳动合同的主体是员工和组织双方

作为劳动合同关系当事人一方的员工，必须具备法律规定的条件，即必须达到法定的最低劳动年龄。在一般情况下，只有年满16周岁的公民，才具有劳动行为能力，才能参与劳动合同关系。同时还必须具备组织根据工作需要规定的资格条件，才有可能成为劳动合同的一方。作为劳动合同另一方当事人的组织，必须是依法设立的企事业组织、国家机关、社会团体或者私营经济组织。

（3）劳动合同作为确立劳动关系的协议

主要内容是员工与组织双方的责任、权利和义务。员工为组织承担一定的工作，按组织的要求，完成劳动任务，并遵守组织的各项规章制度；组织为员工提供一定的工作条件和符合国家法定标准的安全卫生环境，付给员工相应的报酬，保障员工享有法定的或合同规定的各项政治经济待遇。

2.劳动合同的特征

劳动合同作为经济合同的一种，首先必须具备一般经济合同所共有的特征，这是劳动合同得以成立的前提条件。具体表现为：

（1）合法

劳动合同必须依法订立，做到主体合法、内容合法、形式合法、程序合法。只有合法的劳动合同才能产生相应的法律效力。任何一方面不合法的劳动合同，都是无效合同，不受法律承认和保护。

（2）协商一致

在合法的前提下，劳动合同的订立必须是员工和组织双方协商一致的结果，不能是单方意思表示的结果。

（3）合同主体地位平等

在劳动合同的订立过程中，当事人双方的法律地位是平等的。员工和组织不因为各自性质的不同而处于不同的地位，任何一方不得对他方进行威胁或强迫命令。只有真正做到地位平等，才能使所订立的劳动合同具有公正性。

（4）等价有偿

劳动合同是一种有偿合同，当事人一方有提供劳务的义务，另一方有支付报酬的义务，双方都相应地享有平等的权利和义务。

（二）劳动合同的内容

劳动合同的内容是指劳动合同中约定的事项，主要是劳动关系当事人双方（即员工和组织）各自的权利、义务、责任。劳动合同的内容表现为劳动合同的各项条款。依据《劳动法》的规定及劳动管理的实际情况，我国的劳动合同一般包括下列内容。

1. 双方当事人的名称、姓名、地址

组织的名称、地址要写全称；员工的姓名、地址要与户口簿、身份证相一致。

2. 合同期限

劳动合同期限是指当事人双方所订立的劳动合同起始和终止的时间，也就是合同约定的劳动关系存续的日期。劳动合同期限分为固定期限、无固定期限和以完成一定的工作为期限三种。要写明员工被录用的期限，具体到年、月、日。无固定期限的，要写订立合同及合同生效日期。以完成一定工作为期限的要写明工作时间。

3. 试用期限

劳动合同一般都有试用期限的规定。要写明试用开始和结束的日期。试用期的长短，按《劳动法》规定最长不超过6个月。试用期包括在劳动期限内。

4. 职务（工种、岗位）

要明确员工所担任的具体工作。职务和工种（岗位）须用专门术语写明，不得含糊其词。

5. 工作时间

按《劳动法》和国家规定执行。如低于国家规定的，可由双方约定：一是每周工作几天，休息几天；二是每天工作几小时和上下班的准确时间（包括工间休息时间）。如果是以完成一定工作量为期限的合同，工作时间可由双方协商确定。

6. 劳动报酬

劳动报酬是人力资源的价值表现形式（或人力资源的价格），是员工履行劳动义务后应当享受的经济权利，包括工资、奖金、津贴等，支付劳动报酬是组织的义务。工资可分为试用期工资、试用期满后的工资。合同中一般要写明月、日、小时工资标准，以及在合同期限内晋升后工资的方法和标准等。实行计件工资的，按计件付酬或按工作量订立的合同，可按工作量确定报酬。劳动合同中规定的劳动报酬必须符合国家法律、法规和政策的规定。比如，工资不得低于国家规定的最低工资标准，工资支付形式和支付期限不得违反有关规定。

7. 生活福利待遇

一是补贴待遇，合同制员工的粮、菜、交通、取暖等补贴应和国家对固定工的规定相同；二是假日待遇，合同制员工的节日假、婚丧假、探亲假按《劳动法》执行；三是特殊费用，如抚恤费、救济金等也应与固定工相同。

8. 劳动保护

这是为组织设立的义务性条款。组织为员工提供的劳动保护措施和劳动条件必须符合国家有关规定。如优于国家规定的，可由双方约定。

9. 劳动保险待遇

员工患病、伤残、生育等待遇以及养老失业、工伤等保险办法，凡国家有规定的，按规定执行；国家没有规定的由双方协商约定。

10. 政治待遇和劳动待遇

合同制员工享有参加企业民主管理的权利；参加选举和被选举的权利；参加党团组织和工会的权利等。

（三）劳动合同的管理

劳动合同的管理，从广义上讲，是指国家司法机关、劳动行政主管部门、组织主管部门、组织内部行政和工会组织，按照国家的授权，在各自的职责范围内，根据法律、法规和政策的要求，运用指导、组织、监督、检查等手段，分别对劳动合同的订立、履行、变更、解除等行为实施司法管理、行政管理、企业管理和民主管理，制止、纠正和查处劳动合同运行中的违法行为，以保障劳动合同的贯彻实施。劳动合同管理同任何一项管理工作一样，是一种指挥、监督、协调和控制的活动，其目的在于通过管理，把劳动合同运行过程中各个要素的功能统一起来，使之取得最佳经济效益。

1. 劳动行政部门对劳动合同的管理

国家劳动行政部门和地方各劳动行政部门，是法律规定的统一管理劳动合同的机关，在劳动合同管理中占有重要地位，起着主导作用。各级劳动行政部门管理劳动合同的主要职责是：

（1）负责制定有关劳动合同制度的法律、法规和政策

劳动合同的管理，必须依照国家关于劳动合同制度的法律、法规和政策进行。这些法律、法规和政策主要由各级劳动部门按照国家的立法计划起草和制定。国家劳动行政部门负责制定全国统一的劳动合同法律、法规和政策，报经立法机关批准发布。地方劳动部门负责地方劳动合同法规和政策的制定工作，按照立法权限和程序发布实施。

（2）统一管理和监督检查劳动合同的订立和履行情况

各级劳动部门通过经常性的了解情况和定期分析检查，掌握劳动合同订立和履行的全面情况，培训劳动合同管理人员，完善劳动合同的管理制度，自上而下地形成完整的劳动合同管理网络，并通过与组织建立广泛的联系，帮助和指导组织依法订立和履行劳动合同。

（3）广泛宣传劳动合同法规

广泛宣传劳动合同法规，进行劳动合同法制教育，是劳动合同管理的一项基础工作。各级劳动行政部门应当拟定劳动合同法制宣传教育计划，结合贯彻劳动合同法规组织实施。通过举办学

习班、研讨班、培训班，总结推广先进经验，交流信息，分析案例，组织劳动合同法规知识竞赛等，大力宣传劳动合同法规知识，增强广大员工的劳动合同法律意识和观念，增强执行劳动合同的自觉性。

（4）进行劳动合同鉴证

劳动合同鉴证是劳动行政部门对劳动合同实施行政管理的有效手段，是一项监督服务措施。劳动合同订立后，对于当事人申请劳动合同鉴证的，劳动合同签订地或履行地的劳动行政部门负责进行鉴证。

（5）确认和处理无效劳动合同

确认和处理无效合同，是劳动合同管理中一个十分重要的环节，是保障合同有效的有力手段。劳动部门是国家确认无效劳动合同的管理机关，对监督检查劳动合同订立和履行过程发现的无效劳动合同、第三者告知的无效劳动合同以及劳动争议仲裁委员会在仲裁中遇到的无效劳动合同，依照有关法律、法规进行确认和处理。

（6）受理和仲裁劳动合同争议案件

各级劳动行政部门、经济综合管理部门和工会组成劳动争议仲裁委员会，处理包括劳动合同争议在内的企业劳动争议案件。仲裁委员会的主任由劳动行政部门主要负责人担任，仲裁委员会的办事机构设在劳动部门。因此，劳动行政部门要负责受理劳动合同争议案件，并主持劳动争议仲裁委员会处理劳动合同争议，依法维护劳动合同当事人的权益。这是劳动行政部门管理劳动合同的一项重要职责。

（7）查处和制裁违法劳动合同

对于违反法律、法规和国家政策的劳动合同，由劳动行政部门负责依法查处。劳动行政部门在检查劳动法律、法规贯彻执行情况时，对于发现或告知的违法劳动合同，根据有关法律、法规的规定可以给予违法者以警告、罚款，提请工商行政机关吊销营业执照，对有关责任人员可提请其主管机关给予行政处分，触犯刑律的，要由司法机关追究刑事责任。

2. 员工所在组织对劳动合同的管理

劳动合同的管理，除了劳动行政部门负主要责任外，组织的管理也是劳动合同管理的一个重要方面。当然，员工所在组织对劳动合同的管理不同于劳动行政部门的管理，因为组织不是专门的劳动合同管理机关。但是，劳动管理是组织经济活动的重要组成部分，对生产经营活动有着直接影响。劳动合同是明确双方当事人权利和义务的协议，劳动合同履约率的高低，直接影响着生产经营活动。因此，组织对劳动合同的管理主要是通过下列活动实现的。

（1）建立组织内部劳动合同管理机制

组织内部劳动合同管理是建立现代组织制度所要求的。组织建立劳动合同管理机制，主要应做好三个方面的工作：第一，要有管理机构，从组织制度上保证劳动合同的管理；第二，要有专人管理，明确职责，各司其职；第三，要有切实可行的规章制度，使组织对劳动合同的管理有章可循。

（2）健全组织劳动合同管理制度

组织劳动合同管理的内容一般应包括：招聘、用人的条件和标准，岗位责任或岗位说明书，劳动合同的订立、变更、解除、终止和续订的条件，劳动合同履行情况的考评奖惩制度，企业内部劳动合同档案制度，劳动合同统计报告制度，劳动纠纷调解制度等。

（3）配合劳动行政部门或主管部门做好劳动合同管理工作

劳动行政部门是劳动合同的管理机关。主管部门是组织的领导机关和行政管理机关，对其所属组织订立和履行劳动合同的情况负有管理责任。组织作为用人单位，与员工签订劳动合同建立劳动关系后，除了按职责范围对劳动合同进行管理外，在合同的变更、解除，合同的鉴证，合同法制教育，劳动争议处理，合同履行情况的检查以及合同报告方面，要积极主动配合劳动行政部门或主管部门做好管理工作，接受劳动行政部门、主管部门的管理指导，不断提高管理水平。

（4）实行考评制度

考评，是指根据一定的标准、方法、程序对员工的工作表现和履行劳动合同情况等进行评价和认定的一种活动。组织具有生产性或服务性的特征，组织的目标是追求最佳经济效益和社会效益。组织的特征和目标，决定着它必须使用必要数量和相应素质的员工。因而，组织按定岗定员招（聘）用员工后，还须经常对员工的工作态度、工作成效等与劳动合同相关的内容进行考评，并以考评的结果作为工资分配和人事使用提拔的数据。考评不仅具有评价和认定的作用，还具有激励员工学习、调动其生产积极性的作用。考评一般分为经常性考评的和年度考评。组织应重点抓好经常性的考评工作，不要图形式，不能走过场，对员工经常性考评结果要记录备查，作为年度考评重要的参考资料和奖惩依据。

（5）实行动态管理

劳动合同制度是一种适应社会主义市场经济体制的新型用人制度，它与传统固定工制度的一个显著区别、是员工能进能出、能上能下。因此劳动合同制度在运行中就要进行动态管理，即通过考评，根据员工职责的履行情况，员工不同的劳动态度，不同的技能和表现，将员工分为"在岗""试岗""下岗""待岗"四种状态。四种状态的人员分别享受不同的工资待遇，促使"在岗"人员有光荣感和责任感，"试岗"人员有压力感，"下岗培训"人员有紧迫感，"待岗"人员有危机感。"四岗"制构成动态的劳动合同管理机制，既能促使企业强化考评管理工作，又能增强广大员工的竞争和进取意识。

3. 工会对劳动合同的管理

工会是工人阶级的群体组织。工会对劳动合同的管理是由工会维护、建设、参与、教育等各项职能所决定的，工会对劳动合同进行管理的职责主要有：

（1）对员工进行劳动法律、法规教育，增强员工的劳动法制观念

工会对员工的宣传教育工作，是由工会教育职能所决定得的。工会对员工进行劳动法律、法规教育，使员工了解自己享有的权利和应履行的义务，提高员工的素质，使员工了解自己签订劳

动合同的重要性，并组织员工认真履行合同义务，遵守厂规厂纪，积极参与生产劳动。同时，通过宣传教育，使员工正确理解合同中的权利与义务的关系，两者不可偏废。只有这样，才能有效地提高劳动合同的履约率。

（2）监督劳动合同的订立和履行

工会有权利代表和组织员工参与国家社会事务管理，参加企业事业组织的民主管理，当然也包括对劳动合同的管理。工会对劳动合同的管理，主要是指签订劳动合同，监督组织履行劳动合同，维护员工的合法权益。

（3）参与劳动合同争议的调解、仲裁工作

在市场经济条件下，由于多种经济成分并存，使劳动关系呈现多元化的形态，劳动关系更加复杂。劳动关系双方因履行劳动合同而引发的争议是不可避免的。工会作为员工群众与企业行政发展联系的桥梁，有权而且有必要参与劳动争议的处理工作。

工会在劳动争议的调解、仲裁和诉讼中，应发挥积极作用。工会代表是企业劳动争议调解委员会负责人，应由他主持调解工作，对调解工作负主要责任。同级工会代表参加各级劳动争议仲裁委员会，并在评议或者裁决时，有权发表自己的意见。对工会代表的不同意见，仲裁决定中必须如实记录。工会在劳动争议诉讼中，有权支持和帮助员工当事人行使起诉权；接受员工当事人的委托，担任其诉讼代理人；在人民陪审中，和人民陪审员一起行使国家审判权；可以参与人民法院的调解工作，促使当事人和解；有权协助人民法院调查取证，协助人民法院执行已生效的法律文书；同时，工会还应及时做好案件处理善后工作。

工会参与劳动争议的处理是一项新的工作。为做好这一工作，工会必须坚持以事实为根据，以法律为准绳的原则，对于员工的正当要求，应当予以坚决支持，以维护员工的合法权益；对于员工的无理要求，工会应当进行耐心细致的说服教育工作，以维护企业的正确决定。

第四节 组织职业生涯规划的操作

一、组织职业生涯规划的目标

（一）员工的组织化

1. 基本目标—组织人

一般来说，员工的组织化即员工在一个组织中完成其社会化、成为合格员工的过程。人力资源管理学者对于个人初入单位的被接纳与塑造成为合格员工的过程即组织化过程，给予了高度的重视。在这一过程中，个人要实现对职业岗位的适应、组织文化的适应和职业心理的转换，组织则要把没有职业阅历或者有其他单位职业经历的新招聘人员，塑造成为基本符合本单位需要的员工，即在本组织中被认同，能够完成组织工作，具有与老成员类似特征的人。

2.有价值的文化人

发达国家是经过"机器人""经济人"的理念，到承认人的社会性、满足员工的成就感、提升要求等，使员工成为服从组织的"社会人"。20世纪90年代进一步发展为承认人的教育和文化背景、承认人的不同观点和思考方式，即把员工看作有价值的"文化人"。

3.合理自利的企业人

组织中的人是"企业人"，具有"有限工作欲望假设""有限理性假设"和"合理自利假设"，"将企业目标、社会规范内化到员工的价值体系中，引导员工自觉地在合理的范围内去追求其自身利益，从而使个人利益与企业目标达到和谐统一的境界"。

4.完成社会化的全面人

个人进入组织的职业方面是"学会工作、担任好角色、译解组织文化、融入组织"的特定社会化过程，可以把工作人看作是"全面人"，因此，组织对员工的职业生涯以及其个人生活问题也应当给予关心。

（二）协调组织与员工的关系

任何组织，都是由从上到下各层级的一个个员工组成的，组织与员工之间的协调至关重要。协调组织和员工的关系，一般说即是承认员工个人的利益和目标，这能够使员工的个人能力和潜能得到较大的发挥，使他们努力为组织完成生产经营任务，达到"双赢"的目标。推行职业生涯规划，是协调组织与员工关系，对员工产生巨大的激励作用并使组织目标和员工目标达到统一的重要途径。

（三）为员工提供发展机会

人力资源是一种能动性的资源，发挥其能力与潜能至关重要。通过职业生涯规划，可以使组织更加了解员工的能力，从而恰当地使用这一资源。尊重人、尊重员工，也是现代管理的理念。在组织正常发展的情况下，实行职业生涯规划和管理措施，尽量考虑员工的个人意愿，为员工提供发展机会，也是组织发挥员工主动精神的重要手段。

（四）促进组织事业的发展

实行职业生涯规划，还有利于大大提高员工的综合素质，进而提高组织的效益和对外部变化的应变能力。从根本上说，是要促进组织事业的发展。要做到这一点，必须靠组织之中各方面人员的努力。

1.好的领导者

要以领导者的真知灼见规划组织的未来，并制定方案去实现。实行职业生涯规划本身，也有利于从现有组织成员中选拔出最优秀的领导者。

2. 各层次的管理者

通过职业生涯规划，各层次的管理者有了明晰的升迁渠道、路径，也有了较多的培训和其他个人能力发展机会，因而他们会以非常负责任的态度和创造性的精神去从事管理活动，解决各种问题，这有利于保证组织工作的有效运行。

3. 每一个员工的团结协作

对广大员工开展职业生涯规划与管理，有利于一般员工主人翁精神的形成，有利于他们执行组织决策，积极工作，自觉地为组织的目标努力。

二、职业生涯规划的实施

（一）员工自我分析

员工首先应对自己的基本情况（包括个人的优势、弱点、经验、绩效、喜恶等）有较为清醒的认识，然后在本人价值观的指导下，确定自己近期与长期的发展目标，并进而拟订具体的职业发展计划。此计划应有一定的灵活性，以便根据自己的实际情况进行调整。

进行正确的自我分析和自我评价并不是一件简单的事情，要经过较长时期的自我观察、自我体验和自我剖析。其中员工自我评价就是通过对一系列问题的回答分析自己的能力、兴趣和爱好等的方法。

（二）组织对员工的评估

组织评估是组织指导员工制定职业生涯规划的关键，它对组织合理地使用、开发人才和员工职业生涯规划目标的实现都有重要影响。组织评估的渠道主要有三种：第一，从选择员工的过程中收集有关的信息资料（包括能力测试、员工做出评估填写的有关教育、工作经历的表格以及人才信息库中的有关资料）做出评估；第二，收集员工在目前工作岗位上表现的信息资料（包括工作绩效评估资料、有关晋升推荐或工资提级等方面的情况）做出评估；第三，通过心理测试和评价中心法做出评估。发达国家的许多大企业组织都设有评价中心，有一支经过特别培训的测评人员，这两种方法在我国的一些组织中也已得到应用。

（三）提供职业岗位信息

一个员工进入一个单位后，要想制定一个切实可行的、符合企业需求的个人职业发展计划，就必须获得企业内有关职业选择、职业变动和空缺岗位等方面的信息。从组织的角度看，为了使员工的个人职业规划制定得实际并有助于目标的实现，就必须将有关员工职业发展方向、职业发展途径以及有关职位候选人在技能、知识等方面的要求及时地利用本单位内部报刊、公告或口头传达等形式传递给广大员工，以便使那些对该职位感兴趣、又符合自己职业发展方向的员工参与公平的竞争。此外，组织还要创造更多的岗位或新的职位，以使更多员工的职业计划目标得到实现。

（四）职业生涯规划年度评价

年度评价，是职业生涯规划与管理的一项重要手段。从基本意义上说，年度评价是周期性地对组织职业生涯规划与管理进行"盘点"，它有利于组织检查职业生涯规划与管理工作的效果，发现存在的问题，根据组织及环境的变化及时调整职业生涯规划工作。而且还可以使职业生涯规划与管理的对象了解情况，积极参与并及时做出调整。

职业生涯规划年度评价的具体方法包括自我评价、直线经理评估和全员评估几种。一般来说，自我评估是自主和自觉的评估，也是能够取得实效的评估；直线经理评估比较详细，能够与组织的工作有机地结合，而且容易跟进组织的职业生涯管理措施；全员评估类似于人力资源绩效评价中的360°考核，评估结果比较全面和客观。

三、职业生涯发展渠道的提供

为员工提供职业生涯发展渠道是组织的重要责任。一般来说，组织在为员工提供职业生涯发展渠道方面需要注意的问题有以下几个方面。

（一）组织的前途

员工的职业发展远景是基于组织的前途的。可持续发展，尤其是近期能够快速成长的单位，能够给员工提供较多的发展机会，"短命公司"则不能够有所作为。为此，组织、决策者和广大员工要非常紧密地团结、努力，解决好组织的发展壮大，从而使"职位"及机会大大增加。

（二）职业路径的明晰

组织要全面展示自己的机构、职业阶梯、任职条件、竞争情况和成长概率，使每一个员工都清楚地了解本组织的职业生涯路径。在有条件的情况下，还应当帮助每位员工进行个性化的职业生涯发展设计。公司实行"员工成长路径"的职业生涯规划与管理方法，进行人力资源整合改革，把员工在组织中的发展路径分为技术、管理、生产三类，各有不同的档次等级，员工的晋升有培训、年限和业绩的条件。

（三）工作与职业的弹性化

职业生涯规划的目的之一是促进员工的全面发展。为此，组织要积极推动工作再设计，要采取多通道的职业生涯管理，而且要在一定程度上打通各通道，使员工的职业生涯发展有更多的选择余地。一个公司的员工成长路径，理念是"让每个人有机会成全自己"，员工在不同的职业成长路径之间有着选择的余地和转换的可能，这为普通员工创造了许多脱颖而出的机会。就管理类职务而言，在某职位（例如部门经理）有需求的时候，面向集团公司统一招考。上述方法，使仓库保管员成为搞综合计划的职员，使装配工成为销售员，又竞聘成为副经理。

四、日常的职业生涯工作

（一）招聘与职业生涯规划

在一个组织中进行职业生涯管理，对于选拔合格分子是极为重要的。为此，用人单位在招聘方面，要对组织政策进行调整。这包括两个主要方面：其一，在招聘过程中，突出对应聘者价值观、人性和潜力的选择，要选拔具有"自我实现人"特征和与组织文化、价值观相同的求职者。其二，生涯导向的招聘对象，定位在"初级岗位补充空缺"。因为组织的中高级岗位基本上留给员工发展之用。

（二）职务调配与职业生涯规划

晋升和调配，是人力资源管理中的经常性工作，这些工作涉及员工的个人前途与发展，因而应当在职业生涯规划与管理中给予高度关注。传统的人事管理，以组织需要为出发点对员工进行调配，对员工的考虑很少。在现代人力资源管理中，员工工作岗位的调配应当是具有职业生涯导向的，它强调根据员工的职业生涯发展需求进行。除了职业岗位的晋升外，在同一层次、不同职业或职务岗位上的横向移动，也具有工作再设计的功能，它能够对员工起到增加第二岗位以至第三岗位、第四岗位的工作能力，增强职业适应能力，增加信息和开阔眼界，建立比较广泛的联系的作用。其结果不仅为以后的晋升积累一定的条件和创造一定的机遇，而且也拓宽了员工的职业生涯发展道路、为成功地进入不同的职业通道创造条件。

（三）培训与职业生涯规划

培训工作是组织人力资源管理的重要内容。在组织从事职业生涯规划与管理的前提下，培训工作不仅目标明确、具体，而且很容易和员工的需求相结合，从而取得较好的培训效果。在该方面应当注意的是，培训要有超前意识，并要与职业生涯规划有机地结合。

职业生涯培训，可以分为内部培训和外部培训。一般来说，内部培训和日常工作结合较紧，对职业生涯规划工作的支持面也大；外部培训则与未来的生涯晋升联系更加密切，尽管其投入较大，但其激励效果更好。这两种方法应根据具体情况选择使用。

（四）绩效考评与职业生涯规划

人力资源管理中的绩效考评，主要目的在于帮助员工寻找绩效方面的问题及其原因，进而采取改进绩效的行动。在推行职业生涯规划的情况下，绩效考评既可以帮助员工改进绩效，达到修正职业生涯发展偏差的作用，也是修改或调整职业生涯计划的重要依据。

第八章 转型期企业绩效考评

第一节 企业绩效考评管理概述

一、绩效考核概述

（一）绩效考核概念

绩效考核（performance examine）是一项系统工程，涉及公司的发展规划、战略目标体系及其目标责任体系、指标评价体系、评价标准、评价内容及评价方法等，其核心是促进企业管理水准的提高及综合实力的增强，其实质是使员工个人的能力得以提升，并确保人尽其才，使人力资源的作用发挥到极致。

明确这个概念，可以明确绩效考核的目的及重点。企业在制定发展规划、战略目标时，为了更好地完成这个目标需要把目标分阶段分解到各部门、各人员身上，也就是说每个人都有任务。绩效考核就是对企业人员完成目标情况的一个跟踪、记录、考评。

（二）绩效考核内容

一是业绩考核；

二是行为考核。

（三）绩效考核的作用

1. 达成目标

绩效考核本质上是一种过程管理，而不仅仅是对结果的考核。它是将中长期的目标分解成年度、季度、月度指标，不断督促员工实现、完成的过程，有效的绩效考核能帮助企业达成目标。

2. 挖掘问题

绩效考核是一个不断制订计划、执行、改正的循环过程，体现在整个绩效管理环节，包括绩效目标设定、绩效要求达成、绩效实施修正、绩效面谈、绩效改进、再制定目标的循环，这也是一个不断发现问题、改进问题的过程。

3. 分配利益

与利益不挂钩的考核是没有意义的，员工的工资一般都会为两个部分：固定工资和绩效工资。绩效工资的分配与员工的绩效考核得分息息相关，所以一说起考核，员工的第一反应往往是绩效工资的发放。

4. 促进成长

绩效考核的最终目的并不是单纯地进行利益分配，而是促进企业与员工的共同成长。通过考核发现问题、改进问题，找到差距进行提升，最后达到双赢。

（四）绩效考核的应用

绩效考核的应用重点在薪酬和绩效的结合上。薪酬与绩效在人力资源管理中，是两个密不可分的环节。在设定薪酬时，一般已将薪酬分解为固定工资和绩效工资，绩效工资正是通过绩效予以体现，而对员工进行绩效考核也必须要表现在薪酬上，否则绩效和薪酬都失去了激励的作用。

（五）绩效考核的主题

合格的绩效考核者应了解被考评者职位的性质，工作内容、要求以及绩效考核标准，熟悉被考评者的工作表现，最好有近距离观察其工作的机会，同时要公正客观。多数企业在选择考核主体时，多采用360°全方位考核方式，考核者选用被考评者的上司、同事、下属、被考评者本人和外部专家。

上司考核的优点是对工作性质、员工的工作表现比较熟悉，考核可与加薪、奖惩相结合，有机会与下属更好地沟通，了解其想法，发现其潜力。但也存在一定缺点，由于上司掌握着切实的奖惩权，考核时下属往往心理负担较重，不能保证考核的公正客观，可能会挫伤下属的积极性。

同事考核的优点是对被考评者了解全面、真实。但由于彼此之间比较熟悉和了解，受人情关系影响，可能会使考核结果偏离实际情况。最适用的情况是在项目小组中，同事的参与考核对揭露问题和鞭策后进起着积极作用。

下属考核可以帮助上司发展领导管理才能，也能达到权利制衡的目的，使上司受到有效监督。但下属考核上司有可能片面、不客观；由下级进行绩效考核也可能使上司在工作中缩手缩脚，影响其工作的正常开展。

自我考核是最轻松的考核方式，不会使员工感到很大压力，能增强员工的参与意识，而且自我考核结果较具建设性，会使工作绩效得到改善。缺点是自我考核倾向于高估自己的绩效，因此只适用于协助员工自我改善绩效，在其他方面（如加薪、晋升等）不足以作为评判标准。

外部专家考核的优点是有绩效考评方面的技术和经验，理论修养高，与被考评者没有瓜葛，较易做到公正客观。缺点是外部专家可能对公司的业务不熟悉，因此，必须有内部人员协助。此外，聘请外部专家的成本较高。

二、绩效考核的技巧

实行绩效考核体制之前，应先对公司的管理层做一个调整，做一个考核，这个考核分工作态度、工作技能、工作效率、工作成绩、团队意识、沟通能力、配合能力、员工印象几方面，只有先将管理层考核清了，调整到位了，员工才会相信公司的绩效考核体制，才会配合公司的工作，也才会再次调动起积极性。

要建立企业内部申诉机制，让员工在遭遇不公正、不公平待遇时有一个申诉与解决的通畅途径，避免因领导者情感因素伤害职业打工者的权益。企业内部不仅要确定不同部门或岗位的权利、义务，同时还必须采取自上而下的岗位描述，明确细化的岗位职责及考核标准，避免将考核沦为一种粗放的能力"审判"。

三、完善的绩效考核内容

详细的岗位职责描述及对员工工资的合理分配；尽量将工作量化；人员岗位的合理安排；考核内容的分类；企业文化的建立，如何让人成为"财"而非人"材"是考核前需要考虑的重要问题；明确工作目标；明确工作职责；从工作的态度（主动性、合作、团队、敬业等）、工作成果、工作效率等几个方面进行评价；给每项内容细化出一些具体的档次，每个档次对应一个分数，每个档次要给予文字的描述以统一标准（比如"优秀"这个档次一定是该员工在同类员工中表现明显突出的，并且需要用具体的事例来证明）；给员工申诉的机会。

四、绩效考评的形式

（一）按考评时间分类

1. 日常考评

指对被考评者的出勤情况、产量、质量实绩、平时的工作行为所做的经常性考评。

2. 定期考评

指按照固定周期所进行的考评，如年度考评、季度考评等。

（二）按考评主体分类

分为主管考评、自我考评、同事考评、下属考评和顾客考评。即"360°考评方法"。

1. 主管考评

指上级主管对下属员工的考评。这种由上而下的考评，由于考评的主体是主管领导，所以能较准确地反映被考评者的实际状况，但有时也会受主管领导的疏忽、偏见、感情等主观因素的影响而产生考评偏差。

2. 自我考评

指被考评者本人对自己的工作实绩和行为表现所做的评价。这种方式透明度较高，有利于被考评者在平时自觉地按考评标准约束自己。但最大的问题是有"倾高"现象存在。

3. 同事考评

指同事间互相考评。这种方式体现了考评的民主性，但考评结果往往受被考评者的人际关系的影响。

4. 下属考评

指下属员工对他们的直接主管领导的考评。一般选择一些有代表性的员工，用比较直接的方法，如直接打分法等进行考评，考评结果可以公开或不公开。

5. 顾客考评

许多企业把顾客也纳入员工绩效考评体系中。在一定情况下，顾客常常是唯一能够在工作现场观察员工绩效的人，此时，他们就成了最好的绩效信息来源。

（三）按考评结果的表现形式分类

1. 定性考评

其结果表现为以文字形式对某人工作进行评价，或对员工之间评价高低的相对次序以优、良、中、及格、差等形式表示。

2. 定量考评

其结果以分值或系数等数量形式表示。

第二节 新时期企业员工绩效考评的方法

一、绩效考核方法

（一）图尺度考核法（Graphic Rating Scale，GRS）

是最简单和运用最普遍的绩效考核技术之一，一般采用图尺度表填写打分的形式进行。

（二）交替排序法（Alternative Ranking Method，ARM）

是一种较为常用的排序考核法。其原理是：在群体中挑选出最好的或者最差的绩效表现者，较之于对其绩效进行绝对考核要简单易行得多。因此，交替排序的操作方法就是分别挑选、排列出"最好的"与"最差的"，然后挑选出"第二好的"与"第二差的"，这样依次进行，直到将所有的被考核人员排列完全为止，从而以优劣排序作为绩效考核的结果。交替排序在操作时也可以使用绩效排序表。

（三）配对比较法（Paired Comparison Method，PCM）

是一种更为细致的通过排序来考核绩效水平的方法，它的特点是每一个考核要素都要进行人员间的两两比较和排序，使得在每一个考核要素下，每一个人都和其他所有人进行了比较，所有被考核者在每一个要素下都获得了充分的排序。

（四）强制分布法（Forced Distribution Method，FDM）

是在考核进行之前就设定好绩效水平的分布比例，然后将员工的考核结果安排到分布结构里去。

（五）关键事件法（Critical Incident Method，CIM）

是一种通过员工的关键行为和行为结果来对其绩效水平进行绩效考核的方法，一般由主管人员将其下属员工在工作中表现出来的非常优秀的行为事件或者非常糟糕的行为事件记录下来，然后在考核时点上（每季度或者每半年）与该员工进行一次面谈，根据记录共同讨论来对其绩效水平做出考核。

（六）行为锚定等级考核法（Behaviorally Anchored Rating Scale，BARS）

是基于对被考核者的工作行为进行观察、考核，从而评定绩效水平的方法。

（七）目标管理法（Management by Objectives，MBO）

目标管理法是现代更多采用的方法，管理者通常很强调利润、销售额和成本这些能带来成果的结果指标。在目标管理法下，每个员工都确定有若干具体的指标，这些指标是其工作成功开展的关键目标，它们的完成情况可以作为评价员工的依据。

（八）叙述法

在进行考核时，以文字叙述的方式说明事实，包括以往工作取得了哪些明显的成果，工作上存在的不足和缺陷是什么。

（九）360°考核法

又称交叉考核（PIV），亦即将原本由上到下，由上司评定下属绩效的旧方法，转变为全方位360°交叉形式的绩效考核。在考核时，通过同事评价、上级评价、下级评价、客户评价以及个人评价来评定绩效水平的方法。交叉考核，不仅是绩效评定的依据，更能从中发现问题并进行改革提升。找出问题原因所在，并着手拟定改善工作计划。

二、绩效考核的周期

（一）绩效考核周期的概念

绩效考核周期也可以叫作绩效考核期限，是指多长时间对员工进行一次绩效考核。绩效考核通常也称为业绩考评或"考绩"，是针对企业中每位员工所承担的工作，应用各种科学的定性和定量的方法，对员工行为的实际效果及其对企业的贡献或价值进行考核和评价。

由于绩效考核需要耗费一定的人力、物力，因此考核周期过短，会增加企业管理成本的开支；但是，绩效考核周期过长，又会降低绩效考核的准确性，不利于员工工作绩效的改进，从而影响绩效管理的效果。因此，在准备阶段，还应当确定出恰当的绩效考核周期。

（二）绩效考核周期确定，需考虑因素

1. 职位的性质

不同的职位，工作的内容是不同的，因此绩效考核的周期也应当不同。一般来说，职位的工作绩效是比较容易考核的，考核周期相对要短一些。

2. 指标的性质

不同的绩效指标，其性质是不同的，考核的周期也应不同。一般来说，性质稳定的指标，考核周期相对要长一些；相反，考核周期相对就要短一些。

3. 标准的性质

在确定考核周期时，还应当考核到绩效标准的性质，就是说考核周期的时间应当保证员工经过努力能够实现这些标准，这一点其实是和绩效标准的适度性联系在一起的。

三、绩效沟通与反馈

（一）绩效沟通

综合部将考核结果告知被考核者，被考核者的直接上级会就绩效考核的结果与被考核者面谈，若被考核者对考核结果无异议，则在考核结果表上签字确认；若有异议，则可进行绩效考核申诉。

（二）制订绩效改进计划

对被考核者的绩效考核结束后，各级考核者与被考核者应及时对其绩效中未达到公司要求的内容进行分析并制订出相应的改进计划。各级考核者应为被考核者提供绩效改进指导和帮助，并跟踪其改进结果。

四、绩效考核六步走

企业的绩效考核，应当分作六个具体的行动步骤组织实施。把每一个步骤列为一个作业单元，在行动前精心组织操作培训和专项辅导，并进行必要的模拟演练。

（一）确定考核周期

依据企业经营管理的实际情况（包括管理形态、市场周期、销售周期和生产周期），确定合适的考核周期，工作考核一般以月度为考核周期。每个周期进行一次例行的重点工作绩效考核。对需要跨周期才可能完成的工作，也应列入工作计划，进行考核。可以实行时段与终端相结合的考核方法，在开展工作的考核周期，考核工作的进展情况，在完成工作的考核周期，考核工作的终端结果。

（二）编制工作计划

按照考核周期，作为考核对象的职能部门、业务机构和工作责任人，于周期期初编制所在部门或岗位的工作计划，对纳入考核的重点工作内容进行简要描述。每一项重点工作都要明确设置工作完成的时间指标和质效指标。同时按照预先设定的计分要求，设置每一项重点工作的考核分值。必要时，附加开展重点工作的保障措施。周期工作计划应按照时间要求编制完成，并报送考核执行人确认，然后付诸实施。

（三）校正量效化指标

绩效考核强调要求重点工作的开展和完成必须设置量效化指标，量化指标是数据指标，效化指标是成效指标。重点工作的量效化指标，反映了重点工作的效率要求和价值预期。另外，在实际工作的操作中，并不是所有的工作结果或成效，都可以用数据指标进行量化，而效化指标则比较难以设置和确定，需要一定的专业素质和及时的信息沟通。因此，考核执行人应会同考核对象，对重点工作的量效化指标进行认真校正并最终确定，保障重点工作的完成质效。

（四）调控考核过程

在管理运转中，存在并发生着不确定性因素，容易造成工作变数，考核也是如此。当工作的变化、进展和预置的计划发生冲突时，首先应该对变化的事物进行分析，准确识别变化的原因和走向，然后对工作计划和考核指标做出及时、适当的调整改进。

（五）验收工作成效

每个周期期末，在设定的时间内，考核执行人依据预置或调整的周期工作计划，对考核对象的重点工作完成情况，进行成效验收。按照每项工作设置的量效化指标和考核分值，逐项核实工作成效，逐项进行评分记分，累计计算考核对象在该考核周期重点工作完成情况的实际得分，并就工作的绩效改进做出点评。

（六）考核结果运用

考核的目的是改进绩效、推进工作、提高效率。考核对象重点工作完成情况的实际得分即为考核结果。如何运用考核结果，会直接影响考核的激励作用。要切实结合企业管理资源的实际情况，充分考虑企业文化的负载能力，在这个基础上选择和确定考核结果的运用方式。

五、企业实施绩效考核

（一）应具备的条件

绩效考核的应用是企业发展到一定阶段的产物。

1.企业初创期

投入多，产出少，以人治为主，对企业经营业绩评价的必要性未能体现。

2.企业成长期

企业经过了原始积累，扩张速度快，经营战略目标得到确定，这时围绕企业战略目标，如何通过提高公司各部门工作效率保证目标实现的问题显得非常必要且重要。此时企业绩效考核被摆到重要位置上，得到应用并处于不断完善状态，可促进企业发展。

3.企业成熟期

发展速度减慢，企业进入最佳发展时期，绩效考核经过了完善过程进入成熟状态，有效地促进了企业发展。

4.企业衰退期

业务发展阻滞，组织需要变革，绩效考核处于次要位置，其对企业的促进作用减弱，甚至停止。

5.企业更生期

通过产品技术、人力资源整合，企业进入新一轮的成长期，绩效考核也会随着企业变更及成长进入一个新的创新发展期。

6.实施绩效考核管理

并非任何企业都能实施绩效考核管理，处于成长期、成熟期的企业，建立了完整的战略目标体系、目标责任体系、组织结构体系，才能把各项目标落实到各级责任人，使绩效考核成为可能。因此企业绩效考核是企业进入成长、成熟期的产物，是随企业变革而不断完善创新的过程。

（二）应注意的问题

1.考核目的

要开展绩效考核工作，首先要回答的是为什么要开展绩效考核工作，这个问题不加以明确，势必使绩效考核陷于盲目。

企业要开展绩效考核工作，核心问题是使企业的战略目标得以顺利实现。要实现战略目标，人是其中最关键的因素。如何使人力资源发挥最大效能，调动人的积极性，使企业各级管理人员都有使命感，进而发挥创造力，使公司具有运行活力，进而对人力资源进行整合，使优者得其位，劣者有压力并形成向上动力，使企业目标在优化的人力资源作用下得以顺利实现等问题，正是绩效考核所要解决的最本质的问题。

2.目标责任体系

（1）从目标到责任人

绩效考核不是孤立事件，它与企业人力资源管理、经营管理、组织架构和发展战略都有联系，企业战略目标通过目标责任体系和组织结构体系分解到各个事业单元，与对应的责任人挂钩。

（2）从出发点到终点

因目标不是独立部门可完成的，从任务出发点到终点，通过企业每一环节的优秀业绩，保证整体业绩的最优。因此应根据业务流程图，明确部门间的协作关系，并对协作部门相互间的配合提出具体要求。

（3）对目标责任的一致认可

对工作目标的分解，要组织相关责任人多次研讨，分析可能性，避免执行阻力，直到目标由考核者和被考核者达成一致，这时以责任书的方式统一发布，并要明确奖惩条件，由责任书发出者与责任书承担者双方签订责任书的方式确定。

3. 评价标准

（1）成功关键因素

企业经营业绩并不是简单的投资与报酬，成本与收益之间的对比关系，因为无论是成本或收益，均受多种因素的影响。指标设定得科学、全面、有效性与否直接关系到绩效考核的客观性和公正性。因此指标设定，一定是完成目标责任的成功关键因素，通过对这些因素监督、控制、考核的过程，能推进目标的实现。

（2）指标确定

通过努力在适度的时间内可以实现，并有时间要求；指标是具体的、数量化的、行为化的、具有可得性的；可衡量化是指不论是与过去比，与预期比，与特定参照物比，与所花费的代价比较，都有可操作性，是现实的、可被证明的、可被观察的；不能量化的，可操作；经过同意制定，说服力强。

（三）考核办法

1. 直线制管理考核办法

在平衡计分卡考核体系下，对具体的责任人进行考核时，由责任人的聘用者、任务发出者及责任人的服务管理对象作为主要考核人，对责任人的工作业绩进行考核。同时责任人的个人业绩测评、责任人的协作部门的测评可作为辅助测评意见。以上意见进行综合，作为该责任人的绩效考核成果。

公司董事长由董事会成员、监事会成员、高管层进行考核；董事长及监事会成员、总经理分管工作的单位负责人及其员工代表、客户等对总经理的工作业绩进行考核，吸收党委、工会成员参加测评；董事长、总经理、监事会成员及副总经理分管的工作部门负责人及其员工代表、客户等对副总经理的工作业绩进行考核，可吸收党委、工会成员参加。

党委书记则由上级主管部门、党委成员及支部负责人、党员代表进行考核，可吸收职工代表参加测评；工会主席则由上级主管部门、党委书记、党委委员、职工代表参加测评。其他人员以此类推。

这样考核的原因在于责任人的工作由上级领导安排落实，上级领导对下属工作的完成情况最关心，情况最了解，同时也在管理上由上级领导负责。责任人执行情况，责任人的下属最了解，对责任人是否有所作为也最了解，因此责任人的上下级对责任人的考核最有发言权。吸收协作部门及个人测评，可力求使测评成果更客观、公正。

2. 管理者的考核责任

主管领导有义务和责任对其管理权属内的责任人进行考核评价，不宜以民主测评等方式推卸应由领导履行的职责。有些管理人员对自己下属的工作了如指掌，可就是不愿直接指出下属的不足，对下属工作不满意也不愿直接触及矛盾，调整工作岗位更是难以下手，于是采取民主评议方式，让员工说出自己想说的话。这样做的结果往往是被考核人不服气，且滋生对管理人的不满，对考核工作不仅无促进作用，还会走向阻碍工作开展的方向。管理者在被管理者心目中树立权威的机会也会因此丧失，下属由于不能直接搞清楚管理者的意图和自己在其心目中的形象，不能感受到上级对自己的信任，领导也不可能对下属有更全面明晰的把握，易形成症结影响工作。

3.考核办法评价

考核办法没有先进与落后，只要适合于企业实际，能够客观地、有针对性地评价管理人员的工作业绩，对开展工作起到了促进作用，考核办法就值得采纳。

（四）考核信息反馈及成果兑现

对考评结果要做到全面分析，对未达标的工作部分要加以分析，找出原因并加以修正，调整战略目标，细化工作职责标准，调整平衡计分卡的内容，使之建立新的平衡。

对考核成果要充分进行利用，要及时由管理人员对有关的责任人进行沟通，对考核结果指出的责任人的优点给予充分的、具体的肯定，最好能以事例补充说明，让责任人感觉到领导者不是泛泛地空谈，而是真诚地认可。对于考核者存在的不足，要明确提出，并询问清楚责任人缘由，听取他对改进工作的意见建议，如有道理要尽可能采纳。如继续任用，则应提出具体的建议要求及改进工作的途径，以保证工作质量提高。即使不再任用，也要明确提出，使责任人充分理解，使之心服口服。切忌对考核结果置之一边，任由被考核者猜测引起负面影响。对考核成果要按照目标责任书的奖惩约定，及时进行奖惩兑现。

（五）持续性考核

绩效考核是一项复杂的系统工程，计划、监控、考核流程、成果运用等动态管理，构成绩效考核的主要工作内容。因此要持续不断地根据考评工作中存在的问题改进考核工作，同时还要把工作制度化、持续性地开展下去。这样考核工作就会受到各级管理人员的高度重视，其创造价值的作用就会越来越大。

（六）与绩效考核挂钩的注意问题

对企业盈亏平衡负责，即有业绩底线要求，达成业绩底线方可享有全额底薪，达不成业绩底线则只能拿部分底薪（最低不低于底薪的一半），一般取底薪的50%。业绩底线一般指企业的量本利分析得出的盈亏平衡点。总经理可以有一定比例的奖励和接待费用支配权，该比例与总业绩挂钩。高管拿业绩提成，提成比例可根据不同的业绩额度向上增长。代总经理、副总经理、总经理可以拿分红，工作绩效表现优良，在职期限达到一定时间的甚至可获得注册股。

（七）真正做好考核

战略层面的绩效、公司层面的绩效、部门（团队/班组）层面的绩效和岗位（员工）层面的绩效，每一层面都要就具体细节讨论。

1.具体实施层面

在实施过程中，分部门、分组进行，不要一起上，要把不合理的项目记录下来，进行跟踪、完善。

2.实施的时间

在实施过程中，各层面应有共同的观念，必须保证有一定的时间来缓冲、总结，一般 3~6 个月才能反映出考核真正的效果。此外，在考核前，还要做出预案，以防实施过程中突发问题的产生，避免造成被动。

3.总结、修正阶段

考核计划实施 3~6 个月，进行修正、修改，集中意见进行再讨论、再实施、再修正。等各个部门实施达到效果后在全面展开，整个薪酬考核才算完成。

六、绩效考核的误差

（一）信度与效度

1.信度

指考核结果的一致性和稳定性程度，即用同一考核方法和程序对员工在相近的时间内所进行的两次测评结果应当是一致的。影响考绩信度的因素有考核者和被考评者的情绪、疲劳程度、健康状况等，也有与考核标准有关的因素，如考核项目的数量和程序，忽略了某些重要的考核维度，不同的考核者对所考核维度的意义及权重有不同的认识等，这些因素都会降低考绩的信度。为了提高考绩的信度，在进行考核前应首先对考核者进行培训，并使考核的时间、方法与程序等尽量标准化。

2.效度

指考核结果与真正的工作绩效的相关程度，即用某一考核标准所测到的是否是真正想测评的东西。为了提高考绩的效度，应根据工作职责设置考核的维度和每一维度的具体考核项目，在充分调查研究基础上确定每一项目等级设定的级差数以及不同维度的权重数，并着重考核具体的、可量化测定的指标，不要流于泛泛的一般性考核。

绩效考核过程中不可避免地存在这样或那样的偏差，一定程度上影响着绩效考核的公正性、客观性。因此，要克服近因效应、光环效应、暗示效应等干扰，全面、客观、公正地对被考评者的工作进行评价，同时要进行必要的培训，以减小偏差，使考核的有效性最大化。

（二）绩效考核误差类别

1.考评指标理解误差

由于考评人对考评指标的理解的差异而造成的误差。同样是"优、良、合格、不合格"等标准，但不同的考评人对这些标准的理解会有偏差，同样一名员工，对于某项相同的工作，甲考评人可能会选"良"，乙考评人可能会选"合格"。避免这种误差，可以通过以下三种措施来进行：第一，修改考评内容，让考评内容更加明晰，使能够量化的尽可能量化。这样可以让考评人能够更加准确地进行考评。第二，避免让不同的考评人对相同职务的员工进行考评，尽可能让同一名考评人进行考评，员工之间的考评结果就有了可比性。第三，避免对不同职务的员工考评结果进行比较，因为不同职务的考评人不同，所以不同职务之间的比较可靠性较差。

2. 光环效应误差

当一个人有一个显著的优点的时候，人们会误以为他在其他方面也有同样的优点，这就是光环效应。在考评中也是如此，比如，被考评人工作非常积极主动，考评人可能会误以为他的工作业绩也非常优秀，从而给被考评人较高的评价。在进行考评时，被考评人应该将所有考评人的同一项考评内容同时考评，而不要以人为单位进行考评，这样可以有效地防止光环效应。

3. 趋中误差

考评人倾向于将被考评人的考评结果放置在中间的位置，就会产生趋中误差。这主要是由于考评人害怕承担责任或对被考评人不熟悉所造成的。在考评前，对考评人员进行必要的绩效考评培训，消除考评人的后顾之忧，同时避免让与被考评人不熟悉的考评人进行考评，可以有效地防止趋中误差。也可使用"强迫分布法"，即将所有被考评人从优到劣依次排列，然后按各分数段的理论次数分布分别给予相应的评分。

七、KPI 绩效考核

（一）KPI–Key Process Indication 企业关键业绩指标

KPI 是通过对组织内部某一流程的输入端、输出端的关键参数进行设置、取样、计算、分析，衡量流程绩效的一种目标式量化管理指标，是把企业的战略目标分解为可运作的远景目标的工具，是企业绩效管理系统的基础。

（二）KPI 体系的建立

建立 KPI 指标的要点在于流程性、计划性和系统性，指标必须是可以测量的，要按照定性和定量相结合原则，使指标之间具有相对独立性和一定的层次性。

（三）KPI 绩效考核的要点

KPI 绩效考核体系强调用工作结果来证实工作能力，通过被考评者在自然状态下稳定的工作表现证明其实际能力，在企业管理过程中，要求任职者具有一定能力的目的，实质上是期望任职者有预期的工作表现，能达到预定的工作目标。

八、如何做好目标绩效考核

（一）考核指标的 SMART 原则

S：（Specific）—明确的、具体的

指标要清晰、明确，让考核者与被考核者能够准确地理解目标。

M：（Measurable）—可量化的

一家企业要量化老板、量化企业、量化组织架构。目标、考核指标更要量化，比较好、还不错这种词都不具备可量化性，将导致标准的模糊，一定是要数字化的。没有数字化的指标，是不

能随意考核的，一考核就容易出现误差。

A：（Attainable）—可实现的

目标、考核指标，都必须是付出努力能够实现的，既不过高也不偏低。比如对销售经理的考核，去年销售收入2000万元，今年要求1.5亿元，也不给予任何支持，这就是一个完全不具备可实现性的指标。指标的目标值设定应是结合个人的情况、岗位的情况、过往历史的情况来设定的。

R：（Relevant）—实际性的、现实性的，而不是假设性的

现实性的定义是具备现有的资源，且存在客观性、实实在在的。

T：（Time bound）—有时限性的

目标、指标都要有时限性，要在规定的时间内完成，时间一到，就要看结果。如要求2000万的销售额，单单这么要求是没有意义的，必须规定在多长时间内完成2000万的销售额，这样才有意义。

（二）如何设定目标

目标绩效来源于对企业经营目标的分解，即为完成战略而将企业经营目标逐层分解到每个部门及相关人员的一种指标设计方法。

从管理学上说，目标是比现实能力范围稍高一点的要求，也就是"蹦一蹦，够得着"的那种。"目"就是眼睛看得到的，想得到的，愿意得到的，它是一种梦想；"标"者，尺度也。目标就是有尺度的目标，没尺度的梦想叫幻想、空想、异想天开。

目标不是凭空吹出来的，不是虚构刻画出来的，不是闭门造车想出来的，而是企业上下一心，大家一起缔造出来的，要有翔实的数据，有人认同，有完成的周期，还要有激情，要经过精确的预算和计划。目标设立后，企业一定要想办法把它变成大家的梦想，要让每一位员工都去认同它。只有当员工和公司存在共同信念时，员工才能在一家公司深入长期地发展。

（三）常见的指标

销售额（销售收入）；生产成本（次品率、产品成本、生产员工产值、生产成本降低率）；采购成本（原材料成本、设备成本、进货成本）；管理成本（运营成本节约率）；营销成本（费销比）；人员工资成本（人才达成率、人才培训率、工作饱和度、工资效益比）；税务成本（节税率、税销比）；商业模式建设（商业模式的量化、标准化、有形化）；生产系统建设（生产流程和标准的制定、颁布、培训、实施、修订）；组织系统建设（组织系统的方案制定、颁布、培训、实施、修订、评估）；业务系统建设（业务流程的制定、颁布、培训、实施、修订）；财务体系建设（财务流程和规章制度的制定、颁布、培训、实施、修订）；流程体系建设（运营流程的制定、颁布、培训、实施、修订）。

第三节 现代企业员工绩效评估系统的设计与实施

一、绩效标准的建立

（一）个人特质

某些员工特质（如态度、仪表、主动性等）是评估的基础。但是，这些品质都是主观的，要么与工作绩效无关，要么难以界定。同时，某些与工作绩效有关的特质也可以用来做标准。当适应性、判断力、表现态度等与工作相关时，也可以作为评估标准。

（二）行为

当无法确定个人所完成任务的结果时，组织可以评估其与任务相关的行为能力。例如，评估管理者所采用的行为标准是领导风格；而对团队中的个体则应该评价激励他人、团队合作或者客户服务意向等行为。将所希望的行为作为评估标准的原因在于，一旦该行为被认可和奖励，员工就会愿意重复这些行为。行为取得了预想的结果，就可以将这些行为作为评价标准。

（三）胜任力

胜任力（competencies）是技术性的或与人际交往技能相关以及以业务为主导的一系列知识、技能、特质和行为。文化胜任力应该包含伦理学和工作整合能力。对于不同的工作，胜任力的含义有所不同，例如，分析思维和成就取向对专业性工作而言是必不可少的。而在领导工作中，胜任则包含了开发潜能、授权和人员管理技能。评价过程中选择的胜任力应该是与员工的成功密切相关的。

（四）目标实现

如果组织认为结果比方式重要，那么目标实现就可以作为不错的评价标准。目标实现的结果应该在个人或团队掌握中，且此结果可以使公司取得成功。从高层次来看，目标应该是公司财政方面（如现金流或盈利）或者市场方面（如公司的市场份额或市场地位）；从低层次来看，目标实现应该满足客户的要求，按照承诺的时间兑现服务。

管理人员需要提供一个特定的例子，以说明员工应该如何进一步发展和实现特定目标。为了促进目标的实现，双方应该就员工下一评定周期的目标和管理者需要提供的援助和资源达成一致。这是员工评估过程中最积极的因素，会促进员工积极性的提升。

（五）提升潜力

组织评估员工绩效时所采用的许多标准都只关注过去。绩效管理的问题在于我们并不能改变过去。如果公司不采取进一步措施的话，评估数据只能成为历史档案。因此，公司必须关注未来，关注有助于员工发展的行为和结果，以及关注公司目标的实现，这其中包含了对员工潜力的评定。

二、评估责任

通常人力资源部门负责协调绩效评估项目的设计和实施。但直线经理在整个过程中也扮演着极其重要的角色。如果想要取得成功，他们通常要直接参与评估过程。

（一）直接主管

通常员工的直接主管是进行绩效评估的最佳人选，原因在于：第一，主管有机会直接观察员工的实际工作绩效。第二，主管负责管理一个小团体。当由其他人员评估下属员工时，直接主管的权威性会受到损害。第三，下属的培训与发展是每个管理者工作中的重要部分。正如之前所说的，评估项目与员工发展是息息相关的。从反面来看，直接主管往往会重视员工绩效的某些方面却忽视其他方面。管理者会为了加薪和晋升而有意操纵评估结果。

当下属和主管的工作地域不同时，评估就会出现困难。另外，有时员工的技术知识比主管丰富，也会成为潜在的问题。克服这些问题的方法是将下属员工纳入评估过程中，让他们参与到关于自己绩效评估的方案制定中，并采纳他们的建议作为评估标准的一部分。在大多数情况下，直接主管都会参与绩效评估。当然，也有公司会因为组织改革或者拓宽评估角度的需要而选择其他的参与者。

（二）下属

传统观点认为，由下属职员进行评估是不恰当的。现在，一些公司认为，由下属来评定主管是可行且必要的，因为下属可以很好地观察上司的管理绩效。倡导者认为这个方式有助于管理者了解员工的需求并不断改进自己的管理方式。就像在高校中，学生对导师进行评价也是常见的。这个方法的问题就在于，直接主管（或导师）的受欢迎程度的测试会让其"出丑"，或者员工因为害怕报复而无法给出正确评价。此方法的成功实施需要采用匿名方式。当然，在一个规模较小的部门，尤其是评估表格上的信息会透露评估者身份时，这种方式是不太可行的。

（三）同事／团队成员

同事来评估绩效的优点是，他们与被评估者一起工作，对被评估者的绩效有直观的了解，尤其是团队作业的同事。组织越来越重视团队合作，特别是那些自我导向的团队。利用团队成员进行评估的理由是：第一，团队成员更了解彼此的表现，因此绩效评估更为准确。第二，同伴压力可以有效激励团队成员。第三，由团队成员评估绩效可以提高员工的工作投入和产出。第四，同事评估可以提供多角度而非单一角度的评估意见。

同伴评估的问题在于，人们不愿意批评和自己一起合作的同事，尤其是同一团队里的同事。而且，如果某个员工和其他人有不和，他或她可能会因为树敌而受到不公平的评估。另外，不善交际的员工由于缺乏信息，可能会做出不准确的评定。

（四）自我评估

如果员工了解评估的目标和标准之后，就可以很好地评估自己的绩效，因为他们清楚自己工作中做得好的方面和需要改善的方面。如果有机会参与到评估中，员工可以很客观地评价自己的绩效，并且采取行动提高自己的绩效。由于员工发展是自我发展，有机会自我评估的员工会更有积极性。即使评估系统中没有员工个人的参与，但至少应该让员工提供一份个人在评估周期内的重要成就和贡献的报告。这样可以避免管理者因为不了解员工贡献而做出错误评估，从而被员工抱怨的情况。

作为一种补充方法，自我评估得到了那些关注员工参与和发展的管理者的青睐。但是，如果用来制定薪酬，这种评估的参考价值不高。因为一些员工习惯将好的结果归因于自己的努力，将不好的结果归因于他人。

（五）客户评估

客户的行为决定了一个公司的成败。因此，一些公司认为，从客户那里获得绩效评估结果也是很重要的。客户评估能够显示出客户的满意程度，让员工意识到自己的责任，并且不断改进自己的工作。管理层的客户指向目标通常是宽泛且战略性的，而低层员工的目标则更为具体。例如，目标可能是提高客户对准确服务的评分，或者是使客户的不满意率降低至一半的水平。需要特别注意的是，在制定目标时要让员工充分参与进来，并且制定的目标要在员工能够完成的范围之内。

三、绩效评估系统的特征

绩效评估系统的基本目的就是提高个体、团队和整个组织的绩效。绩效评估也会为类似加薪、调任或者解雇等管理决策提供帮助。而且，评估系统必须是合法的。尽管没有十全十美的评估系统，但每个系统都有自己的特征。组织应该对绩效进行精确的测量，并制定计划提高个人和团队绩效。系统必须让每一位员工知道，他们确实是与组织息息相关的。下列因素可以帮助系统实现这些目的。

（一）与工作相关的标准

工作相关性是员工绩效评估中最基本的标准。评估标准应该通过工作分析来制定。类似主动性、热情、忠诚度、合作性等主观因素虽然也同样重要，但如果不是和工作相关的，就不能作为评估标准。

（二）绩效预期

管理者和下属在评估之前必须就绩效的预期达成一致。如果员工不知道公司是如何评估自己行为的，员工又怎么可能发挥有效作用呢？另外，如果员工能够清楚地了解绩效预期，他们在工作时就会评估自己的绩效，并在正式评估开始之前及时地进行调整。在大多数领域中建立高度客观的工作标准是件容易的事情，比如制造业、装配和销售业。然而对于其他类型的工作，这个任务就困难得多。总之，评估必须建立在对绩效预期的清晰了解之上。

（三）标准化

公司应该对同一主管手下相同工种的所有员工采用同样的评估工具。主管应该在相同的时期内对这些员工的绩效进行评估。尽管现在普遍流行的是一年一度的评估，但很多成功的企业评估员工的次数更为频繁。对所有员工进行定期的反馈和评估面谈是必不可少的。

评估结果的正式记录有很多作用，其中一个就是防止可能发生的法律事件。员工应该对他们的评估结果签字。如果员工拒绝签字，管理者应该记录这个行为。除了绩效结果外，管理者还要记录员工的责任和这些数据在评估决策中的作用。尽管绩效评估在很多小公司里也是很重要的，但不如在大型组织中来得正式。

（四）培训评估者

能观察到标准工作样本的个体通常有评估员工绩效的责任，他们通常是员工的直接主管。评估系统常见的缺点在于，评估者很少接受培训以实施有效评估。如果评估者没有接受如何给予和接受反馈的培训，会导致不确定性和冲突。为了确保精确性和连贯性，培训应该持续进行。培训内容应该包括如何评价员工和如何对员工进行评估面谈。培训必须提供详细的指导，并强调进行客观无偏差评估的重要性。网络或公司内部网上的培训内容会提供管理者需要的信息。

（五）持续开放的交流

很多员工迫切想要知道自己的表现如何。一个良好的评估系统会提供给员工其所期望的连续反馈。管理者要处理日常随时发生的绩效问题，使得这些问题不会累积到六个月或者一年之久。如果有新问题出现，则表明管理者在整个评估期间没有与员工进行足够的交流。即使评估面谈为双方提供了交流想法的好机会，但这不能代替日常的交流和绩效管理指导。

（六）进行绩效审查

管理者除了需要与员工进行日常的交流之外，还需要找时间对员工绩效进行正式讨论。提升绩效是评估系统的共同目标，隐瞒评估结果是不合理的。如果不告知员工评估结果，就会严重阻碍他们的发展。绩效审查可以让员工发现评估中的错误或疏忽，也可以让员工对评估结果提出质疑。持续的绩效记录对于准确的绩效评估来说是十分重要的。尽管这个任务对管理者来说可能是乏味且令人厌烦的，但坚持记录那些观察到的或者报告出的事件，对建立有用的评估系统是必不可少的。

（七）合法诉讼程序

确保合法诉讼程序是至关重要的。公司应有正式的诉讼程序，使员工有机会申诉自己得到的不准确或者不公平的评估结果。

四、绩效评价中的尺度问题

尽管很多公司设定了评价标准，而且各个方面做得也非常详细，然而在人力资源管理的过程中，绩效评价仍不免受到人为因素的影响。无论是管理者还是员工，在绩效评价的过程中，都会受到自身心理原因的影响，从而影响到企业的绩效评价。从常见的绩效管理问题来看，绩效评价过程中所产生的问题主要有以下方面。

（一）绩效标准模糊不清

人的能力有限，公司的能力也会时常受限。从绩效管理的需要出发，绩效的标准在执行的过程中常受到绩效标准模糊因素的影响。一些公司在制定绩效标准的时候，常常采用打分和阶段划分的方法，然而并没有对打分或者阶段划分的依据做出说明。这就有可能导致评价结果的不公正。不同的主管人员评价相同员工的工作行为时，可能会从不同的角度看待。例如，工作态度一项，层级较为接近的员工看待同一工作时可能会从恶劣的方面入手，对员工的评价较低，而较高层级的员工则有可能从鼓励员工工作的角度入手，给予较高的评价。

（二）绩效评价中的晕轮效应

对晕轮效应的定义是这样的：评价者对被评价者的总体印象对于被评价者在某个具体特征上得到的评价结果所产生的影响。

在对那些不能友好对待他人的员工进行绩效评价时，主管人员往往会对这些人在其他所有方面的绩效都给出较低的评价，而不仅仅是对其在"与其他人友好相处"这一绩效特征上的表现给出较低评价。评价者本人要想避免这一难题，首先应能够意识到这一问题的存在。此外，加强对主管人员的绩效评价培训及使用行为锚定等级评价尺度（回顾一下，在行为锚定等级评价法中，各个绩效维度之间通常是相互独立的），也会有助于避免这一问题的出现。

（三）绩效评价的居中趋势

许多管理人员在绩效评价尺度上给员工打分的时候，喜欢将评价结果确定在处于中间的位置。如果评价尺度的等级范围是 1~7 级，那么他们倾向于避开那些较高的等级（6 级和 7 级），同时也避开那些较低的等级（1 级和 2 级），而是把他们的大多数员工都评定在 3~5 级的水平上。居中趋势（Central Tendency）就意味着把所有员工的绩效都确定在平均水平上。这样做的结果是扭曲绩效评价结果，而这种评价结果对于企业做出晋升和薪资决策或者向员工提供咨询等目的来说就没有什么用处。如果对员工进行排序，而不是采用评价尺度法来进行评价，就能够在一定程度上避免这种居中趋势的出现，因为排序本身就意味着不能把他们全部排在中间位置上。

（四）绩效管理中的近因效应

常常可以看到一名非常优秀的员工因为在较为接近绩效评定的阶段中出现了一定的问题，而获得较差的绩效分值，这就是绩效管理中的近因效应。同样的还有绩效管理中的首因效应、刻板效应。在管理中这些问题是切实存在的。管理者往往会因为自身的或者外在的一些原因不能公正地评价员工的绩效。解决这一问题的主要办法就是注意收集员工的工作行为和工作成果数据，通过一定的系统算法对评价结果进行纠正。

五、绩效评估中的法律道德问题

随着我国经济的迅速发展，企业对绩效管理的重视程度不断增加，绩效管理在整个人力资源管理过程中也发挥着越来越重要的作用。随着企业竞争的加剧，对绩效管理的要求也越来越高，绩效管理在其科学化、系统化和规范化的过程中，仍存在着很多现实的问题，影响着其作用的发挥。人力资源管理和雇用关系的融合问题，尤其应避免雇主单方面的行为对员工造成的伤害。传统人力资源管理雇主追求管理合法性和效率至上，特别是追求泰勒制的效率逻辑，使得员工身心不堪重负，工作生活冲突、员工幸福感下降、工作家庭不平衡、职业倦怠、过劳死以及全球"血汗工厂"等法律道德问题出现，造成大量的劳动关系不和谐，甚至是劳资矛盾。因此，对绩效评价中人性化的法律道德问题的重视，尤其是对员工的休假、劳动合同、工作时间、生育保险待遇等方面，应努力做到精细化管理、人性化管理，争取员工的充分理解与包容，有利于提升员工对绩效评估的认同，更好地实现"以人为本"的人力资源管理理念。

大多数公司的 HR 部门都没有仔细核算与缺勤相关的支出。对于员工来说，缺勤的直接成本是缺勤时间的工作薪金。如果是因为病假、事假、工伤等带薪休假，则可以视作公司给员工的特殊福利。缺勤的间接成本则是员工的绩效，尤其是对于那些无计划的缺勤来说更是如此。对于企业来说，员工缺勤时间需要支付持续经营成本。公司不得不安排其他员工填补缺勤造成的空位，向员工提供一定的加班费，或者为事假的员工预先安排候补人员并给付一定的工资。如果企业什么都不做则有可能会导致生产效率的下降，这样就会造成企业的客户减少而导致收入损失。或者，在一些符合请假条件的边缘问题上，通常会涉及一些较小的支出，所以雇主们也就不予追究。如当员工生病，只要有正规医院出具的休假证明，公司既不核查又不批准，就是变相强迫劳动者从事劳动，在劳动法上是违法行为，就有可能被告上法庭，支付高额的诉讼费。由此可见，缺勤绩效管理的必要性不言而喻。

（一）因自然灾害未正常出勤的绩效管理

因为不可抗力的因素导致合同不能履行或者给其他自然人或者法人造成损害的，可以不承担民事责任。而所谓不可抗力，就是那些不能预见和避免而且不可克服的客观情况。造成不可抗力的原因通常有两种：一种是自然原因，如洪水、地震、干旱、暴风雪等人类无法控制的大自然力量引起的灾害事故；另一种是社会原因引起的系统性风险。因为不可抗力造成的员工缺勤，显然不能按照缺勤处理，但是也应该区别对待，由员工和企业商议确定。这对于自然灾害中的员工来说，显然也是一样的。有些员工住所距离公司较远，遭受突然性灾害，如暴雨，而不能前来上班，这种情况是情有可原的。而有的员工住所距离单位很近，虽然有自然灾害，但是也可以克服，这种情况就应另当别论。

（二）病假缺勤的绩效管理

从员工的角度来看，病假和事假的绩效计算方法不同，员工通常倾向于请病假。一部分用人单位规定病假需要附上挂号单，医药费单据和诊断证明等材料。员工遇到感冒这样的小病，往往不能提供挂号单、医药费用单据和诊断证明等相关材料。如果员工需要请长时间的病假，或者用人单位对此有疑问，要求员工提交附属材料，员工应该予以配合。若是长期请假，人力资源部门可以分情况予以处理。一种是工伤职业病，这种情况企业有义务给予一定程度的照顾；另一种是非工伤职业病，这种情况企业往往需要综合考虑员工的特殊情况和企业的利益，同年内累计病假超过 6 个月，单位有权解除劳动关系，同时给予经济补偿金。工伤职业病员工，如果在医院开出相关的职业病病假期，可以离岗休养，不影响工资待遇；如果已经合理安排岗位工作，请假属于个人原因的，按企业绩效考核制度执行。

第九章 员工激励与沟通

第一节 激励的基本知识

激励是组织用以吸引、保留员工的重要手段，可以说它在员工的引进和绩效的提高方面有着不可替代的作用。但激励是一个界定比较宽泛、内容十分丰富的领域，许多专家在对激励的定义上存在较大的差异。

一、激励的内涵和定义

激励（motivation）这个词语来源于拉丁文字"movere"，原意是采取行动的意思。在我国最早出现"激励"一词的文献是《史记·范雎·蔡泽列传》："欲以激励应候"，这里的意思是激发使其振作，司马光的《资治通鉴》一书中也有"贼众精悍，操兵寡弱，操抚循激励，明设赏罚，承间设奇，昼夜会战，战辄擒获，贼遂退走""将士皆激励请奋"之类的句子。在这里，"激励"是指激发、鼓动、鼓励之意。

在我们对工作中人类行为的解释里，这三个成分中的每一个都代表着一个重要因素。第一，激励的概念是指驱使个体以某种方式行动的内在积极力量和经常激发这些力量的环境因素；第二，部分个体存在目标导向，他们的行为指向某些事情；第三，这种看待激励的方式包含了一个系统倾向，即它考虑到了那些个体的力量和周围的环境力量。环境力量对个性的反馈既强化了他们的动力强度和能量方向，也阻止了他们的行动过程，使其重新调整了努力的方向。

我们将激励定义为：在外界环境等诱因的作用下，个体根据自己的内在驱动力量，通过运用一定的自我调控的方式，从而达到激发、引导、维持和调节行为并朝向某一既定目标的过程。在该定义中，我们强调三个激发动机的因素，分别是内驱力、诱因和自我。

在现代企业管理中，激励的最简单心理过程模式可以表示为：源于需要，始于动机。引起行为和指向目标，具体来说就是员工个体因为自身内在或外在的需要而产生了一系列的动机，随后又由动机支配引导自己的行为，而这些行为都是个体为了达到某个目标的活动，以此满足自己的需要，且这一行动又刺激和强化了原来的动机，从而形成一个循环。

二、激励的机制

（一）激励机制简述

现代组织行为学理论认为，激励的本质是调动员工去做某件事的意愿，这种意愿是以满足员工的个人需求为条件的。因此，激励的关键在于正确地把握员工的内在需求，并以恰当的方式去满足他们。

激励机制是指通过一套理性化的制度来反映激励主体与激励客体相互作用的方式。一般来说，激励机制主要包括诱导因素、行为导向制度、行为幅度制度、行为时空制度和行为规划制度五个方面的内容。

1. 诱导因素

是用于调动员工积极性的各种奖酬资源。对诱导因素的提取，必须建立在对员工个人需求进行调查、分析和预测的基础上，然后根据组织所拥有的奖酬资源的实际情况设计各种奖酬形式，包括各种外在性奖酬和内在性奖酬。

2. 行为导向制度

是指组织对其成员所期望的努力方向、行为方式和应遵循的价值观的规定。在组织中，由诱导因素引发的个体行为可能会朝向各个方向，不一定都是指向组织的目标方向。同时，个人的价值观也不一定与组织的价值观完全一致，这就要求组织在员工中培养一定的主导价值观。行为导向一般强调全局观念、长远观念和集体观念，这些观念都是为实现组织的各种目标服务的。

3. 行为幅度制度

是指对由诱导因素所激发的行为在强度方面的控制规则。根据期望理论，对个人行为幅度的控制是通过改变奖酬与绩效之间的关联性以及奖酬本身的价值来实现的。根据强化理论，按固定的比率和变化的比率来确定奖酬与绩效之间的关联性，会对员工行为带来不同的影响。通过行为幅度制度可以将个人的努力水平调整在一定范围之内，以防止奖酬对员工的激励效率的快速下降。

4. 行为时空制度

是指奖酬制度在时间和空间方面的规定包括：特定的外在性奖酬与特定的绩效相关联的时间限制、员工与一定工作相结合的时间限制以及有效行为的空间范围。这样的规定可以使企业期望的行为具有一定的持续性，并在一定的时间和空间范围内发生。

5. 行为规划制度

是指对成员进行组织同化和对违反行为规范或达不到要求成员的处罚和教育。它包括对新成员在人生观、价值观、工作态度、合乎规范的行为方式、工作关系以及特定的工作机能等方面的教育，使他们成为符合组织的风格和习惯的成员，从而具有一个合格的成员身份。

（二）激励机制的实现途径

在实践应用中，结合管理学、心理学的激励理论，激励机制可以通过薪酬体系的设计与管理、职业生涯管理和升迁变动制度、分权与授权机制等多个方面的处理来实现。

1. 薪酬体系的设计与管理

薪酬体系的设计与管理是人力资源管理的核心职能模块，更是激励员工的重要手段和方式。而要实现薪酬最有效的激励效果，必须树立科学的薪酬分配理念，合理拉开分配差距，同时在企业中建立依靠员工业绩和能力来支付报酬的制度化体系。要实现这些目标，企业应该做到以下几点：实现"职位分析—职位评价—职务工资设计一体化"，实现"能力分析—能力定价—能力工资设计一体化"；实现"薪酬与绩效考核的有机衔接"；实现"薪酬与外部劳动力市场价格的有机衔接"；将"员工的短期激励与长期激励有机结合"。

2. 职业生涯管理和升迁变动制度

传统的职业生涯建立在职务等级体系的基础上，是一种官本位式的职业生涯管理制度。一般来说，等级是呈"金字塔"形分布的，在这样的职业生涯制度下，如果员工职务升迁无望，也就意味着员工发展的意愿破灭，导致员工的工作积极性下降，甚至滋生腐败。在现代的企业中，我们主张建立多元的职业生涯通道，让员工在不同的职业通道内合理"分流"，在各自的通道内发展，得到同样的工资、奖金、地位和尊重等，从而达到激励的效果。

3. 分权与授权机制

分权与授权机制主要是针对知识型员工，即具有一定知识、技能和能力的员工。这些员工除了看重薪酬、职务升迁等因素外，对工作的自主性、工作的参与权以及决策权也有很大的需求。企业建立恰当科学的分权与授权机制（主要包括员工在财务、人事和业务工作方面的权限），不仅可以较大幅度地提高组织运行的效率，同时还可以对员工起到较好的激励效果。

三、激励的作用

对一个企业来说，科学有效的激励制度和方式、方法至少具有以下两方面的作用。

（一）实现企业的经营目标

企业有了好的绩效才能生存。企业要有较高的绩效水平就需要员工有较高的个人绩效水平。在企业中，我们常常可以看到有些才能卓越员工的绩效却低于一些才能明显不如他们的人，可见好的绩效水平不仅仅取决于员工的个人能力，还取决于员工的努力程度。为达到经营目标最大化，企业在管理上就需要对员工进行激励。具体来说，有效的激励对企业实现其经营目标有以下作用。

1. 为企业吸引大批优秀的人才

在很多成熟型的企业中，激励措施有丰厚的薪酬福利待遇、各种优惠的政策、快捷的晋升途径和良好的发展前景等，这些都可以使企业在市场竞争中赢得大批优秀人才。

2. 协调企业目标和个人目标

在实际工作中，企业组织目标与个人目标之间既有冲突矛盾的一面又有和谐一致的一面。很多时候，往往因为利益分配不均导致企业的组织目标与员工的个人目标产生不一致甚至是相悖的情况。这个时候就需要通过一些合适的激励措施把个人目标和组织目标合二为一。同时，对于与组织目标不一致的员工个人目标也应该区别对待。在不会对企业组织目标造成重大危害和负面影响的时候，企业应该承认其合理性，并在许可的范围内尽量地帮助和支持员工去实现个人目标，这样可以更好地激发员工工作的积极性，进而提高员工对组织的忠诚度和归属感。

3. 形成良性竞争环境，保证员工完成个人绩效

科学的激励制度包含着一种竞争精神，它的运行能够创造出一种良性的竞争环境，进而形成良性的竞争机制。在具有良性竞争机制的组织中，组织成员会受到环境的压力，在竞争机制的作用下，这种外在的环境压力将转变为促使其努力工作的动力。

（二）促进员工的个人成长

每个员工都有自己的梦想，也都渴望别人能够肯定甚至激励自己的工作。在日常工作中，我们经常看到这样的一种现象：某些企业尤其是品牌企业，或许它们的薪酬、福利不是最高的，但它们往往比那些高薪的企业更能吸引和留住人才。这是为什么呢？原因就在于企业的激励方式更有利于员工成长，很多员工在选择自己的企业时，相比于普通的物质薪酬而言，更看重的就是个人成长这一点。所以说激励员工，挖掘员工潜力在生产和管理过程中有着极为重要的作用。

四、现阶段我国企业存在的激励误区

现阶段，我国在企业管理方面已经引进了大量西方管理中的激励理论和手段，促进了我国企业管理的发展，然而，在具体实施过程中，依然存在着很多的问题，总的来说有如下几点误区：

（一）管理意识落后

有的企业尤其是一些中小企业，表面上重视人才，但实质上对人才不是很重视，认为有无激励一个样。这些企业就需要革新自己的陈旧观点，把人才当作一种资本来看，注重挖掘员工的潜力，重视激励机制的健全，否则，必然会遭市场淘汰。还有的一些企业，口头上表示重视人才，但行动上却还是以往的一套。这些企业管理思想落后，员工很难有高的积极性。许多企业认为激励就是奖励。这是企业中普遍存在的一个误区。管理者也要认识到仅仅有奖励是不够的，奖励的同时要与一定的约束机制相结合。因为被剥夺有时候也可以激起员工的紧张状态，使其产生较高的积极性。企业的一项奖励措施往往会使员工产生各种行为方式，但其中有的部分并不是企业所希望的。因此，适当的束缚措施和惩罚措施就很有必要。奖励正确的事、约束错误的行为才是正确的管理之道。

（二）激励存在一定的盲目性

不少企业看到别的企业有激励措施，自己便"依葫芦画瓢"。合理的借鉴是必要的，但很多企业只是盲目地照搬。此外，部分企业认为激励的强度越大越好。其实，这也是一种错误的观点，凡事物极必反，激励也是这样。过度的激励会给员工过度的压力，当压力超过员工承受力的时候，结果是可想而知的。所以说适当的激励才会有积极意义。激励的有效性在于员工的需要。只有立足本企业员工的需要，激励才会有积极意义。所以，要避免盲目激励，就必须对员工的需要进行

科学的调查分析，针对这些需要来制定本企业的激励措施。

（三）激励措施的无差别化

许多企业实施激励措施时，并没有对员工的需要进行分析，而是"一刀切"地对所有人采用同样的激励手段，结果往往适得其反。这也是因为企业没有认识到激励的基础是需要。同样的激励手段不可能满足所有的需要。此外，企业需要注重对核心员工的激励。在企业中，核心技术人员、高级管理者、营销骨干等都属于核心员工，他们有着高于一般员工的能力。加强对他们的激励，可以起到事半功倍的效果。当然，对核心员工的激励可以使用长期激励手段，如股票期权、目标激励等。

（四）激励过程中缺乏沟通

因为缺乏沟通，企业往往只重视命令的传达，而不注重沟通和反馈。在所遇到的组织中，沟通不畅是其面临的一个基本问题。从人际误解到财政、运营和生产问题，无不与低效沟通有关。在激励过程中也同样存在类似的误区，比如，在对员工进行奖励的时候，企业关注的只是奖励的对象和数目，而沟通这一环节往往忽略不计。其实，相对于激励的结果来说，激励的沟通过程同样重要。急员工之所急，注重沟通的激励更能起到激励的效果。

第二节 激励的理论

激励理论一般有两种分法：一种是将激励理论分为行为型激励理论、认知型激励理论和综合型激励理论；另一种是将其分为内容型激励理论、过程型激励理论和强化型激励理论。我们尝试着从心理学的角度对原有的激励理论进行重新整合和划分。在此，我们将激励理论分为外在诱因激励理论、内驱力激励理论和自我调节激励理论三大类。

一、外在诱因激励理论

（一）强化激励理论

强化激励理论的代表人物是斯金纳（B.F.Skinner），他是行为主义学派极负盛名的代表人物，也是世界心理学史上最著名的心理学家之一。斯金纳在哈佛大学攻读心理学硕士的时候，受到了行为主义心理学的吸引，从此开始了他一生的心理学家生涯。他在华生等人的基础上向前迈进了一大步，提出了有别于华生和巴甫洛夫理论的另一种行为主义理论，即操作性条件反射理论。在此基础上，他提出了强化激励理论。

1.强化激励理论的内容

斯金纳在对动物学习进行了大量研究的基础上提出了强化理论，该理论十分强调强化在学习中的重要性。强化就是通过"强化物"增强某种行为的过程，而强化物就是增加反应可能性的任何刺激。该理论认为人的行为是其所受刺激的反应。如果这种刺激对他有利，那么这种行为就会重复出现；若对他不利，则这种行为就会减弱直至消失。因此，管理者要采取各种强化方式使人们的行为符合组织的目标。根据强化的性质和目的，强化可以分为正强化和负强化两大类型。

（1）正强化

所谓正强化，就是奖励那些符合组织目标的行为，以使这些行为得到进一步加强，从而有利于组织目标的实现。正强化的刺激物不仅包含奖金等物质奖励，还包含表扬、提升、改善工作关系等精神奖励。

为了使强化达到预期的效果，还必须注意实施不同的强化方式。有的正强化是连续的、固定的正强化，譬如对每一次符合组织目标的行为都给予强化，或每隔一段固定的时间给予一定数量的强化。尽管这种强化有及时刺激、立竿见影的效果，但久而久之，人们就会对这种正强化有越来越高的期望，或者认为这种正强化是理所应当的。管理者需要不断加强这种正强化，否则其作用会减弱甚至不再起到刺激行为的作用。

另一种正强化的方式是间断的、时间和数量都不固定的，管理者根据组织的需要和个人行为在工作中的反映，不定期、不定量实施强化，使每次强化都能起到较大的效果。实践证明，后一种正强化更有利于组织目标的实现。

（2）负强化

所谓负强化，就是惩罚那些不符合组织目标的行为，以使这些行为削弱甚至消失，从而保证组织目标的实现不受干扰。实际上，不进行正强化也是一种负强化，譬如，过去对某种行为进行正强化，现在组织不再需要这种行为，但基于这种行为并不妨碍组织目标的实现。这时就可以取消正强化，使行为减少或者不再重复出现。同样，负强化也包含着减少奖酬或罚款、批评、降级等。实施负强化的方式与正强化有所差异，应以连续负强化为主，即对每一次不符合组织要求的行为都应及时予以负强化，消除人们的侥幸心理，减少直至消除这种行为重复出现的可能性。

2. 强化激励理论对管理的启示

在激励的实际应用中，强化理论给我们的启发在于，如何使强化机制协调运转并产生整体效应，为此，在运用该理论时应注意以下五个方面：

（1）应以正强化方式为主

在企业中设置鼓舞人心的安全生产目标，是一种正强化方法，但要注意将企业的整体目标和员工个人目标、最终目标和阶段目标等相结合，并对在完成个人目标或阶段目标中做出明显绩效或贡献者，给予及时的物质和精神奖励（强化物），以充分发挥强化作用。

（2）采用负强化（尤其是惩罚）手段时要慎重

负强化应用得当会促进安全生产，应用不当则会带来一些消极影响，它们可能使员工由于不愉快的感受而出现悲观、恐惧等心理反应，以至产生对抗性消极行为。因此，在运用负强化时，应尊重事实，讲究方式方法，处罚依据准确公正，尽量消除其副作用。实践证明将负强化与正强化结合应用一般能取得更好效果。

（3）注意强化的时效性

注意强化的时间对强化的效果有较大的影响。一般来说，及时强化可提高行为的强化反应程度，但需注意及时强化并不意味着随时都要进行强化。不定期的非预料的间断性强化，往往可以取得更好的效果。

（4）因人制宜，采用不同的强化方式

由于人的个性特征及其需要层次不尽相同，同时，不同的强化机制和强化物所产生的效果会因人而异。因此，在运用强化手段时，应采用有效的强化方式，并随对象和环境的变化而做出相应调整。

（5）利用信息反馈增强强化的效果

信息反馈是强化人们行为的一种重要手段，尤其是在应用安全目标进行强化时，定期反馈可使员工了解自己参加安全生产活动的绩效及结果，既可使员工得到鼓励、增强信心，又有利于及时发现问题、分析原因、修正所为。

（二）目标激励理论

目标激励理论也称作目标管理法（management by objectives），是由美国管理心理学家彼得·德鲁克（Peter.F.Ducker）根据目标设置理论提出的目标激励方案。综合来说，目标管理理论认为组织群体共同参与并制定具体可行的、能够客观衡量的目标是激励的关键所在。

1. 目标激励理论的内容

目标管理是在泰勒的科学管理和行为科学管理理论的基础上形成的。强调凡是在工作状况和成果直接严重地影响公司生存和繁荣发展的地方，目标管理就是必要的，而且希望各位经理所能取得的成就必须来自企业目标的完成，同时他的成果必须用他对企业的成就有多大贡献来衡量。

企业的目的和任务必须转化为目标，目标的实现者同时也应该是目标的制定者。首先，他们必须一起确定企业的航标，即总目标，然后对总目标进行分解，使目标流程分明。其次，在总目标的指导下，各级职能部门制定自己的目标。最后，为了实现各层目标必须把权利下放，培养一线职员的主人翁意识，以唤起他们的创造性、积极性和主动性。除此之外，绝对的自由必须有一个绳索——强调成果。否则总目标只是一种形式，而没有实质内容。企业管理人员必须通过目标对下级进行领导并以此来保证企业总目标的完成，如果没有方向一致的分目标来指导每个员工的工作，则企业的规模越大，工员越多时，发生冲突和浪费的可能性就越大。只有每个管理人员和员工都完成了自己的分目标，整个企业的总目标才有完成的希望。企业管理人员对下级进行的考核和奖励也需要依据这些分目标。

2. 目标激励理论的主要观点

总体来说，目标激励理论有如下几个观点：

（1）明确的、具体的目标能提高员工的工作绩效

设置具体明确的目标要比笼统的、模糊不清的目标效果更好，具体的目标规定了员工努力的

方向和强度。如一个销售人员在一个月内要销售 5000 件产品，要比只有笼统目标"尽最大努力"的销售员做得更好。也就是说，目标的具体性本身就是一种内部激励因素。

（2）目标越具挑战性，绩效水平越高

该理论认为，如果能力和目标在相对平稳的状态下，那么，目标越困难，绩效水平就越高，即困难、压力越大，则动力越强。

（3）绩效反馈能带来更高的绩效

如果人们在向目标努力的过程中能得到及时的反馈，人们会做得更好，因为反馈能帮助人们了解他们已做的和要做的之间的差距，也就是说，反馈引导行为。

（4）通过参与设置目标可以提高目标的可接受性

目标设置理论认为在某些情况下，参与式的目标设置能带来更高的绩效；而在某些情况下，上级指定目标时绩效更高，也就是参与目标不一定比指定目标更有效。但是，参与的一个主要优势在于提高了目标本身作为工作努力方向的可接受性。这是由于人们一般更为看重自己劳动成果的心理趋向使然。如果人们参与目标设置，即使是一个困难的目标，相对来说也更容易被员工接受。因此，尽管参与目标不一定比指定目标更有效，但参与可以使困难目标更容易被接受。

3. 影响目标与绩效关系的主要因素

目标设置理论表明，除了明确性、挑战性和绩效反馈以外，还有三个因素影响目标和绩效的关系。

（1）目标承诺

目标设置理论的前提假设是每个人都忠于目标，即个人做出承诺不降低或不放弃这个目标。因此，当目标是当众确定的、自己参与设置而不是指定的时，可能会产生出较高的工作绩效。

（2）自我效能感

自我效能感是指一个人对他能胜任的工作的信心。自我效能感越高，对自己获得成功的能力就越有信心。研究表明：在困难情况下，具有高自我效能感的人会努力把握挑战，而自我效能感低的人则降低努力或放弃目标；同时，高自我效能感的人对消极反馈的反应是更加努力，而自我效能感低的人面对消极的反馈则可能降低努力程度，甚至偃旗息鼓，萎靡不振。

（3）个体差异

目标设置理论假设的条件是：下级有相当的独立性，管理者和下属都努力寻求挑战性的工作，且认为绩效是非常重要。如果这些前提条件不存在（事实上也不一定存在），则有一定难度的具体目标不一定能带来员工的高绩效。

（三）双因素理论

双因素理论是非常重要的激励理论之一。

1. 双因素理论的内容

使员工感到满意的都是属于工作本身或工作内容方面的；使职工感到不满的，都是属于工作环境或工作关系方面的。前者叫作激励因素，后者叫作保健因素。

保健因素的满足对员工产生的效果类似于卫生保健对身体健康所起的作用。保健从人的环境中消除有害于健康的事物，它不能直接提高健康水平，但有预防疾病的效果。因此，它不是治疗性的，而是预防性的。保健因素包括公司政策、管理措施、监督、人际关系、物质条件、工资及福利等。当这些因素恶化到人们认为可以接受的水平以下时，就会产生对工作的不满意。但是，当人们认为这些因素很好时，它只是消除了不满意，并不会导致满意。因此，赫茨伯格认为，传统的满意与不满意是相反概念的观点是不正确的。满意的对立面应当是没有满意，不满意的对立面应该是没有不满意。

在满意和不满意中，那些能带来积极态度、满意和激励作用的因素就叫作"激励因素"，这是那些能满足个人自我实现需求的因素，包括成就、赏识、挑战性的工作、增加的工作责任，以及成长和发展的机会。如果这些因素具备了，就能对人们产生更大的激励，从这个意义出发，传统的激励假设，如工资刺激、人际关系的改善、提供良好的工作条件等，都不会产生更大的激励。虽然它们能消除不满意，防止产生问题，但这些传统的"激励因素"即使达到最佳程度，也不会产生积极的激励。管理当局应该认识到保健因素是必需的，不过它一旦使不满意中和以后，就不能产生更积极的效果，只有"激励因素"才能使人们有更好的工作成绩。

2. 对双因素理论的分析

（1）赫茨伯格双因素理论的贡献

突破了传统两分法的局限，赫茨伯格的贡献是显而易见的。第一，他告诉我们一个事实，采取了某项激励的措施以后并不一定就能带来满意，更不等于劳动生产率就一定能够提高。第二，满足各种需要所引起的激励深度和效果是不一样的。物质需要的满足是必要的，没有它会导致不满，但是即使获得满足，它的作用也往往是很有限的、不能持久的。第三，要调动人的积极性，不仅要注意物质利益和工作条件等外部因素，重要的是要注重工作的安排，适才适用，各得其所，注意对人进行精神鼓励，给予表扬和认可，注重给人以成长、发展、晋升的机会。用这些内在因素调动人的积极性，才能起到更大的激励作用并维持更长的时间。

（2）对赫茨伯格双因素理论的批评

赫茨伯格的双因素理论虽然在国内外有很大影响，但也有人对它提出了各种各样的批评意见，归结起来，主要有以下四个方面：

第一，赫茨伯格调查取样的数量和对象缺乏代表性。样本数量较少，而且对象是工程师、会计师，他们在工资、安全和工作条件等方面都比较好。因此，这些因素对他们自然不会起激励作用，但这显然不能代表一般员工的情况。

第二，赫茨伯格在调查时，设计问卷的方法和题目存在缺陷。首先，根据归因理论，把好的结果归因于自己的努力，而把不好的结果归罪于客观的条件或他人身上是人们一般的心理状态，人们的这种心理特征在他的问题上无法反映出来。其次，赫茨伯格没有使用满意尺度的概念。人们对任何事物总不是那样绝对，要么满意，要么不满意，一个人很可能对工作有部分满意，部分不满意，或者比较满意，这在他的问卷中也是无法反映的。

第三，赫茨伯格认为，满意和生产率的提高有必然的联系，而实际上满意并不等于劳动生产率的提高，这两者并没有必然的联系。

第四，赫茨伯格将保健因素和激励因素截然分开是不妥的。实际上保健因素和激励因素、外部因素和内部因素都不是绝对的，它们相互联系并可以互相转化。保健因素也能够产生满意，激励因素也能够产生不满意，例如奖金既可以成为保健因素，也可以成为激励因素，工作成绩得不到承认也可以使员工闹情绪，以致消极怠工。

二、内驱力激励理论

相比于外在诱因激励理论来说，内驱力激励理论更强调在激励过程中个体内在意向所起的关键作用。内驱力激励理论主要包括马斯洛的"需要层次理论"、奥尔德弗的"ERG 理论"、麦克利兰的"成就需要理论"、佛隆的"期望理论"等。

（一）需要层次理论

需要层次理论是由马斯洛（Abraham H Maslow）提出来的，马斯洛是美国心理学家，早期曾从事动物社会心理学的研究。

1.需要层次理论的内容

马斯洛提出了需要层次理论，他将人类的需要分为五个层次，即生理需要、安全需要、归属和爱的需要、自尊需要及自我实现的需要。

（1）生理需要

凡是属于基本生理需要的大都可以归纳在这一栏目内，包括食物、睡眠和性等，这些需要在所有需要中占绝对优势。如果这些需要没有得到满足，此时有机体将全力投入到满足这些需要的活动之中。如果员工还在为生理需求而忙碌，那么他们所真正关心的问题就会与他们所做的工作无关。此时，企业在激励员工时就应该重点考虑增加工资、改善劳动条件、给予更多的业余时间和工间休息、提高福利待遇等。

（2）安全需要

人们趋向于喜欢一个安全、有秩序、可预测、有组织的生活环境。一般来说，如果个体的生理需要相对充分地得到了满足，就会出现安全需要。对许多员工而言，安全需求表现为生命健康以及是否有医疗保险、失业保险和退休福利制度等。如果管理人员认为对员工来说安全需要最重要，那么就应该在管理中着重满足这种需要，强调规章制度、职业保障、福利待遇，并保护员工不致失业。

（3）归属和爱的需要

归属和爱的需要指个人对爱、情感及归属的需要。比如人们需要朋友，渴望在团体中与同事间有深厚的关系等。如果生理需要和安全需要都很好地得到了满足，归属和爱的需要就会产生。如果这些需要得不到满足，就会影响员工的精神状态，导致高缺勤率、低生产率、对工作不满以及情绪低落等状况的产生。当管理者意识到员工在努力追求满足这类需要时，通常需要采取支持与赞许的态度，并积极地开展诸如有组织体育比赛和集体聚会等业务活动，满足员工这些需要。

（4）自尊需要

社会上的所有人都希望自己有稳定而牢固的地位，希望得到别人的认可和高度评价。一般来说，自尊需要可分为两类：一类是希望有实力、有成就、能胜任、有信心，以及要求独立和自由；另一类是渴望有名誉或威信、赏识、关心、重视和高度评价等。

在企业管理中，第一，激励员工时应特别注意采取公开奖励和表扬的方式；第二，布置工作要特别强调工作的艰巨性以及成功所需要的高超技巧等；第三，颁发荣誉奖章、在公司的刊物上刊登表扬文章、公布优秀员工光荣榜等方式都可以提高员工对自己工作的自豪感，进而满足员工的自尊需要。

（5）自我实现的需要

自我实现的需要是指促使人的能力得以实现的趋势，这种趋势就是希望自己越来越成为所期望的人物，完成与自己能力相称的一切事情。例如，音乐家必须演奏音乐，画家必须绘画，这样他们才感到最大的快乐。

2. 需要层次理论对现代企业管理的启示

需要层次理论认为，这五种需要是以一种渐进的层次表达出来的，也就是说必须满足低层次的需要，然后个体才会关注更高层次的需要。这一理论对现代企业管理的启示有以下几点：

首先，依据马斯洛需要理论，人的生理需要和安全需要是较低层次的"匮乏性的基本需要"，也就是说只有满足这两种需要员工才能有更高层次的需要。这就要求企业必须为员工提供一份稳定且足够的薪酬，因为这些薪酬不仅满足了员工及其家庭生存基本需要，同时一份稳定的工作和收入也会有助于增强员工的安全感。

其次，管理者不要总是固执地认为，员工所关心和追求的仅仅是金钱及物质待遇，只要给钱，他们就会卖力干活，钱给的越多他们干活越卖力。随着现代社会物质财富日益丰富，人类素质不断提高，人类的需要层次也逐渐从生理性的、安全的低级需要向高级的归属和爱的需要、尊重的需要和自我实现的需要演进；金钱和物质需要的比重不断下降，而团队、尊重、自我实现等精神性的需要比重则明显上升。同时随着社会的进步，人类需要层次的高端化和"空洞化"也越来越明显。

最后，实践表明，高层管理者和基层管理者相比，前者更能够满足他们较高层次的需要，因为高层管理者面临着有挑战性的工作，在工作中他们能够自我实现；相反，基层管理者更多地从事常规性工作，满足较高层需要就相对困难一些。这些就需要在任务设置时要有意识地进行必要的内容调整。

（二）ERG 理论

ERG 理论是美国耶鲁大学教授克雷顿·奥尔德弗（Clayton.Alderfer）于 20 世纪 70 年代提出的一种新的人本主义需要理论，该理论是在马斯洛提出的需要层次理论和赫茨伯格的双因素理论的基础上形成的。

1.ERG 理论的内容

奥尔德弗把人类的需要层次整合为三种需要，即生存需要（Existence）、相互关系需要（Relatedness）和成长需要（Growth）。因为这三种需要的英文首写字母分别为"E""R"和"G"，所以该理论被称之为"ERG"理论。在这三种需要之间是没有明显界限的，它们是一个连续体。ERG 理论的特点表现在它对各种需要之间内在联系的有力阐述上：第一，某个层次的需要得到的满足越少，则这种需要就越为人们所渴望。比如，满足生存需要的工资越低，人们就越希望得到更多的工资。第二，与马斯洛需要层次理论类似的是当个体的较低层次需要满足得越充分，则其对较高层次的需求则越强烈。比如，在 E、R 的需要得到满足后，G 需要就会凸显出来。第三，较高层次的需要满足得越少，则对较低层次需要的渴求越强烈。

2.ERG 理论对现代企业管理的启示

阿尔德弗的 ERG 理论告诉我们，作为一个企业管理者，应该了解员工的真实需要，这种需要和工作成果有着一定的关系。管理者要想有效地掌控员工的工作行为或工作结果，首先，需要从调查研究入手，了解员工的真实需要。其次，应该在调查研究的基础上，对员工的需要进行综合分析，同时考虑到员工的个性心理特点，逐步地、合理地解决其问题。通过对员工需要的满足来达到控制员工行为的目的。需要本身就是激发动机的原始驱动力，一个人如果没有什么需要，也就没有什么动力与活力。反之，一个人只要有需要，就表示存在着可激励的因素。由于每一层次包含了众多的需要内容，具有相当丰富的激励作用，因而这些需要就为管理者提供了设置目标、激发动机和引导行为的依据。此外，低层次需要满足后，又有上一层次需要继续激励，因而人的行为始终充满着内容丰富多彩、形式千变万化的激励方式。管理者要想对员工进行有效的激励，提高企业运作的有效性和高效性，就要将满足员工需要所设置目标与企业的目标密切结合起来。

此外，"ERG"理论还提出了一种叫作"受挫——回归"的思想。"ERG"理论认为多种需要可以同时作为激励因素而起作用并且较高层次需要的满足受挫会导致人们向较低层次需要的回归因此，管理措施应该随着人们需要结构的变化而做出相应的改变。当有些需要不能满足，或一时得不到满足时，也应该向下属解释清楚，做好思想引导工作，以防止"受挫—回归"现象的发生。

（三）成就需要理论

成就需要理论是美国哈佛大学心理学家麦克利兰（David.Mc Clelland）经过长期的研究之后于 20 世纪 60 年代提出来的一种新的理论。

1. 成就需要理论的内容

成就需要理论认为，个体在较高层次上存在三种需要，即权利需要、亲和需要及成就需要。

（1）权利需要

权利需要是指影响和控制别人的一种愿望或驱动力。不同的人对权利的渴望程度也有所不同。一般来说，具有较高权利欲望的人，对施加影响和控制他人表现出很大的兴趣，也就是我们通常所说的喜欢对别人"发号施令"，注重争取地位和影响力，他们喜欢具有竞争性及能体现较高地位的场合和情境，追求出色的成绩，但他们这样做并不像高成就需要的人那样是为了个人的成就感，而是为了获得地位和权利。

（2）亲和需要

很多教材中将其翻译为归属需要，它是指寻求被他人喜爱和接纳的一种愿望和需要。具有这方面需要的人通常会从友爱、情谊、人际之间的社会交往中得到欢乐和满足，同时他们也在设法避免被某个组织或社会团体拒之门外而带来的痛苦。这种人喜欢保持一种融洽的社会关系，享受亲密无间和相互理解的乐趣，并随时准备去安慰与帮助处在困境之中的伙伴。可以说归属需要是保持社会交往和人际关系和谐的重要条件。

（3）成就需要

成就需要指个体追求成功的一种欲望。该理论认为具有强烈成就需要的人渴望将事情做得更为完美，提高工作效率，获得更大的成功，他们追求的是在争取成功的过程中克服困难、解决难题、努力奋斗的乐趣，以及成功之后的个人的成就感，而他们并不看重成功所带来的物质奖励。个体的成就需要与他们所处的经济、文化、社会、政府的发展程度有关；同时社会风气也制约着人们的成就需要。

2. 成就需要理论的基本观点

麦克利兰认为，不同的人对成就、权利和友谊的需要程度不同，层次排列不同。个体行为主要取决于那些被环境激活起来的需要，经过大量广泛的研究，他得出以下结论。

（1）具有高成就需要的人更喜欢具有个人责任、能够获得工作反馈和适度冒险性的环境

当具备了这些特征，高成就者的工作积极性会很高。不少证据表明，高成就需要者在创新性活动中更容易获得成功。如开发新产品，管理一个大组织中的一个独立部门。

（2）高成就需要的人不一定就是一个优秀的管理者

尤其是在一个大组织中，高成就需要者感兴趣的是他个人如何做好，而不是如何影响其他人做好。高成就需要的销售人员不一定是优秀的销售管理者。

（3）友谊和权利需要与管理者的成功有密切关系

高权利需要可能是有效管理的必要条件，这种观点认为，一个人在组织中的地位越高，权利动机就越强。因此，拥有权力和较高的职位是高权利需要者激励因素。

（4）可以通过培训激发员工的成就需要

具有高成就需要的人才可以通过教育培训的方法加以培养。培训人员指导个人根据成就、胜利和成功来思考问题，并以高成就者的方式行动；设计具有个人责任、反馈和适度的冒险性的环

境；提供取得成就的榜样，刺激人们取得成功的愿望和行为。

（四）期望理论

期望理论（expectancy theory）是一种过程型的激励理论。它是由美国心理学家佛隆（V.H.Vroom）提出来的。佛隆认为，人总是渴求满足一定的需要并设法达到一定的目标。这个目标在尚未实现时，表现为一种期望，此时目标反过来对个人的动机又是一种激发，而这个激发力量的大小，取决于目标价值（效价）和期望概率（期望值）的乘积。用公式表示如下：

$$M= \sum V \times E$$

其中，M表示激发力量，是指调动一个人的积极性，激发人内在潜力的强度。V表示目标价值（效价），这是一个心理学概念，是指达到目标对于满足个人需要的价值。同一目标，由于每个人所处的环境和需求不同，其需要的目标价值也就不同。同一个目标对每一个人可能有三种效价：正、零和负。效价越高，激励力量就越大。E是期望值，是人们根据过去经验判断自己达到某种目标的可能性是大还是小，即能够达到目标的概率。目标价值大小直接反映人需要动机的强弱，期望概率反映个体实现需要和动机的信心强弱。这个公式说明：假如一个人把某种目标的价值看得越大，估计能实现的概率也越高，那么此时这个目标激发动机的力量越强烈。

关于怎样使激发力量达到最高值，佛隆提出了人的期望模式。个人努力＞个人成绩（绩效）＞组织奖励（报酬）＞个人需要，在这个期望模式中的四个因素需要兼顾以下三个方面的关系：

1. 努力和绩效的关系

这两者的关系取决于个体对目标的期望值期望值又取决于目标是否适合个人的认识、态度、信仰等个性倾向以及个人的社会地位，别人，对他的期望等社会因素。

2. 绩效与奖励关系

人们总是期望在达到预期成绩后，能够得到适当的合理奖励，如奖金、晋升、提级、表扬等。组织的目标如果没有相应有效的物质和精神奖励来强化，时间一长，积极性就会消失。

3. 奖励和个人需要关系

奖励需要匹配各种人的不同需要，要充分考虑效价。要采取多种形式的奖励，满足各种需要，最大限度挖掘人的潜力，最有效地提高工作效率。

期望值也叫期望概率，在日常生活中，个体往往根据过去的经验来判断一定的行为能够导致某种结果或某种需要的概率。一个人对某个目标，如果他估计完全可能实现，这时概率为最大（P=1）；反之，如果他估计完全不能实现，那么此时概率则为最小（P=0）。由此可见，对于一个一心想升迁的公务员来说，升迁对他来说效价（V）很高，如果他觉得升迁的可能性比较大（期望值E比较高），那么用升迁对其进行激励，则能收到较好的激励效果。

由此可见，当一个人对某项结果的效价很高，并且判断自己获得这项结果的可能性也很大时，用这项结果来激励就会起到很好的作用。从此可见，要想使被激励对象的激励作用变得更大，效价和期望值也必须变高。

三、自我调节激励理论

自我调节激励理论是激励理论中的又一重要组成部分，该类激励理论侧重于研究人们从产生动机到实施行为的心理过程中个体的自我调节作用。自我调节激励理论主要包括亚当斯的公平理论、海特的归因理论和班杜拉的自我效能感理论等。下面我们来具体介绍这些理论。

（一）亚当斯的公平理论

美国心理学家亚当斯提出了公平理论的观点。该理论侧重于研究工资报酬分配的合理性、公平性及其对员工生产积极性的影响。

1. 公平理论的内容

公平理论的基本要点是：人的工作积极性不仅与个人实际报酬多少有关，而且与人们对报酬的分配是否感到公平的关系更为密切。人们总会自觉或不自觉地将自己付出的劳动代价及其所得到的报酬与他人进行比较，并对公平与否做出判断。公平感直接影响员工的工作动机和行为。因此，从某种意义来讲，动机的激发过程实际上是人与人进行比较，做出公平与否的判断并据以指导行为的过程。亚当斯的公平理论用公式可以表示为：

$$Op/Ip = Oo/Io$$

其中 Op 代表了一个人对他自己所获报酬的感觉；Ip 代表了一个人对自己所作贡献的感觉；Oo 代表了一个人对他人所获报酬的感觉；Io 代表了一个人对他人所作贡献的感觉。组织中，员工对自己是否受到公平合理的对待是十分敏感的，他们有时更关注的不是他们所获得报酬的绝对值，而是与他人所获报酬进行比较后的相对值，当 $Op/Ip = Oo/Io$，也就是个人感觉自己所获得的成果与投入的比值与他人相等的时候，就产生了公平感。如果一方的比值大于另一方，另一方就会产生不公平感，反之亦然。具体来说，有以下几种情况：

第一，$Op/Ip = Oo/Io$ 报酬相当，双方感觉都公平（自己满意）；第二，$Op/Ip > Oo/Io$ 自己的报酬过高，自己感觉多得（自己满意）；第三，$Op/Ip < Oo/Io$ 自己的报酬过低，自己感觉不公平（自己不满意）。

同样，在上述三种情况下，员工所表现出来的激励状态是不一样的。第一种情况即双方比值相等的情况下，员工会觉得公平，此时应该说员工所处的是一个相对稳定的激励状态；第二种情况下，员工自己感觉报酬过多，自己多得了，此时员工会觉得很满意，并且受到了激励；第三种情况下，员工感觉不公平，此时员工可能出现心理挫折和失衡、改变投入、要求改变产出、改变对自身的看法、改变对他人的看法、重新选择比较对象和离开现在的工作环境等情况。

不公平感多数是由于经过比较认为自己目前的报酬过低而产生的；但在少数情况下，也会由于经过比较认为自己的报酬过高而产生。我们看到，公平理论提出的基本观点是客观存在的，但公平本身却是一个相当复杂的问题，这主要是由于以下几个原因：

（1）个人的主观判断

上面公式中无论是自己的或他人的投入和报酬都是个人感觉，而一般人总是对自己的投入估计过高，对别人的投入估计过低。

（2）个人所持的公平标准

上面的公平标准是采取贡献率，也有采取需要率、平均率的。例如，有人认为助学金应改为奖学金才合理，有人认为应平均分配才公平，也有人认为按经济困难程度分配才适当。

（3）绩效的评定

我们主张按绩效支付报酬，并且个人之间应相对均衡。但如何评定绩效？是以工作成果的数量和质量，还是按工作中的努力程度和付出的劳动量？是按工作的复杂和困难程度，还是按工作能力、技能、资历和学历？不同的评定办法会得到不同的结果，最好是按工作成果的数量和质量，用明确、客观、易于核实的标准来度量，但这在实际工作中往往难以做到，有时不得不采用其他的方法。

（4）它与评定人有关

绩效由谁来评定？是领导者评定、群众评定还是自我评定？不同的评定人会得出不同的结果。由于同一组织内往往不是由同一个人评定，因此会出现松紧不一、回避矛盾、姑息迁就、抱有成见等现象。

2.公平理论对现代企业管理的启示

公平理论在实践应用中对现代企业管理有着很多的启示，具体来说有：

（1）对赏罚制度的启示

无论在西方还是东方的文化背景下，公平都是企业管理中谈论比较多的一个话题。我国由于受多年的计划经济和"大锅饭"的影响，人们对公平的比较心理比较重，所以说公平理论给我国企业管理最重要的启发就是重视员工的公平感，管理者要真正认识到"不患寡而患不均"。

另外，员工的不公平感很大程度上来源于组织中不公平的制度。员工有功不奖，有过不罚，无功者受到表彰，这些随意的管理奖惩都是企业管理的大忌。尤其当组织中的不良现象和行为（比如拉帮结派、徇私舞弊）较多时，员工就容易产生不公平感。组织要想解决这些不良现象，就需要在制度上建立起一套明确的赏罚制度，使广大员工真正感受到公平的氛围。

（2）对报酬分配的启示

①按时间付酬时

收入超过应得报酬的员工的生产水平会高于收入公平的员工。按时间付酬能够使员工生产出高质量与高产量的产品。按时间付酬对于收入低于应得报酬的员工来说，将降低他们生产的数量或质量。他们的工作努力程度也将降低，而且相比收入公平的员工来说，他们将减少产出数量或降低产出质量。

②按产量付酬

将使员工为实现公平感而加倍努力，这会促使产品的质量或数量得到提高。然而，数量上的提高只能导致更高的不公平，因为每增加一个单位的产品将导致未来的付酬增多，因此，理想的努力方向是指提高质量而不是数量。

③按产量付酬时

收入低于应得报酬的员工与收入公平的员工相比，他们的产量高而质量低。在计件付酬时，应对那些只讲产品数量而不管质量好坏的员工，不实施任何奖励，这种方式能够产生公平性。

（二）海特的归因理论

1.归因理论的内容

归因（Attribution）是指寻找已经产生的某种行为的原因，也就是通过分析来寻找可能归属的某一原因。归因有广义和狭义之分。广义的归因是指人们对自然现象、社会现象、精神文化现象等做出解释和说明的过程，从这个意义上说，人的一切认识过程都是归因过程；狭义的归因过程是特指心理学意义上的归因，即根据行为或事件的结果，通过感知、思维、推理等内部信息加工的过程而确定造成该结果的原因的认知活动。归因理论（Attribution theory）就是指由行为的结果来推断行为原因的过程，然后通过已成定局的成功或失败的结果来寻求最佳激励途径的一种理论。

归因理论把归因过程与成就动机紧密结合起来，从而构建了完整的动机和情绪归因理论。归因会引起期望的改变，这主要与原因的稳定性有关。如果某一行为结果被归因于稳定性原因，那么这种结果就会被预期或期望再度出现。因此，个体将成功结果归因于稳定性原因，则在未来的类似活动上对成功抱有高期望，预期成功会重复出现，对未来充满希望；反之，如果将失败结果归因于稳定性原因，则对未来类似活动上成功的期望值低，失败会重复出现。如果某一行为结果被归因于不稳定性原因，那么这种行为结果是否再度出现就很难确定。在这种情况下，先前的成功并不一定导致随后还会成功的期望，先前的失败也不一定引起随后还会失败的预期。总之，将行为结果归因于稳定性原因而非归因于不稳定性原因，行为有更大的重复可能性。

2.归因理论对现代企业管理的启示

归因理论在实践应用中对现代企业管理有着很多的启示，具体来说，有以下几点：

（1）招聘、选拔过程中注意归因的个体差异

个体对事件的归因存在着个体差异。简单说来，个体对结果的解释分为两种，即内因和外因，他们所对应的个体归因风格即为内控型和外控型。联系具体工作，不难发现个体的内控程度越强，就越倾向相信自己可以采取措施，如提高自身能力或增加努力程度来完成任务以达到较高的绩效水平；而外控者往往会消极地认为是外界的控制导致低的绩效水平。因此，组织在招聘过程中，可以挑选在归因风格上表现出内控倾向的员工来从事那些对员工素质要求较高、工作环境较差、需要挑战性和创造性的工作。

（2）在培训开发过程中加强归因风格的训练

不同的归因方式对个体的情绪、动机、行为以及结果有不同的影响。因此，在人力资源管理过程中，如何趋利避害，使员工形成正确的归因风格以利于工作的开展就变得尤为重要。通过归

因训练（即通过一定的训练程序，使个体掌握某种归因技能，形成比较积极的归因风格）可以帮助员工形成正确的归因风格，以提高其工作积极性和取得高绩效。

（3）绩效评估过程中防范各种归因偏差

前面已经阐述了较为理性和科学的归因理论及原则，但在现实的人力资源管理实践中，特别是在对员工的绩效考评过程中，由于受到管理者主客观条件的限制，在归因过程中难免会出现诸多偏差。因此，防范这些偏差以及消除其可能带来的消极后果就成为管理实践中的一个重要课题。

（三）班杜拉的自我效能感理论

自我效能感是由美国著名心理学家班杜拉提出来的概念，他在以后的著作中逐步形成了自我效能感理论的框架体系。从 20 世纪 80 年代开始，西方工业和组织行为学家逐渐开始关注自我效能感在组织行为领域中的应用研究。近年来，有关研究还呈现出逐年增多、研究范围逐渐细化的趋势。下面我们就来具体地介绍自我效能感理论的内容：

1. 自我效能感理论的内容

（1）自我效能的定义

自我效能是指"个体对其组织和实施达成特定目标所需行为过程的能力的信念"。自我效能并非一个人的真实能力，而是个体对自己行为能力的评估和信心。个体的行为是受行为的结果因素与先行因素双重影响的。行为的结果因素就是通常所认为的强化，行为主义观点认为强化是形成新行为的关键原因，但预期是认知和行为的中介，是行为出现概率的决定性因素。该理论认为，在学习中即使没有强化也能获得有关的信息并形成新的行为，而强化只是可以激发和维持行为的动机以控制和调节人的行为。因此，行为出现的概率是强化的函数这一种观点是不确切的，因为行为的出现不是由于后期的强化，而是由于人们认识了行为与强化之间的依赖关系后产生了对下一步强化的期望。正是这种期望对行为出现的概率起到了关键性的作用。

（2）影响自我效能感的因素

①个人自身以往的成败经验

自我效能信息源对自我效能感的影响最大。以往的成功经验是自我效能感形成的重要前提，它为个体提供判断并构成自我效能感的行为信息。一般来说，成功经验会提高效能望望，反复的失败会降低效能期望。因为成功经验对效能期望的影响还要受个体归因方式的左右，如果个体把成功的经验归因于外部的不可控的因素，那么这种成功的经验就不会增强效能感；同样，如果个体把失败归因于内部的可控的因素也不一定会降低个体的自我效能感。

②模范或替代

学习和工作中的很多知识与经验并不是都需要通过亲身实践而形成，也有很多是通过对别人行为观察及模仿而获得。榜样的成就和行为给观察榜样的人展示了达成成功所需要采取的策略，以及为观察者提供了比较和判断自己能力的标准。同时，观察和模仿也为个体提供了一种只要通过努力就能成功的信念。这些替代性信息对观察者尤其是那些缺乏经验的新手而言具有更大的意义。

③言语劝说

言语劝说虽然不能直接提高个体的智力与技能水平，但可以通过别人的劝说，使得个体对已有的能力产生更加客观和积极的评价，从而对自己的行为进行改变。当然，在进行言语劝说的时候需要遵循个体的心理特殊性。比如在企业中，当员工感觉到自己被主管所信任或者是得到主管认可的时候，主管的言语劝说更为有效。

④个体生理与情绪的状态

个体对生理、心理的主观知觉都会影响自我效能感。比如员工在焦虑、害怕或紧张的时候容易降低个人的自我效能感，疲劳和疼痛也会导致工人自我效能感的降低。

第三节　员工沟通技巧

一、沟通的基本内容

（一）沟通的含义与对象

沟通是指可理解的信息或思想在两个或者两个以上的人群中传递或交换的过程。在这个过程中，人们通过书面语言、口头语言和行为语言等方式，进行交流信息、获取信息、解释信息、共享信息的活动。

团队沟通的对象，从团队外部看，包括组织领导、其他组织成员、团队的客户和供应商等；从团队内部看，包括团队领导和成员。

（二）沟通的类型与模式

1. 团队沟通的类型

（1）按照沟通的方向划分

有自上而下的沟通、自下而上的沟通和水平沟通三种。从高层次向低层次进行的沟通称为"自上而下的沟通"；从低层次向高层次进行的沟通称为"自下而上的沟通"；发生在同一团队成员之间、同层次的团队成员之间、同层次的管理者之间的沟通称为"水平沟通"。

（2）按沟通的方法划分

可以分为书面沟通和口头沟通。书面沟通包括对团队内部使用备忘录，对客户和非公司人员使用信件方式进行的沟通，其中备忘录和信件均可通过拷贝或电子邮件来传递。口头沟通，即面对面的沟通，或通过电话、有声邮件或电话会议等方式实现的沟通。

（3）按组织系统划分

可以分为正式沟通和非正式沟通。一般来说，正式的团队沟通是指团队正式组织系统的信息传递，非正式团队沟通指的是团队非正式组织系统的信息传递。

2. 沟通的模式

无论是哪一种类型的沟通，都具有一般的沟通要素，遵循共同的沟通模式、来源—信息的来源，即信息发出的主体；编码—口述或书写时传送信息的符号；通道—用来传送信息的中介或载体；解码—接收者对信息的解释、理解；接收—计划的信息接收者，信息到达的客体；反馈—确定信息真实性的信息；干扰—也称噪声，即造成信息失真、错乱、误解或干扰沟通过程的任何信息。

3. 团队要认真培育融洽的人际关系

（1）改善组织的人际关系

建立一个富有亲和力的管理班子，设定合理的组织机构，实行员工参与管理，定期与各个层次的员工进行沟通。

（2）改善个人的人际关系

个人的人际关系的好坏与组织目标的实现密切相关，对个人工作氛围和工作关系的改善也至关重要。加强自身修养，尊重他人并能换位思考是改善个人人际关系的好方法。

（三）团队的沟通方式

1. 会议沟通

举行各种类型、各种规模，各种形式的会议可以起到集思广益的作用。在会议讨论中，可以互相激发思想火花，各种不同思想的碰撞和交锋，从不协调到协调，从不同想法到获得相近或一致的见解。团队会议不能是简单的一端发送另一端接收指示的收听式，而应是有中心、有目的的汇集团队成员的智能、思想、经验和信息的交互式。

2. 个别交谈

团队是一个整体，成员间必须相互关怀，互相了解。个别交谈既是彼此关心建立感情的渠道，也是探讨和研究问题的重要方式。个别交谈比会议讨论可以更深入、更细致，更容易获得双向交流来提升信息的质量。

3. 开放式讨论

事先向团队成员发出讨论的主题，要求每位团队成员事先做好发言准备。开放式讨论采用的是有主题无领导的讨论，只有会议记录员对讨论的内容做详尽的记录。开放式讨论能够汇集各种思想，把团队成员对这一主题的研究通过"头脑风暴"法获得提升，并使团队成员共享彼此的研究成果。这是整体效益最佳的交流过程，而非"1+1"的简单叠加。

4. 网络沟通

充分利用网络，能快速地传递团队成员所获取的最新信息和创造的最新思想。这种快速的传递会达到快速的撞击，快速的撞击有时会获得意想不到的创新成果。团队成员还可通过电子邮件表示彼此的关心和实现个体劳动的连接，成员可以利用网络请求帮助和给予帮助以求得团队的最优绩效。

二、沟通的基础是倾听

（一）倾听的特征与类型

1. 听与倾听

不能把听与倾听混为一谈。听是一个生理过程，它是听觉器官对声波的单纯感受，是一种无意识的行为。倾听不仅是生理意义上的听，更是一种积极的、有意识的听觉与心理活动。通过倾听，不仅可获得信息，更能获得感知。听与倾听的差别在于：听是用耳朵接受各种听得见的声音的一种行为，只有声音、没有信息，是被动的、无意识的行为，主要取决于客观；倾听是主动获取信息的一种行为，有信息、需要专心关注，是积极的、有意识的行为，主要取决于主观意识。

2. 倾听的类型

（1）全神贯注地倾听

这是管理沟通的关键所在，它可使管理者获得比直接提问所得到的反馈更真实、更具有价值。为此，它强调集中思想、综合分析及评价，不仅要求仔细地倾听，还要正确理解并使之成为有意义的信息。它通常也被称作批评的倾听，是一种积极的、有效的倾听。

（2）专心地倾听

虽与第一类倾听相似，但要求倾听的内容没有那么复杂或抽象，其追求的信息往往富于娱乐性或趣味性，一般属于业余爱好的倾听。

（3）随意的倾听

一般属于社交性倾听，不需要任何评价技巧。有些人并不善于"倾听"，虽佯装在听，却心不在焉。

（二）倾听的重要性

1. 倾听可获得重要的信息

通过倾听可了解对方要传达的消息，同时感受到对方的感情，还可据此推断对方的性格、目的和诚恳程度。通过提问，可澄清不明之处，或是启发对方提供更完整的资料。耐心地倾听，可以减少对方自卫的意识，得到对方的认同，甚至产生同伴、知音的感觉，促进彼此的沟通了解。倾听可以训练以己推人的心态，锻炼思考力、想象力、客观分析能力。

2. 倾听可以掩盖自身弱点

俗话说："沉默是金""言多必失"，静默可以帮助人们掩盖若干弱点。如果你对别人所谈问题一无所知，或未曾考虑，保持沉默便可不表示自己的立场。

3. 善听才能善言

在听别人说话时，你是否迟滞发呆、冷漠烦闷？你是否坐立不安、急于接口？人们常常会因为急于表达自己的观点，而根本无心聆听对方在说些什么，甚至在对方还未说完的时候，心里早在盘算自己下一步该如何反驳。用一种消极、抵触的情绪听别人说话，最终自己的发言也会毫无针对性和感染力，交谈的结局可想而知。

4.倾听能激发对方的谈话欲

让说话者觉得自己的话有价值，他们会愿意说出更多更有用的信息。称职的倾听者还会促使对方思维更加灵活敏捷、启迪对方产生更深入的见解，双方皆受益匪浅。

5.倾听能发现说服对方的关键

如果你沟通的目的是为了说服别人，多听他的意见会更加有效。因为，通过倾听，你能从中发现他的出发点和弱点，即是什么让他坚持己见，这就为你说服对方提供了契机。同时，你又向他人传递了一种信息，即你的意见已充分考虑了他的需要和见解，这样，他们会更愿意接受你的意见。

6.倾听可使你获得友谊和信任

人们大都喜欢发表自己的意见，如果你愿意给他们一个机会，他们立即会觉得你和蔼可亲、值得信赖。作为一名管理者，无论是倾听顾客、上司还是下属的想法，都可消除对方的不满和愤懑，获取他们的信任。

（三）倾听中的障碍

1.环境因素

（1）环境的封闭性

指谈话场所的空间大小有无遮拦设施、光照强度、有无噪音干扰等因素，它决定着信息在传送过程中的损失概率。

（2）环境氛围

即环境的主观性特征，它影响人们的心理定式及是否容易接收信息，对接收的信息如何看待和处置等倾向。环境是温馨和谐还是火药味重，是轻松愉快还是紧张，是野外还是房间等，都影响心理接受定势。

（3）对应关系

对应关系可分为一对一、一对多、多对一、多对多四种。不同的对应关系会导致不同心理角色定位、心理压力和注意集中度。如在教室里听课及听同事谈心或下属汇报，其心理是完全不同的，前者是一对多的关系，听课者压力小、思想易开小差；后者一对一，听者感到自己角色重要，心理压力大，注意力自然集中；而新闻发布会则是一对多，记者七嘴八舌提问，主持人必须全神贯注，丝毫不敢懈怠。

2.语言因素

过分精确的语言、术语的运用、太多的信息等，往往会导致听者在短时间内无法有效接收信息。比如在管理课堂上用了许多字母的缩略语："总之，许多MBA学员认为，在实施BOT项目时，应该谨慎。"（MBA—工商管理硕士；BOT—build，operation and transfer）此外，口头语言与身体语言不相符，也会导致听者产生疑问。

3.倾听者的因素

倾听者本人在整个交流过程中具有举足轻重的作用。倾听者理解信息的能力和态度都直接影响倾听的效果。所以，在尽量创造适宜沟通的环境条件之后，管理者要以最好的态度和精神状态面对发言者。来自倾听者本身的障碍主要可归纳为以下几类：

（1）用心不专

用心不专是影响倾听效果的重要因素之一。如果倾听者的思想总是不能集中在别人的讲话内容上，必定会错过许多重要信息，导致不能很好地与说话者交流、沟通。

（2）急于发言

人们容易在他人还未说完的时候，就迫不及待地打断对方，或者心里早已不耐烦了，这样往往不能把对方意思听懂、听全。急于发言并不利于双方的沟通。交往中，人们经常会听到别人这样说："你听我把话讲完，好不好？"其实许多时候只要认真听完别人的讲话，心中的疑问就已经消除了。

（3）选择倾向

有些人喜欢听和自己意见一致的人讲话，偏心于和自己观点相同的人。这种拒绝倾听不同意见的人，注意力就不可能集中在与自己意见相左的人身上，也不可能和任何人都交谈得很愉快。

（4）心理定式

每个人都有自己的好恶，都有根深蒂固的心理定式和成见，与自己不喜欢或不信任的人交流，很难以客观、冷静的态度接收说话者的信息。

（5）厌烦

当一个平时比较啰唆的人要求和你谈话时，你总是不能集中注意力地听他讲，因为你会觉得他讲的许多都是废话，从而错过了一些有用的信息。

（6）生理差异

倾听是感知的一部分，它的效果受听觉器官、视觉器官的限制，如果生理有缺陷，必然会影响倾听的效果，比如盲人和耳聋者，他们之间的沟通需借助第三者，或者其他工具，这必然会影响到沟通的效果。

（7）要求过高

企图把演讲者的一字一句都听进去、记下来，听得既费劲，又收效甚差。

（8）武断

自以为听懂了对方想说什么，武断地不让对方说完，也不想再听对方说什么。

（9）扭曲

过于注重演讲的方式及演讲者的外表，忽视了对方的内容及要义，产生倾听扭曲，是演讲交流过程中最主要的干扰因素之一。

（四）倾听者的障碍克服

1. 克服粗心大意导致的沟通失误

事先列出自己要了解、要得到的信息、知识、技术及要解决的问题。在会谈将结束时，要与对方核实自己的理解是否正确，要解决的问题是否有正确答案，记下关键点及要害。

2. 克服误解障碍

切忌自作主张，不要自以为是地认为哪些信息不重要，否则易忽略重要信息，消除成见，既要克服思维定式的影响，又要虚心倾听，客观地理解信息；分析了解，要进一步分析对方的背景及经历，想想他为什么这样说，有没有特定的含义或企图；认真落实，对双方商谈的内容要进一步核对，让对方能更正你理解的错误之处。

3. 排除相关障碍

排除心理定式；克服急于发言，打断别人说话的毛病；消除厌烦心理；切忌要求过高，要实事求是；排除武断。

（五）把握有效倾听的原则

1. 专心原则

要集中精力、全神贯注，以积极的态度，真诚坦率地倾听。专心原则要求主动倾听，而不是被动倾听。积极主动倾听能使你更了解说话的内容，抓住关键点及要害，更懂得欣赏对方并产生思想感情交流，引起共鸣；回答也会切中要害，有理有节。总之，有效倾听的第一步是专心，要认识到倾听既是有价值的信息搜集活动，更是有效沟通的开端。

2. 移情原则

移情原则要求理解说话者的意图而不是你想理解什么。有效的倾听要排除阻碍获得新的知识、文化、思想的内在情感、观念和偏见。在与不同文化背景的人进行沟通时，要努力超越自己狭隘的文化观点并对新的知识、技术、文化、观念敞开心胸。

3. 客观原则

要客观地倾听，不要自以为是、以我为中心，不要边听边批判对方的内容、观点。必须懂得在良好的沟通要素中，话语占7%，音调占38%，而55%完全是非语言的信息。切忌在听到与自己不同的观点时，就在心中反驳他人所言，否则，会带来主观偏见和遗漏一些重要的信息。

4. 完整性原则

要对信息发送者传递的信息有一个完整的了解。既获得传递的沟通内容，又获得发送者的价值观和感情信息；既理解发送者的言中之义，又发掘出其言外之意；既注意其语言信息，也关注其非语言信息；既要听话听音，更要捕捉其话中之话，即：话到嘴边留半句。

（六）提高有效倾听的策略与要求

1. 倾听策略的运用与提高

选择合适的环境；排除杂念；敞开心胸，努力倾听；不要轻易插嘴；提升语言和非语言的反馈；边听边沟通；不要妄自评断。

2. 提高有效沟通的技巧

要有良好的精神状态；明确倾听目的；排除外界干扰；与讲话人建立信任关系；使用开放性动作，及时地运用动作和表情给予呼应，如微笑、皱眉、迷惑不解等表情；适时适度的提问。

（七）听问结合，提升沟通技巧

1. 听问结合的意义及要求

在倾听过程中，恰当地提出问题，与对方交流思想、意见往往有助于人们的相互沟通。沟通的目的是为了获得信息，是为了知道彼此在想什么、要做什么。通过提问的方式可获得信息，同时也可以从对方谈话的内容、方式、态度、情绪等其他方面获得信息。

听问结合要做到：数量少而精，太多的问题会打断讲话者的思路和扰乱讲话者的情绪。恰当的提问往往有助于双方的交流。要紧紧围绕谈话内容或听讲氛围，不应漫无边际提出一些不相关的问题。

2. 提问方式

（1）明确性提问

提问的方向或问题明确，要求对方给予明确解释。

（2）相关性提问

对讲话者所讲的内容的相关问题、有关联性问题进行提问。

（3）激励性提问

激励对方演讲或谈话的兴趣、勇气。

（4）证实性提问

对讲话人提出的观点、数据、事实等进一步证实其准确性、可靠性。

3. 提问技巧

（1）换位思考的提问

要设身处地地理解对方，要以理解的态度倾听、交谈、提问，就能诚恳而准确地提出一些双方都能接受的问题，从而更易于促进沟通；要从对方的特点出发，适应对方的职业、身份、年龄、民族、文化素养、性格等特点，因人而异，若对方热诚率直则应坦诚直言，若对方生性狡黠多疑则应旁敲侧击、迂回应对。

（2）提问数量与内容

提问数量要少而精，太多的问题会打断讲话者的思路和情绪，尤其是当许多讲话者的讲话内容是即兴发挥时，讲话者不能完全、清楚地记得自己刚才所说的话。恰当的提问往往有助于双方的交流。同时，提问的内容要紧紧围绕谈话内容，不应漫无边际提一些随意而不相关的问题，因为这既浪费双方时间，又会淡化谈话的主题。

（3）提问时机

倾听中把握提问的时机十分重要，交谈中如果遇到某种问题未能理解，应在双方充分表达的基础上再提出问题。一般情况下，在对方刚表达出某个观点时应及时提问，及时提问往往有利于问题的及时解决。"及时提问"并不意味着反应越快越好，最佳的时机还需要倾听者灵活地捕捉。聪明的人善于识别对方言语中真实的感情流露与虚伪的表面情绪，只对他真诚的情感进行提问。倾听者应特别注意自以为是的虚伪情感，因为它们往往是徒劳无益的，甚至是危险的。而在不恰当的时机提出问题，可能会带来意想不到的损失。

（4）提问速度

提问时话说得太急，容易使对方感到咄咄逼人，引起负效应；说得太慢，对方心里着急，不耐烦。

（5）提问方式

讲究提问方式，避免使用盘问式、审问式、命令式、通牒式等不友好、不礼貌的问话方式和语态语气。否则，易导致会谈气氛紧张，易引起对方对沟通者的行为、语调或话语产生防卫性反应。

（6）明确的语言

语义明确的提问是较为详细的，而且应该是被核实甚至有记录的。意思明确、具体，可以防止过于抽象，或者带有某种成见的感情色彩，更重要的是，它可以避免在指出错误时变成对对方的人身攻击。

（八）沟通中的积极倾听

1.认真对待倾听

要成为优秀的倾听者，首先要培养自我意识，分析自己对待倾听的短处和不足，并下定决心改正。良好的倾听习惯来自实践和自律。应该把倾听作为一个主动过程。针对现代生活与环境中过多的"被动倾听"（电视、互联网、手机短信等），要学会辨别在哪些情形当中主动倾听是非常重要的。如果真心投入成为有效倾听者的练习活动，将在学习、人际和家庭关系以及事业当中体会到这种练习的回报。

2.专心致志，排除干扰

在听演讲、报告及上课时，往往出现这样那样的干扰而易引起走神，如客观上，教室过热过闷、窗外响声大、演讲不生动、自己的思维速度比演讲者讲话快得多等；主观上，自己注意力不集中等。排除干扰首先要重视这次演讲、听课的重要性，体谅演讲者，他是作了认真准备的；要将心比心，如果自己是演讲者，遇到不友好的对待又将如何？一定要将自己的注意力转回到演讲人所说的事情上来，强迫自己的注意力集中在演讲内容上；要培养听课者抓观点、抓要点、抓关键点的能力与要求，习惯成自然，从"抓"中集中精力等。总之，成为有心的优秀倾听者，能找到各种各样的办法和线索，掌握演讲人要传达的真实信息及观点、论点。开始，也许觉得认真听讲很困难，但多加练习、持之以恒，注意力一定能大大提高。

3. 切忌因外貌、因演讲方式分心

一方面，不要被演讲者的外表或讲话方式产生的负面影响，影响你的听讲情绪，对穿着朴实或貌不惊人的演讲者及演讲方式不如你意时，要有宽容心、耐心，要抓住听讲的目的和要求，集中精力听你想要听的信息。另一方面，也不要因演讲者外貌特别引人注目而受到影响或误导，历史上、现实生活中有很多没有道德的演讲者，长得漂亮、讲话有技巧，但传播的信息往往缺乏伦理道德、缺乏社会责任。

4. 搁置判断

人们的思想、感情是不一致的，不能以己之心要求演讲者，当讲的内容与己相左时，不能在心理上与演讲者发生争论或不再听他讲完，这样对演讲者和自己都是不公平的，对人是不礼貌的，缺乏尊重与体谅；对己则丧失了获得有效信息的机会，不能掌握对方的意思，也不能够被人说服。搁置判断要求尊重演讲者或交流者，听他把话讲下去、把话讲完，最后再下结论；要分析其观点、想法、论点论据，评估其推理过程，然后再做主张。如果自己的观点正确，也有必要听一听不同意见；如果无法判断自己的想法正确与否，更应听听别人说什么、为什么这样说。

5. 培养专心听讲能力并记笔记的技巧

有经验的倾听者并不会把演讲者说的所有话都记在心里或笔记本里，而是善于听、记要点（论点）、论据（支持论点的证据）、技巧。对论据，要分析四点：准确吗？是否是从客观来源获取的资料？与对方提出的论点（观点）相关吗？是否足够支持其论点？对技巧，一要分析介绍部分：用什么方法引人注目、引人入胜？如何使演讲与听众发生联系？如何建立可信度和善意？二要评估其演讲的技巧方法：是否思维清晰并让人很容易跟上？三要研究演讲人所用的语言，是否准确、清晰、鲜明、合适？能否能按听众和当时的情形进行调整？四要分析演讲方式，是否流畅、有说服力、有强烈的吸引力？其方式是否有助于强化（或弱化）其主要思想？是否善于利用视线接触、手势和视觉辅助设施？是否善于与听众沟通？

6. 向演讲者学习

有效倾听者应善于向演讲者学习，通过集中精力听讲，注意演讲人的强项弱项，分析其效率、效果的高低成效，总结出值得学习、应该学习的方式方法，并将其充实在自己的演讲中。

第十章 薪酬管理

第一节 薪酬概述

一、薪酬的定义

薪酬，由薪和酬组成。在汉语中，"大者可析谓之薪；小者合束谓之柴"，薪是生活的必需品的代名词，即代表一种物质价值。而酬乃劝酒也，"先自饮，乃饮宾，为酬"。即代表交互性，所谓有来有往，以心换心。薪，薪水，又称薪金、薪资，包括工资、资金、分红、物资福利等可以货币化的个人回报，是可以数据化的、量化的，是一种着眼于物质层面的酬劳，如逢年过节给员工发点花生油、米等物资。酬，报酬、报答、酬谢，包括非货币化的福利、成就感、发展的机会等，是一种着眼于精神层面的酬劳。酬的定义非常广，所有的非经济报酬都可以称之为酬，给员工有兴趣的工作，富于挑战性和发展的机会，培训，恰当的社会地位标志，公众认可，舒适的工作条件和环境这些都是酬。当然，还有各种各样爱的表示。组织员工旅游，给员工荣誉、尊重、奖杯，为员工开生日宴会，体贴的弹性工作制，这些关心和爱都组成了酬。

薪和酬之间的关系如何？薪和酬就像硬币的两面，必须同时存在，同时考虑。如果薪是 100 分，酬是 0 分，则变成了单纯的利益关系，员工对企业没有归属感，凡事只谈报酬，只谈收益；如果酬是 100 分，薪是 0 分，则员工纵然理想再大，信念再多，亦难以长期坚持。薪是钱，酬是爱。如果能把钱和爱结合起来运用，所达到的层次和效果明显就高多了。

在英文中有三个相关的词汇：Wage、Salary 和 Pay。Wage 指简单劳动或体力劳动者所得的工资、工钱，指根据合同并以小时、天数或计件为基础付给劳动或服务的报酬，常用复数形式；这种报酬只能够维持生活的报酬，一般用在周薪（Weekly Wage）和最低工资（Minimum Wage）的表述中。在我国香港、台湾地区的劳资关系法案中，工资主要用在建筑餐饮服务业佣工和家庭佣工的劳资关系中。因此，国外和港台地区所使用的工资主要有两个含义：一是指因劳动或服务而产生的报酬，而不包括因管理、资本、技术等因素产生的收入；二是使用一般限于蓝领阶层，也就是我们常称的生产操作人员。从这里可以看出，国内使用的"工资"概念比国外要宽泛，把管理、技术所产生的报酬都纳了进来，导致了对薪酬和工资概念的混淆。

只有最终实现了物质和精神的报酬、短期和长期的激励，雇员才得到了全方位的补偿，这才是薪酬应有之义，脱离精神的报酬，就很难全面理解薪酬的实质。Compensation 一般被用来指雇员的一揽子整体性薪资，包括工资、种种奖励、红利、福利以及其他收入等，所以 Compensation 一词应该包含薪酬的全部意义。从广义上看，Compensation 等同于 Reward，即报酬，是员工通过自己的劳动所换取的所有回报，如果分两部分，就是外在报酬（财务报酬）和内在报酬（非财务报酬）。如果分三部分，就是以货币形式支付的直接报酬、以间接货币形式支付的间接报酬及福利和非财务报酬。如果分四部分就是：工资、奖金、福利和非财务报酬。

二、薪酬的组成部分

一般来说，薪酬由工资、奖金和福利这三个部分组合而成。

（一）工资

是薪酬中的固定部分（不包括福利和津贴），代表一个工作的职位价值，不代表职位任职者的实际工资。工资分配应当遵循按劳分配原则，实行同工同酬。同工同酬的"工"是指职位、岗位。"酬"是岗位工资，而不是所有的收入。同工同酬的前提是相同的劳动成果，所以公平性体现在岗位工资的一致性，同工同酬是指企业内部的同工同酬，而且根据能力和绩效的不同，总收入也应不同。

（二）奖金

指支付给员工的超额劳动报酬和增收节支的劳动报酬，衡量标准是绩效考核分数。这是薪酬中的第二部分。虽然，通常奖金是指财务上的奖励，但也包括休假的奖励、本地健康俱乐部的免费会员资格或商品折扣。奖金是避免"吃大锅饭"的最好形式，它反映了员工的现实价值。在现代人力资源管理的理念中，雇员具有双重性质，一方面，他本身是劳动力商品，具有商品的市场价格；另一方面，他又被视为人力资本的占有者，而既然是资本，就必然要求分得资本的利润。所以在这种情况下，雇员得到的不仅有相当于劳动力市场价格的薪资，还有资本性的收益。资本性的收益是以奖金的形式体现的，包括短期激励和长期激励。

奖金和工资相比，工资是稳定的、刚性的，奖金是变动的、灵活的。基于结果的绩效考核分数往往不完全等于员工的实际能力，其中有误差和运气的成分。但是如果员工业绩非常优异而且通过业绩可以确信员工能力有某种程度提高的话，就可以给予员工一定程度的"永久的奖励"，这种根据员工的实际工作绩效确定的基本薪酬增长被称为绩效加薪（Merritt pay）。

（三）福利

薪酬中的第三部分是福利，这部分支付是固定不变的。包括法定福利和非法定福利。目前，国外企业支付的动态薪酬主要是除法定福利之外的各种商业福利，如养老医疗保险、父母赡养开支、带薪休假、托儿服务、危重家属帮助计划等。这三者之和构成了对雇员劳动或服务的全部物质补偿。福利的主要功能是"留人"。如果说工资是让员工"吃得饱"，奖金就是要让员工"干得好"，福利是让员工"走不了"！

工资、奖金、福利就是薪酬的全部吗？从狭义的角度看，工资、奖金、福利基本上等同于薪酬了，即狭义薪酬是指员工因被雇用而获得的各种以物质形态存在的经济收入、有形服务和福利等。这些全部与钱有关。但是金钱又不是万能的。钱可以买到房屋，但不可以买到一个家；钱可以买到钟表，但不可以买到时间；钱可以买到一张床，但不可以买到充足的睡眠；钱可以买到书，但不可以买到知识；钱可以买到医疗服务，但不可以买到健康；钱可以买到地位，但不可以买到尊贵；钱可以买到血液，但不可以买到生命。金钱的数量是人才的市场价格，但是支付同样的薪水，一个企业，员工可以吸引人才留下并充分发挥自己的才能，在另外一个企业却想早点离开，即使留下来也难以创造价值。这又说明薪酬不是简单的钱多钱少的问题，另外一部分的重要内容是精神激励。广义上看，薪酬不局限于货币化的薪酬福利，其中加入了赞扬、地位、学习机会、雇用安全与挑战性工作的机会等内容。

马斯洛的需要层次理论、赫茨伯格的双因素理论以及亚当斯的公平理论都揭示人的需求有不同层次，而且环境因素也会对人的满足度产生重要影响。虽然不能否认，在吸引人才方面，钱确实非常重要，但是，在留住人才和激励人才方面，钱的作用就大打折扣。员工来到一家公司，离开一位上司。即吸引员工来到公司的是公司本身的条件如薪酬、品牌、发展前景等，而员工离开企业则是因为自己的上级。员工上下级之间合作的不融洽是员工离开公司的最主要的原因，由此可见，人不是纯粹的理性人，他不会因为经济收入而压制自己的心情和个人情绪。这也可以看出单纯的货币形式的薪酬结构已远远不能满足员工的需求。所以现代企业的薪酬已不纯粹是货币形式，它还包括精神方面的激励，如优越的工作条件、良好的工作氛围、培训机会、晋升机会等，物质和精神并重。薪酬体系的设计将逐步由制度性向满足人才个性化需求、提高个人满意度方向发展。专家指出企业设定薪酬时应更多地考虑员工生活的方便性、生活的幸福感、提高个人能力、个人成就感和公平感等方面。

第二节 工资制度与工资给付

一、如何制定薪酬策略

要制定适合企业本身的薪酬策略，首先要明确企业想要薪酬实现什么样的作用。一般而言，薪酬对于企业来说，有三大作用：价值体现作用、激励作用和风险共担作用。价值体现作用是指薪酬应该体现不同岗位对企业作出贡献的多少。贡献不同的岗位，其薪酬水平也应该是不同的。激励作用是指薪酬应该起到激励员工更努力地工作，激励员工不断提升自己的工作业绩的作用。在同一岗位，不同业绩的员工的薪酬水平应该是不同的。风险共担作用是指薪酬应该起到企业薪酬总水平与企业的经营成果相挂钩的作用。企业经营效果好时，企业所有员工的薪酬水平都有所增长，当企业经营效果不好时，企业所有员工的薪酬水平都有所下降。

明确了薪酬的作用后，就可以进行薪酬策略的制定。薪酬策略的制定包括两个方面：薪酬结构的设计和薪酬水平的设计。其中薪酬结构设计是确定员工合理的薪酬组成部分，以及各组成部分之间的比例。通过薪酬结构的设计可以搭建薪酬发挥其三大作用的基础。而薪酬水平设计则主要是制定企业内各岗位之间的相对薪酬水平，以及各岗位与市场薪酬的相对水平。薪酬水平的设计能真正体现薪酬的价值。在企业内部，岗位价值越高其薪酬水平应该越高；相对于企业外部，企业应该提供相对于市场薪酬有一定的竞争力的薪酬水平。

（一）薪酬结构设计

薪酬结构中应该包括岗位工资、绩效工资、奖金、销售提成（针对销售人员）这四部分。其中岗位工资是体现薪酬的价值的，价值不同的岗位工资应该不同；绩效工资是体现薪酬的激励作用的，根据员工的业绩表现确定绩效工资的发放额；奖金则是体现薪酬的风险共担作用的，将员工的一部分薪酬预留至年底根据企业的经营业绩发放。而销售提成则体现对销售人员的激励作用。薪酬结构设计时应该考虑企业内工作性质不同的岗位，比如销售、生产、研发和行政；以及岗位级别不同的岗位，比如高层、中层、基层员工在薪酬结构上的不同。岗位级别越高的员工起风险共担作用的薪酬的比例应该越高。而从工作性质的角度来说，从销售、生产、研发到行政，起激励作用的薪酬的比例应该逐渐降低。同时，为了增强薪酬的导向作用，体现岗位价值的岗位工资，体现激励作用的绩效工资（或销售提成）和体现风险共担作用的奖金应该设定不同的兑现周期。

（二）薪酬水平设计

在进行薪酬水平设计时，要从企业内部和市场薪酬水平两方面考虑。其中企业内部的考虑因素主要有以下几个：企业能够承受的薪酬总额是多少，企业内部能够承受的薪酬水平最高与最低差距是多大，企业内部是否有一个衡量岗位价值的客观标准。根据产品生产的复杂程度和自动化程度的不同，制造业企业的薪酬总额占销售收入的比例有非常大的差异。薪酬总额可以根据企业利润率达到行业平均利润率时薪酬总额占销售收入的比例确定。薪酬水平的差距一方面要根据企业文化进行确定，另一方面也要根据行业内的优秀企业进行确定，应该适当地拉大差距。而衡量岗位价值的客观标准则要基于企业的积累，如果企业没有能力对岗位价值进行客观的衡量，则可以聘请专业的咨询机构进行客观评价。

薪酬水平设计时在考虑企业内部因素的同时应该考虑市场薪酬水平。将本企业的薪酬水平与市场薪酬水平进行对比，可以让本企业的薪酬水平与市场尽量接轨，避免出现某些岗位薪酬水平严重偏离市场水平的情况出现。特别是对于企业特别关键的核心岗位或员工，企业应该采用相对于市场具有竞争力的薪酬水平。

二、建立薪酬策略的动态调整机制

企业的薪酬策略不应该是一成不变的，而是应该随着企业的变化、行业的变化和劳动力市场的变化而进行动态的调整。因此就应该建立一套薪酬策略动态调整的机制，使企业的薪酬策略能够保持生命力，能持续发挥其价值体现、激励和风险共担的三大作用。

要进行薪酬策略的动态调整，就要建立一个策略调整的促发机制。促发机制包括两种，一种是常规的主动促发——年度薪酬策略审视促发，另一种是非常规的被动促发——重大变革促发。

常规的主动促发机制是指每个企业应该建立年度薪酬策略审视的机制。在每年年末进行新一年度的薪酬预算前，首先对上一年度的薪酬状况进行分析和评估，进行员工薪酬满意度调查。了解上一年度的薪酬策略在运行过程中存在的问题，根据存在的问题进行薪酬策略的必要调整。

非常规的被动促发机制是指企业应该建立薪酬策略调整的预警机制。在企业的战略、组织结构发生重大变化，行业内主要竞争对手的薪酬策略发生重大变化或劳动力市场的薪酬水平发生重大变化时能进行薪酬策略的调整。其中企业的战略、组织结构的调整会导致企业的薪酬总额预算发生变化，企业内关键岗位的相对价值发生变化，就应该相应地调整。

三、工作分析与岗位评价

工作分析又称岗位分析或者职务分析，主要内容有三个：一是进行组织结构优化或设计，二是对准备设置的各个岗位进行分析，重点关注其岗位职责划分与任职要求；三是编写详尽的岗位说明书。

岗位评价又称岗位评估或者工作评价，主要是运用现行较为科学的多因素岗位评价法，确定各个岗位在企业内部相对价值的大小，以此为依据，再进行后续的薪酬结构设计、激励体系设计、内部晋升通道设计、员工职业生涯规划等工作。这方面的工作是后续很多 HR 工作的基础。比如岗位说明书对外可以作为招聘的依据，对内可以作为竞聘上岗的依据、内部职责协调的依据、员工晋升通道设计的依据等。岗位评价的结果一般是以岗位内部价值分布线的形式体现的，可以直观看到各个岗位在企业内部相对价值的大小，这是设计薪酬结构时体现内部公平性的重要依据，也是激励体系设计、员工晋升通道设计、员工职业生涯规划等的依据。实际管理中，不同的公司对上述两项工作成果的应用还有很多其他方向。

作为项目经理，必须注意的有三点：一是进行工作分析编写岗位说明书时，一定要与组织结构设计、管理流程和业务流程优化结合起来，避免出现岗位说明书中岗位职责的界定与流程中该岗位的职责内容相脱节。二是岗位评价得到的岗位内部价值贡献只是反映该企业内部相对公平状况的，我们在微调最终结果时，决不能照搬其他企业的情况，比如有些公司的财务人员是处于内部高位的，而有些公司则是销售人员地位最高，这要根据企业实际情况来定。三是在采用多因素评价法时，一定要根据企业实际情况来取舍各个因素，千万不要照搬死学。

四、薪酬调查

薪酬调查就是通过各种正常的手段，来获取相关企业各职务的薪酬水平及相关信息。对薪酬调查的结果进行统计和分析，就会成为企业的薪酬管理决策的有效依据。这一步骤其实并不应列在上一步骤之后，两者应同时进行。我们这里说的薪酬调查主要指周边地区及本行业的调查。

薪酬调查主要需研究两个问题：一是要调查什么；二是怎样去调查和数据收集。调查的内容，当然首先是本地区、本行业，尤其是主要竞争对手的薪资状况。参照同行或同地区其他企业的现有薪资来调整本企业对应岗位的薪酬，可以有效保证企业薪酬体系的外部公平性。做薪酬调查的主要途径和方法有：

（一）企业之间的相互调查

相关企业的人力资源管理部门可以采取联合调查的形式，共享相互之间的薪酬信息。这种相互调查是一种正式的调查，也是双方受益的调查。调查可以采取座谈会、问卷调查等多种形式。

（二）委托专业机构进行调查

现在，一线大城市均有提供薪酬调查的专业机构。通过这些专业机构调查会减少人力资源部门的工作量，省去了企业之间的协调费用，但同时需要支付一定的服务费用。

（三）从公开的信息中了解

有些企业在发布招聘广告时，会写上薪金待遇，某些城市的人才交流部门也会定期发布一些岗位的薪酬参考信息，另外通过其他企业来本企业的应聘人员可以了解一些该企业的薪酬状况。

作为项目经理，必须注意的有三点：一是薪酬调查的地域性和行业性非常强，我们做项目时如果没有足够的时间和资源做薪酬调查的话，最好把这块工作明确为由客户在项目组指导下自行完成。二是薪酬调查主要关注本地区同行业企业尤其是竞争对手的薪酬水平，不要将范围定得过于宽泛。三是薪酬调查的途径很多，同一岗位的薪酬水平数据会有差异，要注意选取可信度最高的数据。比如竞争对手来本企业应聘时讲的薪酬水平可信度就比较低。

五、薪酬元素组合设计

我们现在习惯于将薪酬的组成搭配称为薪酬元素。常见的有：基本年薪、绩效年薪、岗位工资、基本工资、季度绩效工资、年终奖、福利和其他特殊奖金等。其基本释义如下：

（一）基本年薪

基本年薪是任职者年薪构成的一部分，日常基本的生活保障，按月平均发放。

（二）绩效年薪

绩效年薪是任职者年薪构成的另一部分，由员工年度考核结果决定。

（三）岗位工资

岗位工资通过采取岗位分等、等内分档、一岗多薪的方式体现岗位和个人技能的差异，在工作分析与岗位评价的基础上，以评价的结果作为确定岗位工资等级的依据。

（四）基本工资

基本工资是岗位工资的一部分，每月按定额发放。

（五）季度绩效工资

季度绩效工资是绩效工资的一部分，由员工的季度考核结果确定。

（六）年终奖

年终奖是绩效工资的一部分，由员工的年度考核结果确定。

（七）福利

基本社会保险、员工婚丧嫁娶补贴等。其他特殊奖金：特殊奖金的目的在于对员工的优秀表现予以正向强化，以激励员工自觉地关心集团的发展，维护集团的形象。

第三节 员工福利

深得人心的福利，比高薪更能有效地激励员工。企业意识到人在经营活动中的重要性并不困难，难的是如何在企业的日常经营中贯彻"以人为本"的经营方略。高薪只是短期内人才资源市场供求关系使然，而福利则反映了企业对员工的长期承诺，也正是由于这一点，使众多在企业里追求长期发展的员工，更认同福利，而非单纯的高薪。

福利作为一种长期投资，管理上难就难在如何客观衡量其效果。在根据企业的经营策略制定福利政策的同时，必须使福利政策能促使员工去争取更好的业绩，否则福利就会演变成平均主义的"大锅饭"，不但起不到激励员工的作用，反而会助长不思进取、坐享其成的消极情绪。

一、福利的概念

（一）福利制度

有助于制定有竞争力的总薪酬组合中的条款，可以提供福利满足员工安全方面的需求以及满足员工有时提出的特殊经济支援的要求，因此可以论证这些福利是人道主义的一部分，也为了提高员工对组织的承诺并且提供了一种可以通过征税产生效率的报酬方法。

通俗地讲，员工的福利待遇又称为劳动福利，它是企业为满足劳动者的生活需求，在工资和奖金收入之外，向员工本人及家庭提供的货币、实物及其他服务的劳动报酬，它是薪酬的一个重要组成部分：是工资和奖金等现金收入的一个重要补充。现代企业员工福利待遇可以分成两部分，一部分是国家法定强制性福利，是根据国家的政策、法律和法规，企业必须为员工提供的各种福利。在我国主要是企业必须为员工缴纳的各种社会保险。如按国家劳动法律法规的规定，企业必须为员工购买退休养老保险、医疗保险、失业保险、工伤保险和劳动保险等。另一部分称为非法定福利即企业自愿性福利，是企业根据自身的管理特色和员工的内在需求，向员工提供的各种补充保障计划以及向员工提供的各种服务、实物、带薪休假等。如免费工作餐、提供交通费、住房补贴等。

在开放的市场体系中，企业要赢得竞争的优势，就必须对其所需要的劳动力的数量和类型具有足够的吸引力。一般来说，劳动者选择企业除了考虑工资和奖金水平外，还要考虑工作条件的优劣、福利待遇的高低、能否发挥作用等因素。企业兴建集体娱乐、健身设施、提供职工食堂、免费午餐，既方便了员工的生活，又创造了员工相互交流的机会；安排职工带薪休闲，可以帮助员工恢复和保持良好的精神和体力，这些都不是提供高工资所能取代的。

对于员工而言，企业员工福利制度能满足他们多方面、多层次的需求，不仅能满足他们的经济与生活需求（如各种加班、乘车、伙食、住房等津贴与补助），还满足他们的社交与休闲的需求（如各种有组织的集体文体和旅游活动、有资休假等），更对他们提供多种保护，满足他们的安全需求（如医药费报销或补助、公费疗养、因公伤残津贴、退休金、抚恤金等），并给他们提供充实与发展自己的机会（如业余进修补助或报销、书报津贴等）。

（二）员工福利对企业的意义

对企业而言，员工福利的战略意义主要表现在以下方面：

1. 吸引优秀员工

优秀员工是组织发展的顶梁柱。以前企业一直认为组织主要靠高工资来吸引优秀员工，现在许多企业家认识到良好的福利有时比高工资更能吸引优秀员工。

2. 提高员工的士气与干劲

良好的福利使员工无后顾之忧，使员工与组织有共荣辱之感，士气一定会高涨。

3. 提高员工对组织的忠诚度，降低流动率

员工流动率过高必然会使组织的工作受到一定损失，而良好的福利会使许多可能流动的员工打消流动的念头。

4. 激励员工

良好的福利会使员工产生由衷的工作满意感，进而激发员工自愿为组织目标而奋斗的动力。

5. 凝聚员工

组织的凝聚力由许多因素组成，良好的福利是一个重要的因素，因为良好的福利体现了组织的高层管理者"以人为本"的经营思想。

6. 提高企业的投资回报率

良好的福利一方面可以使员工得到更多的实惠，另一方面用在员工身上的投资会产生更多的回报。

总之，好的、合理的员工福利可以激励员工的积极性，提升员工的凝聚力，可以提高企业竞争力，同时也可以帮助企业吸引更多优秀员工，帮助企业留住员工，另外还可以提高企业在员工和其他企业心目中的形象。企业提供高薪是吸引人才的重要手段，但良好的福利待遇也是吸引人才和留住人才的关键。

二、如何提高和完善合理的福利待遇

（一）国家法定强制性福利的贯彻和实施

一般情况下，公司都能做到国家法定强制性的福利，但有很多私企没有按照国家规定执行，特别是在员工法定节假日方面仍然实行每周六天的工作时间。有的民营企业在生产任务紧的时候，甚至每周一天的休息日都没有。有的企业甚至对此没有任何补偿，给员工的印象始终是在剥夺他们的休息时间，无法吸引员工。

大部分的公司可以根据的实际情况有步骤地调整工作时间，即结合企业的生命周期逐步完成时间调整。如果是刚成立的公司或者是一家正在成长中的企业，企业高速发展，员工数量不足，这个阶段可以实行淡旺季调节的工作时间，当然这也需要通过当地劳动部门的审核。另外，还可以采取倒休的方法，调节员工的工作时间，使其有休息时间。如果企业逐步走向成熟，则需要调整工作时间。公司经过几年的发展，已经从成长期开始向成熟期跨越，企业内部管理平台已初步搭建，管理工作也开始从不规范向规范转化。同时，这段时间从外部引进了大量的高级人才，这些人才来自不同的地方，在工作之余需要一定的时间处理私人业务，他们对实行每周工作五天的呼声必定很高，而公司也应适时满足员工的需要，先试行大小周制度（一周工作六天，而另一周工作五天），再过渡到完全的五天工作制。这样，不仅可以满足员工休息的需要，企业的生产效率也不会受到较大的影响。

（二）企业员工自愿式福利

福利是企业提供给员工的一种额外的工作报酬，其目的是体现企业对员工的关怀，塑造一种大家庭式的工作氛围。但很多企业在向员工提供福利的过程中出现了不少问题，如公司提供的福利与员工的需求之间出现脱节、福利成本过高、员工对公司福利待遇不满等。

对于企业自愿性的福利，则完全可以根据企业的经营效益、利润完成等情况有选择地进行，但也不要全部采用，可以逐步实行。同时结合企业发展的情况，在了解员工需求的基础上，或增加新型的福利项目，或者停止不适宜的福利内容。以下是针对不同的福利提出的一些建议：

1. 免费工作餐

大多数企业为员工提供免费的工作午餐。或者是开办自己的食堂，或者是发放固定的午餐补助。但免费的工作午餐不能起到很大的激励作用，使员工感到满意，因为更多的时候员工认为这是应当的事；但是如果取消这一福利或者没有该项福利，根据赫茨伯格的双因素理论，则会造成员工的不满意。午餐的费用尽管不大，但如果员工没有看到这方面的福利，他会产生较强的不满心理。所以，只要企业有条件，就应当提供此类福利。

2. 企业自己的食堂

如果是企业自行开办的食堂，随着企业规模的不断扩大，员工对食堂的要求会越来越高，不满意的情形也会越来越多，这个阶段尤其要结合内外部环境的变化，注意加强对食堂的权变管理，诸如可以将食堂外包，交给当地具有竞争力的专门的餐饮公司进行经营，将补贴从暗处移到明处，并公开化，从而达到提升员工满意度的目的。

3. 提供交通服务或交通补贴

出于城市规划和环境保护以及企业节约成本等方面的原因，许多企业将厂址选在城郊。因此大多数企业会为员工提供交通服务或交通补贴这一福利。从成本的因素考虑，为集中住在某几处的员工提供交通服务，使员工感到便利，可以提升员工的工作效率，降低企业的成本，当然这是在人数较多且较为集中的情况下。若企业员工人数不多，则可采用现金补贴的形式或为员工办理公交月票，但这样一来，这种福利会产生和免费工作餐相似的作用。

4. 住房福利

由于为员工提供住房福利已成为吸引和挽留员工的重要方法，因此，提供住房福利已经成为各企业普遍采用的福利措施。但对中小企业，尤其是刚起步的企业来说，住房福利的实施难度是相当大的。这类企业可以选择为员工提供临时宿舍，以解决员工的住宿问题。提供住房福利的形式主要为现金津贴、房屋贷款、个人储蓄计划、利息补助计划和提供公司公寓、宿舍等。

5. 补充养老福利

为员工提供补充养老计划是企业的主要福利，这一方面符合社保的需要，另一方面也是吸引人才的主要方式之一，此计划可以为员工提供合理的退休福利保障。在缴费问题上，主要由公司承担缴费，员工不承担费用。部分企业设立此项福利也是从员工个人所得税的角度考虑。

6. 带薪假期

国家实行带薪休假制度，劳动者连续工作一年以上的，享受带薪休假。带薪休假是企业员工享受的国家法定福利项目，一般每年都有一周以上的假期，随着员工为企业服务年限的增加，企业将自行延长假期的时间。但也有很多民营企业没有实行带薪假期的规定，这与企业自身的发展周期有关系，一般来说，在企业进入成熟期阶段，可以考虑该项福利，从而缓解内部工作量不饱和的状况。

7. 卫生设施及医疗保健

一些企业提供免费或者是低费的医疗卫生服务。建立一般性的卫生设施和提供简便的医疗保健，无论何时都是必要的。小病可以通过公司的医疗设施处理，大病则通过医疗保险解决。

8. 文娱体育设施

在一个蓬勃发展的年轻化的企业，这类福利的提供可以极大丰富员工的业余生活，维护员工的心理健康，从而提升企业的工作效率。当然如果企业员工数量较多，也可以通过成立相应的此类委员会有效组织员工的各项活动；或者是借助社会比较发达的文娱体育设施，通过委员会进行讲价，让员工以低于市场价的价格享受这类服务，这对于员工来说也是一种福利。目前，在深圳的大多数民营企业正是走的这条路。

9. 教育福利

对员工提供教育方面的资助，为员工支付部分或全部与正规教育课程和学位申请有关的费用、非岗位培训或其他短期培训，甚至包括书本费和实验室材料使用费。当然此类福利的开放也有风险，即员工学成后离开公司从而给公司造成损失。所以，签订好相应合同是实行这类福利的关键。

通过提高公司员工福利体现企业的人情化关怀，有利于凝聚人心，增强员工的归属感，激发员工奋发向上的动力和活力。尽管提供各种各样的福利同样需要花费企业的部分利润，是货币的转化形式，但给员工的感觉完全不一样。这样的企业更富有人情味和温暖感，让员工感受到企业最贴心的关怀和帮助，因而心情舒畅，工作效率也将提高。

第十一章 员工关系管理

第一节 员工关系管理的含义

一、员工关系管理概述

（一）员工关系与员工关系管理

1. 员工关系

"员工关系"一词源自西方人力资源管理体系。在西方，最初由于劳资矛盾激烈、对抗严重，给企业正常发展带来了不稳定因素。在劳资双方的力量博弈中，管理方逐渐认识到缓和劳资冲突、让员工参与企业经营的正面作用。随着管理理论的发展，人们对人性本质认识的不断进步，以及国家劳动法律体系的完善，企业开始越来越注重加强内部沟通，改善员工关系。

员工关系是组织中由于雇用行为而产生的关系，是人力资源管理的一个特定领域。员工关系具有两层含义：一是从法律层面双方因为签订雇用契约而产生的权利义务关系，亦即彼此之间的法律关系；二是社会层面彼此间的人际、情感甚至道义等关系，亦即双方权利义务不成文的传统、习惯及默契等伦理关系。

员工关系与劳动关系、劳资关系的联系：员工关系又称雇员关系，与劳动关系、劳资关系相近，它以研究与雇用行为管理有关的问题为特殊现象。员工关系强调以员工为主体和出发点的企业内部关系，注重个体层次上的关系和交流，是从人力资源管理角度提出的一个取代劳资关系的概念，注重和谐与合作是这一概念所蕴含的精神。

2. 员工关系管理

从广义上讲，员工关系管理（Employee Relations Management，ERM）是在企业人力资源体系中，各级管理人员和人力资源职能管理人员，通过拟订与实施各项人力资源政策和管理行为，以及其他的管理沟通手段调节企业和员工、员工与员工之间的相互联系和影响，从而实现组织的目标并确保为员工、社会增值。

从狭义上讲，员工关系管理就是企业和员工的沟通管理，这种沟通更多采用柔性的、激励性的、非强制的手段，从而提高员工满意度，支持组织其他管理目标的实现。其主要职责是：协调员工与管理者、员工与员工之间的关系，引导建立积极向上的工作环境。

员工关系管理是企业设置较晚，功能相对不统一的人力资源管理职能模块，尽管它包含的工作最琐碎且不易呈现价值，却是构建组织人力资源框架的重要组成部分。

（二）员工关系管理的现状

目前大多数企业对员工关系的理解还停留在劳动关系管理的初级阶段，职能范围有限，相关从业人员专业技能有限等。

目前中国企业对员工关系管理认知不足，大部分企业没有设置独立的员工关系管理岗位，或即使有，也没有能够充分履行员工关系管理的职能。大部分企业的员工关系管理仅局限在劳动关系（劳动合同）管理和简单的企业文化活动方面。

员工关系管理人员专业技能有限。绝大多数从业者的知识和经验均不全面或相对较弱，而有关劳动法规、沟通、员工活动等领域的知识和技能成为从业者亟待提升的核心能力。多数企业在营造"赞赏/激励"的企业文化氛围方面较弱，旅游成为企业非货币激励的主要手段。

二、员工关系管理的误区与原则

（一）误区

1. 缺乏共同的愿景，导致员工关系管理的起点不清晰

企业共同愿景首先必须是企业利益相关者的共同追求，由此，员工关系管理的起点是让员工认同企业的愿景。没有共同的愿景，缺乏共同的信念，就没有利益相关的前提。中国年度营业收入规模在2亿元以上的企业存在清晰战略愿景的还很少。很多企业也提出了远大的目标，但是目标的制定缺乏员工的参与，目标的宣贯远远不够，对于愿景的不认同也就在所难免。

2. 缺乏完善的激励约束机制，导致员工关系管理根本的缺失

员工关系管理的根本是内部公平，员工离职的第一原因不是薪酬水平低，而是员工内部的不公平感。内部不公平体现在激励、职业发展、授权等方面。从程序看，过程的不公平比结果的不公平更加突出。所以如何完善激励约束机制，建立科学合理的薪酬制度和晋升机制成为员工关系管理的根本。

3. 员工关系管理的主体不清晰

直线经理作为员工关系管理的首要责任人的理念没有得到广泛确认。在企业员工关系管理系统中，职能部门负责人与人力资源部门处于连接企业和员工的中心环节。人力资源部是公司员工关系管理的组织部门，广大的直线经理是员工关系管理的首要负责人，他们相互支持和配合，从而保证企业目标的实现。企业内部员工关系或者人力资源管理的最大责任者是董事长或者总经理，但是这一观点在很多企业得不到确认，导致企业员工关系管理水平和效果得不到有效的体现。

4. 员工需求的实现程度不高，作为员工关系管理核心的心理契约总体失效

目前企业对于合同、协议等契约比较重视，却普遍忽视了心理契约，企业没有清楚地了解每

位员工的需求和发展愿望，并尽量予以满足；也没有对员工的需求进行适当的引导，导致员工需求期望的实现程度不高；老板和员工心理定位差距较大，双方的满意度都较低。

（二）原则

1. 员工关系管理的起点是让员工认同企业的愿景

企业所有利益相关者的利益都是通过企业共同愿景的实现来达成的。因此，员工关系管理的起点是让员工认同企业的愿景。没有共同的愿景，缺乏共同的信念，就没有利益相关的前提。但凡优秀的企业，都是通过确立共同的愿景，整合各类资源，当然包括人力资源，牵引整个组织不断发展和壮大，牵引成员通过组织目标的实现，实现个体的目标。

2. 完善激励约束机制是员工关系管理的根本

企业的生存与发展是多种利益相关者共赢的结果。因此，建立企业与员工同生存、共发展的命运共同体，是处理员工关系的根本出发点。如何完善激励约束机制，建立科学合理的薪酬制度包括晋升机制等，合理利用利益关系就成了员工关系管理的根本。

3. 职能部门负责人和人力资源部门是员工关系管理的首要责任人

在企业员工关系管理系统中，职能部门负责人和人力资源部门处于连接企业和员工的中心环节。他们相互支持和配合，通过各种方式，一方面协调企业利益和员工需求之间的矛盾，提高组织的活力和产出效率；另一方面通过协调员工之间的关系，提高组织的凝聚力，从而保证企业目标的实现。因此，职能部门负责人和人力资源部门是员工关系管理的关键，是实施员工关系管理的首要责任人，他们的工作方式和效果，是企业员工关系管理水平与效果的直接体现。

4. 心理契约是员工关系管理的核心部分

20 世纪 70 年代，美国心理学家施恩提出了心理契约的概念。虽然心理契约不是有形的，但却发挥着有形契约的作用。企业清楚地了解每位员工的需求和发展愿望，并尽量予以满足；而员工也为企业的发展全力奉献，因为他们相信企业能满足他们的需求与愿望。

三、我国企业员工关系管理的现状

员工关系管理已成为现代企业必须面对的一个课题，在这竞争压力不断上升的时代，企业的发展已经完全离不开员工的参与，其竞争优势的获取关键在于员工的管理。如何管理员工以获得最大的效益成为管理者的核心工作目标，而现代的员工关系管理就是为了企业在竞争中赢得胜利而存在的。

（一）初级阶段，形式化严重

员工关系管理虽然已经得到企业的重视，但在我国仍处于初级阶段，需要不断地完善。如何健康发展员工关系是每一个企业所关注的，在学习的过程中却存在着只注重形式化的问题。许多企业认识到了员工关系管理的重要性，却不知如何去正确积极的管理，所实行的规章制度大部分都只是书面文字，并没有落实到实际操作中去，企业文化的建设粗糙化，仅仅是为了做表面文章而设立的，毫无实际意义，并不能从根本上反映企业的发展理念，不能正确的引导员工的发展方向。

（二）缺少专门的管理岗位，制度建设不规范

由于我国管理者对于员工关系管理的认知缺陷，大部分的企业并没有充分的重视起它的建设，并没有设立独立的部门、岗位进行专业化的管理，仅仅是在人力资源管理部门提供了一个象征性的岗位，实际作用并不突出，不能实行专业化的管理。同时，企业管理的机制建设也严重缺失，从企业的员工招聘、岗前培训、岗上培训与管理、薪酬制度和晋升机制、激励沟通建设到员工离职都没有形成比较系统的规范化的管理体制，使得员工管理混乱，工作效率低下，无法实现企业效益的最大化。

（三）重文凭轻能力，专业人才短缺

时代在发展，人的思想观念也要与时俱进，但仍有一些根深蒂固的陈旧观念影响着某些企业管理者的管理理念，如仅用文凭作为判断一个人能力高低的根本因素。管理者普遍认为：提高员工的素质关键在于文化素质，学历决定一切，却忽视了员工工作能力的全面提高。德智体美劳全面提高才是一个员工的基本提升，仅仅注重文化方面的学习会极大地降低员工的工作积极性，无法全面地完善自身。同时，由于员工关系管理处于发展阶段，企业员工关系管理的管理者大部分并不是专业的人才，仅仅是人力资源领域其他方面的学习者，企业严重缺乏专业领域的人才，因此企业员工关系管理严重缺乏专业化、规范化，无法真正做到正规的完美的员工管理。

（四）非正式关系管理不当

企业的发展需要处理好内部关系与外部关系，而内部关系不仅仅是正式的员工之间、员工与企业之间的关系，其中还存在着非常重要的非正式关系，并不受企业规章制度的约束。积极的非正式关系会促进企业的发展，保证员工之间良好的交际，互相学习、互相带动。而消极的非正式关系则会极大地阻碍企业的发展。员工关系管理包含了正式与非正式的员工关系的管理。而目前我国许多企业都忽视了对于非正式员工关系的管理，相关的规章制度严重缺乏。其中非正式关系中的帮派现象最为严重，其规范管理的难度也比较大，帮派一般以亲友为基础，在一个共同的生活圈，互相照应，其共同的价值观和利益圈不允许外人插手甚至于企业的管理者，从而形成一种影响力，处理不好就会成为企业发展的顽固阻力。帮派现象是目前很多企业普遍存在的较难处理的员工关系管理问题，主要是由于招聘与培训及日常管理过程中的不重视引起的。

（五）工会边缘化

在我国企业中，劳动者权益遭到侵犯的事件经常发生，罢工、抗议，甚至于自杀等事故不断。这充分体现了员工管理方面存在着根本性缺失的问题。而工会作为保障员工权益的重要组织机构并没有充分地发挥其积极作用，相反其作用越来越小，地位趋向于边缘化，使员工的合法权益得不到有效的保障。其原因有许多，员工对于寻求工会保护的意识缺乏及能力的不足、国家对于工会强化建设的缺失、工会本身建设的懒散，没有劳动执法权、工会在企业中地位的低下等一系列

的原因使得工会越来越偏离员工的生活轨道，无法真正发挥工会最初设立的作用，使之形同虚设，浪费资源。

第二节 员工关系管理的目的与作用

一、员工关系管理的目的

员工关系在不同时期、不同的企业有其不同的特点，但劳资双方在利益上的对立与统一关系是永恒存在的。因此，员工关系管理的目的就是，提高员工满意度、忠诚度和敬业度，进而提高企业生产率，维持企业的竞争优势，使企业在竞争中获胜。许多企业在公司发展状况良好、员工队伍比较稳定时，根本就不会想到还要做什么员工关系管理工作，等到发现员工积怨较多，甚至纷纷离职的时候，才想起平时为什么没有重视员工关系管理工作。

二、员工关系管理的作用

建立和谐的员工关系，是企业文化建设的重要方面，也是良好企业形象的重要方面。良好的员工关系管理能够极大地增强企业的竞争优势。员工关系管理在企业中起到很重要的作用，很多大企业都要设立员工关系经理或员工关系专员，大部分名企分别设有自己的员工关系经理，专门负责做好员工关系的管理工作。伴随着全球经济发展和市场竞争力的加强，员工关系管理已经引起了现代企业的极大关注。如何建立起良好员工关系成为企业发展的重中之重。针对目前企业中员工关系管理现状及存在的问题和如何去做，本书进行了总的理论上的分析，而实践的运用也是非常重要的，不同企业应根据自己的实际情况进行不同的管理，切记照搬，缺乏适应性。同时我们也应该了解我们的员工关系管理仍处于初级阶段，发展不完善，应该尽快建立健全员工关系管理体制，实现专业化、系统化、规范化的操作管理，最终取得员工满意和企业满意双赢的胜利。

三、国内外员工关系管理理论研究

（一）国外员工关系理论的历史演变

西方员工关系（劳动关系）管理理论经过一百多年的发展，由笼统到具体、由重物质激励到重精神激励、由强调制度作用到强调文化价值，形成了一个体系较为完整的理论大厦，对我国企业和谐员工关系的形成具有重要借鉴意义。泰勒发展了科学管理原理，提出"经济人"假设和"胡萝卜加大棒"员工管理方法，并首次正式提出组织与员工是利益共同体。巴纳德强调企业与员工目标的共同性，相互间的协作性，协作的前提是企业和员工双方都必须为共同的目标付出努力，两者的协作建立在个人的贡献与企业所给的诱因相对等的基础上。20世纪20年代末至30年代初，世界经济陷入空前的大萧条中。运用科学管理已不能解决此起彼伏的劳资纠纷和罢工，行为科学理论随之出现。这些理论从挖掘人的潜能、激发人的动机、重视人的多层次需要、强调"内在激励"和"外在激励"、公平的激励作用以及士气和凝聚力的调动等方面探讨协调员工关系、调动员工积极性的方法与措施，开辟了员工关系管理的新领域。

1. 交换理论

交换理论认为企业与员工之间的各种相互作用，从根本上说是一种交换关系所决定的交换过程。当企业提供的工资等于或大于员工为企业做出的贡献时，员工就会感到满意；只有当员工的贡献与企业提供的工资相等时，企业才有偿付能力。因此，企业根据交换理论，利用各种可控因素来影响外部市场的不可控因素，从而形成了基于外部营销的管理模式。

2. 劳动力治理理论

提出内部营销的人力资源管理理念，即在人力资源管理中引入营销观念，把员工视为内部顾客，研究员工的需求，进而满足员工的需求，最终使员工感到满意。基于内部营销的管理模式从需求角度对企业与员工的关系进行了重新认识，体现了平等互惠的思想。

3. 人力资源管理理论以及心理契约理论

企业和员工的关系是伙伴关系模式以及超越伙伴关系模式，即是长期双向合作关系，必须彼此信任，形成一种互相依存、互相支持、互惠互利的依赖关系。

（二）国内员工关系管理理论研究

1. 从内容角度说明

广义上的员工关系管理是在企业整个人力资源体系中，各级管理人员与人力资源管理人员，通过拟订和实施各项人力资源政策及管理行为，调节企业与员工、员工与员工之间的相互联系和影响，从而实现组织目标。狭义的员工关系管理就是企业和员工的沟通管理，这种沟通更多采用柔性的、激励性的、非强制的手段，从而提高员工满意度，支持组织目标实现。员工关系管理的内容涉及了整个企业文化和人力资源管理体系的构建，所有涉及企业与员工、员工与员工之间的联系和影响的方面，都是员工关系管理体系的内容。

2. 从目的角度理解

员工关系管理是一种改善企业和员工关系、员工与员工关系的新型管理机制，目的是通过提高员工满意度，优化人力资源管理，促进企业利益的最大化。此外，EMR 是管理实践与信息技术变革的融合，围绕"人力资本"设计和管理，为企业的战略、组织及信息系统提供一个人性化的解决方案，其目的也是提高满意度和效率提高。

3. 从过程角度理解

员工关系管理可以理解为一个过程，在这个过程中，企业通过建立一个完整的员工关系管理体系，并将"以人为本"的观念贯彻到整个体系的运作当中，从而实现员工与企业、员工与员工之间关系的协调，引导建立积极向上的工作环境。从客观角度说，EMR 就是人力资源管理业务的一项基本管理职能。它是以满足员工和企业双方需求、提高企业生产力、提升员工工作质量，并使劳资双方彼此取得经济效益为目的的一种管理过程。

4.从文化角度理解

员工关系的管理，在于谋求员工与企业的协作和员工之间的团结，从而增强企业的内聚力和竞争力，更有效地为企业塑造良好的形象，并提出在跨文化的员工关系管理中，企业必须高度重视文化差异，在相互尊重、理解的基础上，进行文化整合，满足员工的基本需要，努力营造团结的企业文化氛围，以期更好地实现企业的目标。员工关系管理虽然表面上看是人力资源的管理问题，但是员工的关系管理得如何，人心经营得好坏，也体现了企业管理者对自身企业文化的把握和定位，关系到一个企业经营的成败。

（三）员工关系管理系统的内容

从广义的员工关系概念上看，员工关系管理的内容涉及了整个企业文化和人力资源管理体系的构建。从企业目标和价值体系确立，内部沟通渠道的建设和应用，组织的设计和调整，人力资源政策的制定和实施等，所有涉及企业与员工、员工与员工之间的联系和影响等方面，都是员工关系管理体系的内容。而采用狭义概念，视员工关系管理为"无形服务"，并以此展开研究。这种服务系统的重点是人际关系管理，主要包括劳动关系管理、沟通与交流、员工参与管理、员工信息管理和企业文化建设。

第三节 员工关系管理的内容与方法

一、员工关系管理的分类阐述

就在全面关系管理在全球广泛流行的时候，作为企业，无不希望通过提高客户和员工的满意度，来增强其对企业的忠诚度，从而提高对企业的贡献度。因此，对外实行客户关系管理（CRM），对内实行员工关系管理（ERM）就成为必然。但员工关系管理管什么，对此的认识并不清晰，甚至存在一定的误区。

其实，员工关系管理贯穿于人力资源管理的方方面面，从把员工招进来的第一天起，员工关系管理工作就开始了。而且员工关系不能外包，因为做好员工关系管理，必须对企业文化、员工特性、企业面临的环境要有清楚的了解。

员工关系管理的终极目标，应该是做到"让员工除了把所有精神放在工作上之外没有其他后顾之忧"。因此，在这一目标之下，有很多具体工作可以展开，可以涉及员工的衣、食、住、行、娱乐等，这些方面都可以有员工关系管理发挥的空间。

（一）劳动关系管理

1.员工入职管理

员工入职管理即为新员工入职时员工关系专员对新员工的一系列的入职手续办理，其主要内容包括：

（1）入职前

新员工入职手续办理所需表单、办公设备、办公用品等的准备；通知新员工所属部门准备报到事宜；准备新员工的座位，确定新员工的职责，指定新员工的导师、拟定岗前业务技能培训计划；通知人力资源部培训专员准备新员工的岗前教育培训计划。

（2）入职中

新员工接待及《新员工入职登记表》的填写，档案收集及验证；根据《新员工入职流转单》引领新员工到部门报到，将其介绍给部门负责人；部门负责人指定本部门人员带领新员工熟悉公司内外环境及公司各部门，介绍部门情况、部门人员；办公用品、办公设备的领用及 OA 办公系统等账号的申请；入职沟通。

（3）入职后

《劳动合同》及其他公司补充协议的签订及核对、社保缴纳；根据《新员工入职培训管理办法》与《新员工试用期考核管理办法》开展新员工的入职培训和试用期考核。

2. 员工离职管理

（1）离职类别

①辞职

是指在任职期间内，由员工提出提前终止劳动雇用关系的行为。

②辞退

是指在任职期间内，员工工作表现、技能等不符合公司要求或严重违反劳动纪律，或因劳动合同无法继续履行等情况，公司决定提前终止与员工劳动雇用关系的行为。

③自动离职（自离）

是指在合同期内，员工未经公司批准而擅自离开工作岗位的行为，根据公司《员工手册》中的规定，非因不可抗力当月连续或累计旷工 3 天及以上，年度累计旷工 4 天及以上，即视为自动离职。

④合同期满（不再续签劳动合同）

第一，公司提出不再续签劳动合同：是指合同期满，公司根据情况不再与员工续签劳动合同，并提前 30 天书面通知员工的行为。

第二，员工提出不再续签劳动合同：是指合同期满，员工不愿与公司续签劳动合同，并提前 30 天书面通知公司的行为。

（2）离职办理

无论是上述哪一种类别的离职情况，一般均要按以下程序，具体流程办理：

离职申请→离职审批→离职谈话→离职交接→离职结算→劳动关系解除

（3）辞退员工的程序

试用期员工一般采用劝退（劝其辞职）的方式处理，这样可以让其职业履历上不至于留下辞退的痕迹，有利于其未来职业的发展。

（4）善待离职员工

处理好离职员工关系直接影响到公司口碑及招聘效果，这点要和老板达成共识。处理好离职员工关系的要点：一是合法补偿，不要让员工离职的时候因为钱恨公司；二是组织欢送会，温暖员工的心（考虑被辞退员工的感受，辞退员工一般静悄悄处理）；三是服务一定期限的赠送纪念品，比如印上字的水晶杯；四是手续一定快办，特别是与财务有关的。

3. 劳动合同管理

劳动合同是劳动者和用人单位之间关于订立、履行、变更、解除或者终止劳动权利义务关系的协议。劳动合同管理的要点主要是：一是加强员工关系专员对《劳动合同法》的学习，减少人员操作引发的争议；二是制定《劳动合同管理办法》对劳动合同的具体管理给予详细的指导；三是建立劳动合同发放后的收签表格让员工及时签收；四是严格按照《劳动合同法》的要求及时新签或续签劳动合同。

4. 人事档案管理

为了规范公司人事档案的管理工作，提高人事档案的管理水平，保守人事档案的机密，维护人事档案材料的完整，便于高效、有序地利用人事档案材料，同时规避可能存在的劳动用工风险，我们一般需要制定《人事档案管理办法》来指导具体的人事档案管理工作。人事档案主要包括：人员入职时基本资料、在职期间资料、离职资料三大部分及其他资料，具体内容可在管理办法中进一步明确。

5. 员工信息管理

员工信息管理对企业很重要，它既是企业的"信息情报部"，又是企业的"决策参谋部"。因此，企业一定要做好信息管理工作。所谓员工信息管理是指利用一系列的软件，例如人力资源管理软件或者自设的一个表格等，尽量把员工的所有信息全部记录管理。

这些信息包括员工的出生年月、已婚未婚等基本信息，也含有员工技能等重要信息。这种信息管理还要注意时时根据员工的发展进行第一时间的内容更新。比如，当员工受训回来，就要马上把他新增添的技能放入信息管理表格中。信息管理正是在这个意义上体现出"信息情报部"的特点。

6. 劳务争议处理

劳务争议，也称劳资争议，是指劳资关系当事人之间因为对薪酬、工作时间、福利、解雇及其他待遇等工作条件的主张不一致而产生的纠纷。

目前我国劳动争议案件数高速增长；其他性质企业劳动争议案件数量明显超过国有企业劳动争议案件；劳动者的申诉率高，胜诉率也高；经济发达地区的劳动争议案件大大多于经济发展滞后的地区；劳动争议案件处理中，依法裁决的比重进一步加大。

（1）劳动争议的原因

第一，宏观原因。劳动关系主体双方的具体经济利益差异性更加明显；劳动立法及劳动法规的制定滞后且不配套；人们的法制观念淡薄；过去劳动关系中长期遗留问题的显性化。

第二，微观原因。一方面是企业层次。企业内部劳动规章制度不合理、不健全或不依合理程序制定；企业法制观念淡薄，人力资源管理人员缺少在劳动争议管理方面的专业训练；企业改制和一些企业经营困难导致劳动争议的产生；一些企业知法犯法造成劳动争议。另一方面是个人层次。贪图私利，钻企业政策空子的心理；法制观念淡薄，习惯观念制约。

（2）劳动争议的主要类型

因确认劳动关系发生的争议；因订立、履行、变更、解除和终止劳动合同发生的争议；因除名、辞退和辞职、自动离职发生的争议；因工作时间、休息休假、社会保险、福利、培训以及劳动保护发生的争议；因劳动报酬、工伤医疗费、经济补偿或者赔偿金等发生的争议；法律、法规规定的其他劳动争议。

（3）劳动争议的处理程序

《中华人民共和国劳动法》规定："用人单位与劳动者发生劳动争议，当事人可以依法申请调解、仲裁、提起诉讼，也可以协商解决。"我国将劳动争议的处理程序分为调解、仲裁和诉讼三个阶段。与此相应的机构是：用人单位设立的劳动争议调解委员会、劳动争议仲裁委员会以及人民法院。

（4）劳动争议处理基本原则

调解（第三方介入）、协商（当事人双方）和及时处理原则；在查清事实的基础上，依法处理原则，即合法原则；当事人在适用法律上一律平等原则，即公平公正原则；劳动争议以预防为主。

（二）员工纪律管理

员工关系管理的一个重要的相关职能是员工的纪律管理，所谓纪律管理，是指维持组织内部良好秩序的过程，也是凭借奖励和惩罚措施来纠正、塑造以及强化员工行为的过程；或者说是将组织成员的行为纳入法律的环境，对守法者给予保障，对违法者予以适当惩罚的过程。

1. 员工奖惩管理

奖励和惩罚是纪律管理不可缺少的方法。奖励属于积极性的激励诱因，是对员工某项工作成果的肯定，旨在利用员工的上进心、荣誉感，促使其守法守纪，负责尽职，并发挥其最高的潜能。奖励可以给员工带来高度的自尊、积极的情绪和满足感。惩罚则是消极的诱因，其目的是利用人的畏惧感，促使其循规蹈矩，不敢实施违法行为。惩罚会使人产生愤恨、恐惧或挫折，除非十分必要，否则不要滥施惩罚。

（1）奖惩的原理——热炉法则

每个公司都有自己的"天条"及规章制度，单位中的任何人触犯了都要受到惩罚。热炉法则形象地阐述了惩处原则：

①警告性原则

热炉火红，不用手去摸也知道炉子是热的，是会灼伤人的——警告性原则。领导者要经常对员工进行规章制度教育，以警告或劝诫其不要触犯规章制度，否则会受到惩处。

②严肃性原则

每当你碰到热炉，肯定会被灼伤——严肃性原则。也就是说只要触犯单位的规章制度，就一定会受到惩处。

③即时性原则

当你碰到热炉时，立即会被灼伤——即时性原则。惩处必须在错误行为发生后立即进行，不拖泥带水，决不能有时间差，以达到及时改正错误行为的目的。

④公平性原则

不管谁碰到热炉，都会被灼伤——公平性原则。

（2）对员工进行奖惩的程序和步骤

建立奖惩制度，如《员工奖惩管理办法》；按照公示等民主程序颁布制度；员工学习《员工奖惩管理办法》并签字；开始渐进性惩处。

（3）奖惩的限制条件

我国法律规定，以下这三项限制条件缺一不可：一是规章制度的内容合法，即管理制度的内容不能与现行法律法规、社会公德等相背离；二是规章制度要经过民主程序制定，即企业规章制度必须经过职工大会或职工代表大会，或至少是职工代表同意；三是规章制度要向员工公示，即规章制度出台后要公开告知员工。

2. 员工冲突管理

什么是冲突？企业组织的成员在交往中产生意见分歧，出现争论、对抗，导致彼此间关系紧张，这种状态被称为"冲突"。冲突根源于冲突各方利益追求的多样化且趋向无限大，但社会或组织所能供给的资源十分有限，所以，冲突是无所不在的。

（1）冲突的消极作用

影响员工的心理健康；造成组织内部的不满与不信任；导致员工和整个组织变得封闭、缺乏合作；阻碍组织目标的实现。

（2）冲突的积极作用

问题的公开讨论；提高员工在组织事务中的参与程度；增进员工间的沟通与了解；化解积怨，促进问题的尽快解决。

（3）冲突处理的职责定位

那么冲突应该由谁来解决呢？作为冲突双方的责任人，要本着求同存异的原则，尽量化解冲突；当冲突双方不可调和时，由冲突员工上级领导出面。领导者工作内容的一部分就是确保工作团队能够在一起运作良好。HR应当作为经理在这方面需要帮助时可以向其求助的一个资源。所有各方面都应该完美地相互配合并且保持和平状态。

（4）冲突处理的策略

①强制策略

遇紧急情况，必须采取果断行动时；处理严重违纪行为和事故时。

②妥协策略

双方各持己见且势均力敌，但又不能用其他的方法达成一致时；形势紧急，需要马上就问题达成一致时；问题很严重，又不能采取独裁或合作方式解决时。

③和解策略

需要维护稳定大局时；激化矛盾会导致更大的损失时；做出让步会带来长远利益时。

④合作策略

双方有共同的利益，且可以通过改变方法策略满足双方的意愿时。

⑤回避策略

处理无关紧要的问题时；处理没有可能解决的问题时；解决问题的损失可能超过收益时。

（三）员工沟通管理

1. 员工申诉管理

申诉，是指组织成员以口头或书面等正式方式，表现出来的对组织或企业有关事项的不满。

（1）申诉的种类

①个人申诉

多是由于管理者对员工进行惩罚引起的纠纷，通常由个人或工会的代表提出。争议的焦点，是违反了集体协议中规定的个人和团体的权利，如有关资历的规定、工作规则的违反、不合理的工作分类或工资水平等。

②集体申诉

是为了集体利益而提起的政策性申诉，通常是工会针对管理者（在某些情况下，也可能是管理者针对工会）违反协议条款的行为提出的质疑。

（2）申诉的制度

欧美许多企业，大多都制定有申诉制度（Grievance System），以使员工能够遵循正常途径宣泄其不满情绪，化解内部紧张关系，进而消除劳资争议。组织内员工申诉制度的建立的有：提供员工依照正式程序，维护其合法权益的通道；疏解员工情绪，改善工作气氛；审视人力资源管理政策与制度等的合理性；防止不同层次的管理权的不当使用；减轻高层管理者处理员工不满事件的负荷；提高企业内部自行解决问题的能力，避免外力介入或干预，使问题扩大或恶化。

（3）申诉的范围

一般限于与工作有关的问题。凡是与工作无关的问题，通常应排除在外。一般可以通过申诉制度处理的事项主要有：薪资福利、劳动条件、安全卫生、管理规章与措施、工作分配及调动、奖惩与考核、群体间的互动关系以及其他与工作相关的不满。

（4）申诉的处理程序

处理员工申诉，不管企业内部是否有工会组织，其主要程序可以归为四个阶段：受理申诉—查明事实—解决问题—申请仲裁。

2. 心理咨询服务

心理咨询服务就是应用心理学方法，凭借语言，帮助员工解决心理冲突，降低精神压力，促使员工适应社会和健康发展的过程。"心理咨询服务"产生于 20 世纪 40 年代，在六七十年代得到大量应用，目前依然是企业中最时髦、最流行的一种福利，这项福利的产生来源于日益增强的竞争压力。

心理咨询服务项目主要有：工作及生活压力、婚姻与家庭、精神健康、法律及财务事宜、人际关系、职业生涯发展、其他个人及工作挑战等。

（1）职业心理健康三级预防模式

初级预防：消除诱发问题的来源。初级预防的目的是减少或消除任何导致职业心理健康问题的因素，更重要的是设法建立一个积极的、健康的工作环境。

二级预防：教育和培训。教育和培训旨在帮助员工了解职业心理健康的知识，帮助管理者掌握员工心理管理的技术。

三级预防：员工心理咨询。员工心理咨询是指由专业心理咨询人员向员工提供个别、隐私的心理辅导服务，以解决他们的各种心理和行为问题，使他们能够保持较好的心理状态来生活和工作。

（2）员工帮助计划（Employee Assistance Program，EAP）

EAP 又称员工帮助项目或员工援助项目，是由组织为员工设置的一套系统的、长期的福利与支持项目。其目的在于通过系统的需求发掘渠道，协助员工解决其生活及工作问题，如：工作适应、感情问题、法律诉讼等，帮助员工排除障碍，提高适应力，最终提升企业生产力。目前世界 500 强企业中，有 80% 以上建立了 EAP，在美国有将近四分之一的企业员工享受 EAP。

3. 满意度调查

现代企业管理有一个重要的理念：把员工当"客户"。员工是企业利润的创造者，是企业生产力最重要和最活跃的要素，同时也是企业核心竞争力的首要因素。企业的获利能力主要是由客户忠诚度决定的，客户忠诚度是由客户满意度决定的，客户满意度是由所获得的价值大小决定的，而价值大小最终要靠富有工作效率、对公司忠诚的员工来创造，而员工对公司的忠诚取决于其对公司是否满意。所以，欲提高客户满意度，需要先提高员工满意度，前者是流，后者是源。没有员工满意度这个源，客户满意度这个流也就无从谈起。

员工满意度调查（Employee Satisfaction Survey）是一种科学的人力资源管理工具，它通常以问卷调查等形式，收集员工对企业管理各个方面满意程度的信息，然后通过专业、科学的数据统计和分析，真实地反映公司经营管理现状，为企业管理者决策提供客观的参考依据。员工满意度调查还有助于培养员工对企业的认同感、归属感，不断对企业的向心力和凝聚力。员工满意度调查活动使员工在民主管理的基础上树立以企业为中心的群体意识，从而使组织集体产生强大的向心力。

（四）员工活动管理

员工活动管理为了丰富员工的文娱生活，增进员工之间的沟通交流，调动员工工作积极性，缓解工作压力，实现劳逸结合，增强团队凝聚力，体现公司对广大员工的关爱。因此，一般公司都要定期举办企业文化活动。活动的内容包括并不仅限于体检、拓展、旅游、员工联谊、聚餐、年会以及员工参与性较强的体育活动等项目。

二、员工关系管理在运作中存在的问题

企业重视的是企业利润最大化的实现，员工则关心的是自身利益的最大化，因此，两者之间不可避免地会出现利益关系矛盾，这是企业发展过程中的一般规律。所以，员工关系管理的目的就是协调企业与员工的矛盾冲突，尽可能地满足员工的利益要求，提高员工工作的满意度，进而实现企业利润的最大化。但就目前而言，我国企业员工关系管理还处于不断发展的过程中，因此仍存在着许多问题，主要表现在以下五个方面：

（一）劳资关系问题不断

员工与企业之间的劳动关系也随着时代的发展不断变化，随着我国《劳动合同法》的颁布实施，劳动者法律意识的提高，企业中的劳动关系得到了很大的完善，但也不可避免地出现了许多问题，比如在劳动合同签订、工资、工时、福利保险、性别歧视、工作环境等方面的劳动争议不断，造成了企业员工人心的不稳定，极大地降低了企业的工作效率。目前，劳动争议复杂多样，而劳动争议大部分是由企业不按法律规章制度和正常合同条款处理与员工之间的劳动关系而引起的。辞职、罢工、劳动犯罪甚至自杀经常会出现在各类型媒体头条，成为一个重要的社会问题。企业急需处理好与员工的劳动关系，做好员工关系管理的基础工作，为企业的发展打好坚实的基础。

（二）激励沟通机制不健全

企业成功与否的真正差别经常在于，是否能激发出员工的热情与聪明才智。这其实说的就是企业能否成功地激励机制。目前，我国很多企业的激励沟通机制不完善，忽视员工的情绪管理，员工满意度低。许多企业为公平化管理而采取了不公平的方式，严重缺乏激励机制的建设，忽略了少数人的努力而造成集体缺乏竞争意识，减速了企业发展的进度。在管理过程只注重员工的物质关注而忽视了员工精神上的管理，没有及时地照顾到员工情绪的变化，从而降低了员工的工作效率，员工的满意度得不到提高，企业的发展目标也很难实现。而企业内部的沟通网络并没有覆盖每一位员工，企业管理者并没有真正地使网络、人际关系网及企业活动宣传等沟通手段发挥最大效用，员工与管理者之间明显缺少沟通。

（三）企业文化建设不明显

我国的企业文化建设大多停留于形式化的建设，企业员工关系管理中缺乏共同的目标和价值观，即企业文化不明显，导致员工缺乏归属感和凝聚力。每一个企业几乎都具有一套近乎完美的企业文化发展理念及价值观念，企业形象塑造得十分完美，但在实际运作中，大部分的发展计划都没有落实到位，仅仅表面做得漂亮，没有通过建设企业文化来规范员工行为，引导员工树立正确的企业发展理念。企业的发展目标与价值观念对于每一位员工来说都是极其重要的，是员工前进的照明灯，帮助员工真正认识企业的精神，了解自己未来的发展方向和努力成果，才能给予员工充分的归属感和强大工作动力，从而实现企业最终的发展目标。

（四）员工满意度低

"员工满意度"通俗来说就是员工对于工作的满意程度。影响员工满意度的因素很多，例如薪酬、升迁、奖励、福利保障、工作环境等。目前，我国许多企业重视客户满意度的建设却忽视了员工的满意度，而员工满意度是客户满意的基础。造成这种状况的原因是有的企业管理者更关心能够带来直接利益的企业活动，对于员工满意度的潜在收益不重视；目前我国劳动力市场竞争激烈，供大于求，使得企业对于员工的更换带来的损失并不重视，而且员工本身由于工作难找也不会表达自己的不满意，从而使得员工与企业都忽视了工作的满意度的感受。实际上大部分的员工的满意度都得不到提高，工作的积极性也很低，严重不利于企业的健康和谐发展。

（五）人才流失严重

在这个人才竞争激烈的时代，谁抓住了人才谁就成功了一半，人才争夺战日趋激烈，所有的企业都绞尽脑汁地想吸引人才、留住人才，并采取了大量的奖励优惠政策，可是仍不可避免地出现了人才大量流失、员工跳槽现象，造成了企业成本投入的亏本，并且阻碍了企业快速发展的进程。造成人才流失的因素很多，但企业占主要部分。企业并没有为员工营造一种家的感觉，对于员工关心不够，沟通激励措施不当，或者只关注了物质留人却忽视了精神方面的重要性。现代员工工作所需要的并不仅仅是养家糊口，而侧重于选择能够使其人生价值得以实现的事业，能够让他感受到快乐与尊重。企业要想留住人才必须真正地站在员工的角度，想员工所想，尽量满足员工的物质与精神需求，切勿忽视员工关系的管理。

三、完善员工关系管理的方法

（一）设立专门的管理岗位，提高从业人员的专业水平

企业在加强员工关系管理的过程中成立专门的管理岗位是十分重要的。仅仅依靠人力资源管理部门的业余管理是行不通的，因为人力资源管理很容易与员工关系管理混淆，做不到专业化的管理，也就无法彻底进行管理。在设立员工关系管理岗位时，可根据企业发展规模的不同而进行不同的设立。

管理者作为员工关系管理的主要负责人是实现管理目标的关键人物，他们的管理理念和管理

方式与企业的最终发展息息相关，因此，他们本身应具有较高的专业知识与管理沟通能力。而企业应该加强对于专业人员的吸引和在职人员的专业培训，加大投入，增加他们对于员工关系管理理论的学习，提高他们员工关系管理的水平，保证他们能够熟练地运用有关激励、沟通、协调技巧，及时且正确地解决员工关系中出现的问题与矛盾，为企业发展营造出一种积极和谐的工作环境，从而更好、更快地实现企业目标。

（二）深化管理者的认知观念，重视心理契约的构建

我国许多企业的管理者对于员工关系管理并没有进行深刻的学习，缺乏系统的认知，主要表现为员工关系管理理念认识存在偏差，理解过于片面。而企业需要改进的就是加强员工关系管理的学习与培训，在招聘、培训、工资福利的设定、奖酬激励、沟通机制建设及离职员工管理这等日常工作中，要结合员工自身的实际情况处理各种关系，使员工关系和谐，从而促进员工高效率的工作，企业发展目标的最终实现。

把心理契约的构建放在员工关系管理的核心位置。心理契约是指员工和企业之间相互理解与信任，共同达到一个互惠互利的平衡机制，是企业和员工之间的互相感知并且认可的期望，是由员工需求、企业激励方式、员工自我定位以及相应的工作行为四个方面的循环构成，虽然心理契约是隐形的，却发挥着有形契约的作用。由于企业缺乏对心理契约的重视，导致不能充分地了解每一位员工期望要求，从而使员工满意度低，不能最大化地奉献自己的才能，降低了企业的工作效率。所以，企业应采取必要的激励和管理方式来满足员工的需求，实现员工期望，而作为回报，员工也会把自己的目标与企业的发展目标联系起来，明确自己的责任，奉献自己的力量，与企业共同成长。

（三）培育良好的劳资关系，保障员工的安全与健康

由于市场经济的快速发展、劳动法律制度的普及，企业员工的法律意识越来越强，因此劳动争议事件的发生也越来越频繁，企业为解决争议不仅要花费大量的人力和财力，还会造成其他方面的间接损失。而劳动争议的原因是企业人事制度的不健全。因此，建立有效的劳动争议预防机制，构建和谐的员工劳资关系是企业做好员工关系管理的基础。企业不应该再是被动地处理劳动纠纷，而应积极主动地预防纠纷，完善内部劳动规章制度，建立劳动关系双方科学、有效的沟通协调机制，争取把劳动争议扼杀在摇篮里。

员工是企业的灵魂，企业的发展离不开员工的参与，而员工的安全与健康是他们良好工作的基础，因此直接关系到企业运营的效率，所以，保障员工的安全与健康是建立良好员工关系的重要保障。企业要建立安全的责任制度，制定具体的安全目标，培养员工的安全意识，合理安排员工工作，改善工作环境，营造融洽的企业氛围，舒缓员工压力，保障员工健康。

（四）加强企业纪律与冲突管理，深化企业的激励与沟通

同"军队需要铁的纪律"一样，企业也需要严格的奖惩体系。员工的纪律管理作为员工关系

管理的重要组成部分，要遵循纪律处分的具体程序：首先要提出组织目标，建立规章制度并且向员工充分地说明制度要求。然后观察员工的相关表现并与规章制度相比较，得出正确的结论。最后实施恰当的处分，处分结束后要进行再次的询问管理。同时在进行员工纪律处分时还要遵循及时原则和渐进原则。员工冲突则是员工之间、员工与管理者之间的情感、目标或理念相互矛盾而产生的结果。根据冲突内容的不同，管理者要采取不同的解决方案，具体问题具体分析。企业冲突并非全都有害，适当的冲突有利于增强企业发展的活力。当企业冲突过少时，管理者应该有目的地安排一些企业活动，追求新颖多变来带动员工的创新思维；当企业冲突过多时，管理者应尽快找出问题出现在哪里，及时将冲突控制住以防扩大化。企业管理者工作的大部分都是处理有关沟通的问题，每天的谈话、开会、讨论等都是在沟通。提高企业沟通能力，深化企业内部沟通成了员工关系管理的核心内容。企业要充分地完善企业内部沟通机制，建立员工建议制度，实行走动式管理，加强组织员工的交流活动，完善所有的沟通渠道，充分利用好非正式沟通网络，把握自信、真诚、尊重、积极、明确及因人而异的沟通原则。

（五）建设积极的企业文化，提升员工的工作满意度

没有文化的企业是愚蠢的企业，而愚蠢的企业是不能战胜对手的。企业文化是指企业在市场经济的实践中逐步形成的为全体成员所认同和接受的，并且带有本企业自身特点的发展价值观，它是企业经营观念、精神理念、道德规范及发展愿景的总和，是企业发展的基本功，发挥着一种"软"约束的作用。因此，企业要建立积极的企业文化，明确企业的共同愿景，鼓励员工参与企业文化的建设，充分展现员工的风貌，营造一种积极、自由、学习、创新、竞争的文化氛围，将企业的发展目标与员工的发展密切地结合起来，激发他们的责任感与使命感，从而充分地打好员工关系管理工作的基础。

员工关系管理的最高境界就是通过提高员工满意度来建立起良好的员工关系，促进企业快速持久的发展。而现在不少企业都重视客户满意度而忽视员工满意度。实际上，员工满意度是客户满意度的基础，而且员工满意度低会造成企业人才紧缺及流失，进而工作效率低，企业效益差。所以，提高员工满意度是当今企业发展的当务之急。企业要做好员工工作满意度的调查，明确调查任务，选好调查时机，制定合理的调查方案，并做好调查结果的分析与运用。同时，为员工提供具有适度挑战性的工作，帮助员工获得工作的成就感；建立公平合理的薪酬体系，增加员工的公平感；还要营造积极和谐的工作环境，融洽员工之间的关系，更好地协调员工管理；并且企业在工作分配中要注意员工的人格特点与工作性质的匹配，从而最大化地提高员工工作的积极性。企业要在做好满意度调查的同时全面地做好以上几项工作，员工满意度必然得到全面的提升，那么，员工关系管理的工作也就完成了一大半。

（六）做好离职员工的管理，减少优秀员工的流失

铁打的营盘流水的兵，企业中员工的流动性随着市场竞争的扩大也在不断加剧。适当的流动能增强企业的活力，但过度的流动就是企业的管理出现了问题。不少企业为员工的离职感到愤怒，

其实只要企业处理好与离职员工的关系就能把离职员工变成自己的朋友甚至是未来的客户。员工离职包括自愿离职与非自愿离职两种情况。对于非自愿离职也就是企业辞退的员工，管理者要讲究辞退的艺术，最好让员工自动辞职，若不行则辞退员工时，企业要以事实为依据，做好日常的评估记录，充分照顾到辞退员工的尊严，进行细致周到的安抚工作，同时也要表现出自己坚决果断的立场，让员工的直系管理者参与辞退过程，最后，企业还要重视被辞退员工的后续效应，要对其员工做出合理交代，必须得到其他员工理解和认同，否则会影响其他员工的工作情绪，降低工作效率，甚至会辞职，造成人才的流失。

四、各种风险规避

（一）规章制度制定、公示风险

用人单位在制定、修改或者决定有关劳动报酬、工作时间、休息休假、劳动安全卫生、保险福利、员工培训、劳动纪律以及劳动定额管理等直接涉及劳动者切身利益的规章制度或者重大事项时，应当经职工代表大会或者全体职工讨论，提出方案和意见，与工会或者职工代表平等协商确定。

在规章制度和重大事项决定实施过程中，工会或者员工认为不适当的，有权向用人单位提出，通过协商予以修改完善。用人单位应当将直接涉及劳动者切身利益的规章制度和重大事项决定公示，或者告知劳动者。

（二）入职管理的风险

入职管理的风险主要是：员工职业履历造假、隐瞒个人信息如重大疾病等，或没有解除以前劳动关系或还处于保密条款等约定的回避从事同行业期限内的。劳动关系无效，甚至雇用方也要承担连带责任。应对措施是：入职登记表规范；候选人提交离职证明；背景调查；严格的用人及体检标准。

其中，入职登记表要有个人声明：以上所填各项均为真实情况，并充分了解上述资料的真实性是双方订立劳动合同的前提条件，如有弄虚作假或隐瞒的情况，属于严重违反公司规章制度，同意公司有权解除劳动合同或对劳动合同做无效认定处理，公司因此遭受的损失，员工有赔偿的责任，并要求员工签字确认。

（三）试用期运用不当风险

规避方法：试用期期限要合法；试用期不能脱离劳动合同而存在；试用期工资标准有限制；试用期解除理由应充分。

（四）培训协议风险

劳动法中明确指出：用人单位为劳动者提供专项培训费用，对其进行专业技术培训的，可以与该劳动者订立协议，约定服务期。劳动者违反服务期约定的，应当按照约定向用人单位支付违约金。违约金的数额不得超过用人单位提供的培训费用。用人单位要求劳动者支付的违约金不得超过服务期尚未履行部分所应分摊的培训费用。用人单位与劳动者约定服务期的，不影响按照正常的工资调整机制提高劳动者在服务期期间的劳动报酬。

（五）保密协议与竞业禁止风险

《中华人民共和国劳动合同法》规定：对负有保密义务的劳动者，用人单位可以在劳动合同或者保密协议中与劳动者约定竞业限制条款，并约定在解除或者终止劳动合同后，在竞业限制期限内按月给予劳动者经济补偿。劳动者违反竞业限制约定的，应当按月向用人单位支付违约金。竞业限制期限不得超过二年。

（六）劳动报酬支付风险

《中华人民共和国劳动合同法》规定：用人单位应当按照劳动合同约定和国家规定，向劳动者及时足额支付劳动报酬。用人单位拖欠或未足额支付劳动报酬的，劳动者可以依法向当地人民法院申请支付令。

同时，《中华人民共和国劳动合同法》首次对试用期的工资进行了规范：劳动者在试用期的工资不得低于本单位相同岗位最低档工资或者劳动合同约定工资的80%，并不得低于用人单位所在地的最低工资标准。

（七）离职解雇风险——经济补偿金

《中华人民共和国劳动合同法》中规定：除用人单位维持或提高劳动合同约定条件续订劳动合同，劳动者不同意续订的情形外，如果劳动合同期满终止，用人单位应支付经济补偿金。用人单位违规不签无固定期限劳动合同的，在解除或终止合同时，应按规定的经济补偿标准的双倍支付赔偿金。

（八）事实劳动关系存续风险

《中华人民共和国劳动合同法》第十四条规定：用人单位自用工之日起满一年不与劳动者订立书面劳动合同的，视为用人单位与劳动者已订立无固定期限劳动合同。

《中华人民共和国劳动合同法》第八十二条规定：用人单位自用工之日起超过一个月不满一年未与劳动者订立书面劳动合同的，应当向劳动者每月支付两倍的工资。

风险应对措施：员工关系专员认真学习《中华人民共和国劳动合同法》，并制定《中华人民共和国劳动合同管理办法》以指导劳动合同的各项管理工作，特别是要严格在《中华人民共和国劳动合同法》规定的时间范围内办理劳动合同订立及续订工作。

第十二章 转型期领导者与人力资源开发和管理

领导自身担负组织领导的重任，其心理素质和特殊心理机制，不仅影响其个人工作的成效，而且影响其部署和群体作用的发挥。

第一节 领导者的权威观与人员能动性

一、权威观

领导的本质是一种影响力，即对一个组织为制定目标和实现目标所进行的活动施加影响过程。

（一）领导影响力的来源

领导影响力的主要来源有两方面：

1. 职位权利

这种影响力与职位相联系，是一种行政性权利，有职则有权，无职则无权。它包括惩罚权、奖赏权和合法权。

2. 个人权利

这种影响力与职位无关，取决于个人素质，是一种非行政性权利。它包括模范权（高尚的品德和良好的作风）和专长权（丰富的学识、卓越的技术、超凡的能力）。

（二）两种权威观

由于不同学者对上述两种权威来源的认识和理解不同，形成了两种权威观。

1. 正式权限论

这是古典管理学派的观点。他们把被领导者看成"经济人"，主要依靠职位权利来树立威信。权限是指发布命令的权利和引导员工服从命令的能力，主张充分地利用职位权利，在发号施令中树立领导权威。

2. 权威接受论

权威的主要来源是个人权利，而非职位权利；权利和权威并非来自上级的授予，而是来自下级的认可。领导者的权威是否成立，不在于发布命令，而在于命令是否被接受和执行。

二、不同的权威导致不同的领导行为

（一）专制作风—专制的领导行为

这种领导行为独断专行，依靠发号施令推动工作，下级没有自由，权利只定位于领导者。这种领导行为来源于正式权限论。

（二）民主作风—权威的领导行为

这是权威接受论所必然导致的领导行为，其特点是追求民主，注意倾听下级意见，将下级意见吸收到决策过程。主要不是靠行政命令，而是靠个人的高尚品德、业务专长所形成的个人权利来推动工作，权利定位于群体。

（三）放任作风—权利定位于员工个人

放任作风—将权利分散于组织每个成员的手中，决策由每个人自己做出，一切措施也由下级摸索制定。领导者放弃权利，当然也就没有权威可言，这种情况并不多见。

三、不同的领导行为导致不同的下级行为

领导者的权威观（管理人员特征）、团体因素、部下特征及组织因索共同决定了领导行为，而领导行为又强有力地影响着部下的行为，不仅影响到部下的满意度，而且影响到部下的激励深度，从而影响到下级的劳动态度（出勤率、人员流动率）和劳动效果（劳动生产率）。具体而言，三种不同的领导行为，使下级行为具有不同的特点：

（一）专制作风

专制作风的领导通过严格的管理、重奖重罚，使组织完成工作目标，尽管具有一定的工作效率，却往往造成组织成员的消极态度和对抗情绪明显增加，以致员工流动率高、出勤率低、不满事件增多、劳资纠纷严重、领导者与被领导者关系对立。

（二）民主作风

民主作风的领导组织工作效率最高，不仅能较好地达到工作目标，而且组织成员积极主动，表现出高度的主观能动性和创造精神。下级的物质需要和精神需要同时得到满足，表现出高出勤率、低流动率、劳资关系缓和、领导者与被领导者关系和谐形成了团队精神。

（三）放任作风

放任作风的领导工作效率最差。由于领导者对组织活动没有评判和规定，不关心组织成员的需要和态度，虽然组织成员有一定士气（这种士气往往不是指向组织目标），但是工作效率低下，不能达到工作目标。下级群龙无首，各自为政，无序沟通，行为失控，似一盘散沙，丧失了组织凝聚力。

四、领导者应该树立正确的权威观

综上所述，为了培养出良好的下级行为，有效地达到组织目标，领导者应努力树立正确的权威观。

（一）破除对职位权利的迷信

对领导者来说，职位权利是影响力的基础，没有足够的职位权利，便难以发挥领导作用。但领导者必须破除对职位权利的迷信、不要以为"有权就有威"，要看到职位权利的局限——它造成的下级服从是被迫的、浅层次的，组织成员往往是口服心不服。因此，领导者不要过分依赖职位权利、应该把注意力转移到树立和运用个人权利上来。领导者应该看到，只有个人权利才是影响力的根本，它能使下级自愿地、深刻地服从，这样领导者才能真正树立起威信。

（二）正确认识权利的来源

领导者的权利从哪里来的？盯住职位权利的人会回答："上级给的。"而盯住个人权利的人往往回答："个人赢得的。"这两种回答皆有片面性，都忽视了一个关键环节—下级的认可和认同。离开下级的认可和认同，职位权利和个人权利都难以建立，更难以奏效。中国唐代名臣魏征曾说："民如水，君如舟，水能载舟，亦能覆舟。"归根结底，离开下级的认可和支持，任何领导、任何权威都是无本之木、无源之水。领导者应该认识到：权利不仅是上级给的，更是下级给的。

（三）正确地使用权利

要想正确地使用权利应做到以下两点：

1. 认识到影响力是双向的

领导者既要主动地对下级施加影响，同时又要主动地接受下级对自己的影响（倾听下级意见，吸收其合理建议、主动邀请下级参与决策过程），只有这样，领导者才能实施有效的领导，充分地开发和利用本组织有限的人力资源。

2. 坚持以权谋公

要运用权利实现组织目标，而不是用来谋私。坚持廉政（出以公心、办事公正、一身正气、廉洁奉公）和勤政（认真负责、忠于职守、勤劳敬业、取得实绩）。只有这样，领导者才能得到下级的认可、认同和拥护、才能树立与职务相称的威信，才能发挥领导作用，把下级的积极性和聪明才智汇成一股合力、形成巨大的综合能量。

第二节　领导者的人才观与队伍素质

一、现代领导者应具备的人才观

现代领导者应具备的人才观包括四项内容：

（一）人才是最宝贵的财富

"领导者的责任归结起来，主要是出主意、用干部两件事。""政治路线确定之后，干部就是决定的因素。"这是从治国兴邦的全局角度来看的人才观。

人才包括各个行业、各个领域、各个层次的优秀人物，即具有在自己所在领域做出超出一般人的贡献的能力的人。政治家、军事家、艺术家、科学家、发明家、组织家、技术专家、优秀技术工人、劳动模范等，都是各行各业的人才、是推动各行各业迅猛发展的主要动力、是民族、国家的中流砥柱。人们在自己及其民族和国家的奋斗历程中，认识到一个平凡而伟大的真理——人才是最宝贵的财富。

（二）人才是事业成败的关键

《三国志》中有一句名言："功以才成，业由才广"，人才是成就事业的关键因素。要干一番事业，没有人才只能是空谈。资金、设备、土地固然重要，但它们都是由人来掌握和控制的。在人、财、物等因素中，人是最活跃、最举足轻重的因素。

（三）德才兼备是人才的基本标准

衡量人才不应只考虑"才干"这一条，还必须考虑"品德"这一条。有德无才，难担大任；有才无德，祸国殃民。不仅是中国主张选择德才兼备的人才，在外国，有眼光的领导者也以德才兼备为标准选择干部。当然，在不同时代、不同文化背景下，"德"的标准有很大不同。在美国，"德"被解释为与组织价值观的匹配度以及社会责任感。

（四）识才、育才、用才、留才是领导者的主要职责

既然人才是成就事业的关键，那么领导者的一个十分重要的职责就是识别人才、培养人才、留住人才和使用人才。领导者要有苏轼所说的"士有一言中于道，不远千里而求之"的求才若渴、爱才如命的精神。

二、领导者对人才观的认知偏差会造成队伍素质的缺陷

领导者是识才、选才、育才、用才、留才的主体，其人才观是否正确，直接关系到本组织员工队伍素质的高低，可以说"差之毫厘，谬以千里"。经过40多年的改革开放，中国基层组织的人事工作发生了天翻地覆的变化，对人才的认识也存在诸多偏差。

（一）唯学历论与人才队伍结构的扭曲

随着教育事业的快速发展，中国培养的学士、硕士、博士一批又一批地走向工作岗位；随着留学队伍的日益壮大，一批又一批的"海归人才"也开始活跃在人才市场。在"重视知识，重视人才"的大旗下，一些企业、事业单位在招聘中把学位、学历摆在第一位，而不太注意应聘者的实践能力和品德修养。这种唯学历论有一定的片面性，它会造成学历不高但有真才实学者受到排挤，组织自己培养的忠诚员工受到忽视，并且一些高学历人才实践经验的不足，一些"海归人才"

脱离国情的思维，也会给企业、事业单位带来不必要的损失。久而久之，还会造成人才队伍结构的扭曲。

（二）唯台阶论与领导干部的逐级老化

"台阶论"是指应一级一级地逐级提拔干部，使其积累丰富的实践经验。虽说此论不无道理，但在贯彻过程中，却变成了"唯台阶论"，排除了破格提拔杰出人才的可能性。如果一个 30 岁的年轻博士，才智超群，可以胜任公司总经理，为什么非要按照副科长、科长、处长、部长、副经理逐级提拔？在发达国家，二十几岁的厂长、三十几岁的总经理和四十几岁的总统都并非怪事，而我国尽管正在逐步改善这个情况，但仍然存在领导干部逐级老化的现象，这与"唯台阶论"是密切相关的。

（三）求全论与人才的浪费

求全责备是我国人事工作的积弊。人事部门最敏感、记忆最深的往往是每个人犯过什么错误、受过什么处分、具有什么缺点，至于此人有什么特长、有什么兴趣爱好、有什么"绝活"，则不清楚、不熟悉。应该说，这是长期以来对人过分防范的后遗症。这种现象使有缺点、犯过错误的人才，陷于"永无出头之日"的困境、造成人才的浪费。随着改革开放的深入，在"用人所长、容人所短"原则的指引下，这些人才必然会发出应有的光芒。

（四）单位所有制论与人才流动的困境

要想使人尽其才，才尽其用，人才各得其所，必须建立完善的人才流动机制。在长期的计划体制下，"一进工厂门，就成了国家的人"，结果造成"一次分配定终身"。随着人才市场、劳动力市场的发展，这种现象正在转变，但在相当一部分国有企业、事业单位，"单位所有制"的旧观念仍顽固地存在。有的单位人才奇缺，有的单位人才堆积，但单位以各种手段限制人才流通、却又不能做到"才尽其用"，导致人才分布和使用不合理的状况不能及时得到纠正。

（五）能人决定论

我们尊重知识、尊重人才，认为人才是宝贵财富，是成就事业的关键，是着眼于人才群体而言的。杰出个人的作用虽是巨大的，但决不能因此而过分夸大个别"能人"的作用。

（六）人情论与裙带关系的羁绊

在许多单位中，盛行一股人事工作中的"人情风"，因为是老同事、老上级、老战友、老邻居、老员工、同乡、同学，就任人唯亲；或者在奖惩时，不能奖勤罚懒，而是奖亲罚疏。这一方面破坏了公平竞争、择优录用的原则；另一方面造成人事关系复杂化，增加了人力资源开发与管理的难度。

三、各级领导者在人才观上面临的挑战

随着我国由计划经济向市场经济的过渡，各级领导者都认识到人才的重要性以及人力资源开发与管理的艰难；都深切感受到人才竞争的压力，以及在人才观上面临的挑战。领导者要想迎接挑战应该实现三个方面的变革。

（一）理论观念的变革

理论观念的变革主要包括：第一，总的指导思想，应从计划经济转变到社会主义市场经济。第二，从封闭的人才观念向开放的人才观念转变。对人才问题、人力资源问题要高瞻远瞩，要从小单位的狭小眼光转变为具有面向全国、面向世界的人才大市场观念。第三，对品德标准的理解，应从"表态""站队"等传统政治标准，转变到责任心、进取心、团结、敬业、廉洁、奉献等现代标准。第四，对才干标准的理解，应从"听话""勤恳""按部就班"的"守业型"标准，向善于学习、敢于开拓创新的"创业型"标准转变。第五，用人的角度，应从重在过去表现、重在有无问题、重在"死材料"的"防范型"思路，转移到重在现实表现、重在有无潜力、重在"活材料"的"开发型"思路。第六，在干部晋升问题上，应从过去"没有功劳也有苦劳""只能上不能下"的观念，转变为"只讲功劳，不讲苦劳""既能上也能下"的观念。

（二）思维方式的变革

思维方式的变革主要包括以下几方面：

1. 思维背景的变革

过去，人事工作是在封闭式、神秘化和政治化的背景下进行的，由于一些领导者知识面狭窄、缺少人力资源开发与管理的现代知识，导致人事工作思考问题的知识背景单调。在今天，为适应社会主义市场经济的需要，各级领导者和人事干部、应该努力掌握人力资源开发与管理的现代理论和方法，使人事工作思考问题的知识背景和眼界变得开阔起来。

2. 思维坐标系的变革

过去，领导者习惯于"纵向比较"、自己跟自己比，满足于"步子不大年年走，成绩不大年年有"。现在，应该转而重视"横向比较"，与兄弟单位比、与发达国家比，与先进组织比，在比较中择优和进取。

3. 思维模式的变革

在人才管理上，过去习惯于采用"相斥选择"，其典型公式是：或者……或者……，不是……就是……

现在应该尽量采用"相兼选择"，其典型公式是：不仅……而且……，既……又……又……

思维模式的变化，还表现在从"有问题推理"转向"无问题推理"。有问题推理思维模式：凡不能证明无问题，就是有问题。从实事求是的原则出发，坚持以事实为根据、以法律为准绳，则"无问题推理"是科学的，这也是爱护干部、尊重人才的表现，还体现了对人的处理慎之又慎的原则。

（三）工作方式的变革

现代领导者在人事工作方式方法上，应从主要依靠个人直觉和经验的"经验型"，向主要依靠现代管理科学的"科学型"转变，这种转变的内涵有四点：

1. 吸取经验

要从人事工作单纯依靠个人经验的方式，转变为依靠人力资源开发与管理的现代理论，并且将理论与实践相结合的方式。

2. 逐步完善各项制度

逐步变革和完善人力资源开发与管理的各项制度，如招聘制度、培训制度、用人和调配制度、薪酬管理制度、绩效管理制度、劳动关系制度、职业生涯管理制度、组织文化建设制度等，形成一个完整、科学的制度体系，实行制度化管理与人本管理的有机结合。

3. 使人力资源管理信息化

人力资源的各方面信息的采集、储存、处理和利用都通过计算机来进行，从而实现人才全信息显示和网络化管理，努力开阔人力资源开发管理工作的眼界，不断提高人力资源开发管理工作的效率。

4. 实现人力资源管理机构的科学化工作

必须改变人力资源开发管理部门人员的知识结构，应吸收具有外语知识、计算机知识、人力资源管理知识、管理科学知识、数学知识、心理学知识以及自然科学技术知识的有关人员，促使人力资源开发与管理工作向知识化和专业化发展。组织机构也应适应计算机化和专业化的需求，进行必要的改革。

第三节 领导团队的心理结构与领导成员的优化

一般来讲，组织的领导层是一个集体。领导集体通常被称作"领导团队""领导班子"。显然，领导班子不仅仅是知识和能力的结合，还是心理和信念的结合。因此，领导团队的心理结构是十分重要的。

一、领导团队心理结构的内涵

领导集体的心理结构，是指由若干个具有不同心理特征的领导者按照一定的序列进行组合，由集体心理过程的认识系统、动力系统、调节系统三方面形成的心理特征的动态综合结构。

（一）认知系统—它在人的心理活动中起着定向的作用

从认知水平和层次来看、认知系统包括感觉、知觉、表象、记忆、想象、思维。其中最重要的是思维，它是人脑对客观事物概括的间接反映。《吕氏春秋》中有一段话："有道之士，贵以近知远，以今知古，以所见知所不见。"讲的就是思维在认识世界中的重要作用。所谓月晕而风、础润而雨、见微而知著等，都是讲思维的特点——对客观事物的间接反映。

（二）动力系统—它在人的活动中起着驱动的作用

构成动力系统的心理品质主要包括需求、动机、情感和兴趣。一个人在人生道路上能否永远前进，取决于动力系统的性质和品质。

（三）调节系统—它对人的行为起着调节控制作用

人们生活、工作和学习的过程，不会是一帆风顺的，总会碰到艰难困苦，遭遇曲折和失败，因此，人类需要不断地调节和控制自己。构成调节系统的心理品质主要包括意志、理想、信念和价值观。

二、改善领导团队心理结构与领导成员的优化

由于领导团队中的各个成员存在心理素质上的差异，过大、过小的差异都并非好事，而适宜的差异及其组合，则会收到优化领导班子的良好效果。领导团队心理素质合理结构的标志主要是"互补"。

（一）在认知系统上互补

在领导成员中，应该有人感觉敏锐，观察细致；有人具有惊人的记忆力；有人具有非凡的想象力：有人具有卓越的思维能力。在思维能力方面，有人形象思维发达，有人抽象思维见长。这样，该领导班子就具有杰出的认识世界的能力，能比较准确地把握内外环境的脉搏。

（二）在动力系统上共振

领导成员的需求层次可能会存在差异，但其需求层次不宜过低，如"生存人"（生存需要占优势）和"安全人"（安全需求占优势）是不宜当领导的。领导成员应是"社交人""自尊人"，或是"自我实现人""超越自我人"（即超越了自我范畴，肯为组织、为国家献身的人）。一般而言，领导团队的第一把手应该是"超越自我人"，这样整个领导班子才能具有战斗力。

（三）在调节系统上同步

在调节系统上同步包含四个方面的内容：

1. 在理想上互勉

毫无疑问，领导成员应该有崇高的理想和追求。领导成员在理想层次上存在差异是难以避免的，但领导成员应该通过互勉，达到高度的和谐。

2. 在信念上一致

从事任何事业都必须有必胜的信念、有对真理和正义的执着追求。在这一点上，领导团队应该达成一致。信念上的分歧，会瓦解军心，造成行动上的分裂。

3. 在价值观上有共鸣

除需求驱动外，动机还受到价值观的制约。因此，领导团队应该具有同样的价值观，在动机

上尽量减少内耗。对世界、对社会、对国家、对组织、对人生的看法，大家不可能完全一致，但领导成员应该在基本方面取得共鸣，至少应该对组织的核心价值观有高度的认同，才能在组织管理的大政方针和为人处世的态度上，形成默契。

4. 在意志上互励

任何事业都不是一帆风顺的，困难和挫折是通向胜利之途的路障。只有意志坚定的人，才能引导组织成员突破万难，夺取胜利。虽然，领导成员在意志品质上存在差异，但第一把手的意志应该十分坚定，以他为核心，班子内部互相鼓舞、互相激励，使懦弱者坚定起来，使胆怯者鼓起勇气，同时在自我控制方面互相提醒、互相照应。这样一来，领导团队就会表现出百折不挠的坚强意志和坚忍不拔的顽强毅力，从而形成对组织成员的统率力、号召力。"泰山压顶不弯腰"就是这种意志品质的生动写照。

第四节 领导者的价值观与组织文化

一、领导者是组织文化的缔造者

（一）组织的主导价值观是领导者个人价值观的群体化

组织的创始人，他追求什么，提倡什么，反对什么，他用什么样的价值标准去要求部下，用什么样的理想和信念领导队伍，会对组织文化的形成发挥关键性的作用，而这一切都是在他个人价值观的指导下发生的。

成功的领导者最看重的是自我实现和尊重，其下属也对自我实现和尊重很感兴趣；一般的领导者及其下属则最关心尊重和社交需要的满足；而不成功的领导者及其下属的价值取向集中在物质层次—安全和生理需求。不同类型的领导者吸引不同类型的下属。而且这些下属有着与其上司相类似的需求动力。

因此，在一般情况下，组织的主导价值观（它是组织文化的核心），不过是组织创始人个人价值观的延伸、扩展和最终实现群体化。换句话说，组织文化就其实质来说，是组织成员对组织创始人的个人价值观的认同和发展的结果。

（二）组织领导者是组织文化更新的推动者

组织创始人的后继者的个人价值观往往表现在对组织文化的更新上。众所周知，组织文化不是一成不变的，随着内外环境的变化，要求组织文化更新的压力会越来越大（例如，中国的改革开放迫使众多组织改变自己的组织文化）。组织文化向哪个方向变和怎样变，有其客观的规律性，但形成什么样的特色和个性，则在很大程度上取决于领导者的价值标准。

（三）组织领导者是组织文化建设的指挥者

组织文化建设是指组织有意识地发扬其积极的、优良的文化，克服其消极的、不良的文化的过程，使组织文化不断优化的过程。

不言而喻，组织文化建设的指挥者是组织领导人，特别是组织的第一把手。具体而言，组织主要通过哪些渠道（宣传、奖励、惩罚、树标兵、搞竞赛、传帮带、物质载体、业余文化活动），主要采用什么手段（正强化、负强化、领导示范、榜样引导、风俗感染、社会教育、自我教育、外在教育），树立什么样的标兵（组织文化的人格化）等，都由主要领导者进行决策，而这一切都影响到组织文化建设的方向、力度和深度，最终影响组织文化建设的效果。

二、领导者应确立科学的、高境界的价值观

综上所述，领导者的个人价值观对组织文化的影响举足轻重并带有全局性。因此，组织领导者的价值观就显得格外重要。从中外成功组织的经验来看，领导者的价值观应该符合客观规律，是科学的；同时又应走在时代的前列，具有高格调、高境界。

（一）事业至上

身为领导者，人生目的和追求是什么？是追求金钱、追求地位，还是追求事业？这是一个首要的价值观抉择问题。在事业与金钱发生矛盾，或事业与个人地位发生冲突时做出选择，是对领导者价值观的严峻考验。一个优秀的领导者，应该毫不犹豫地选择事业。只有执着追求事业的人，才能最终成就事业；那些无法经受住金钱、地位的诱惑的人，最终将葬送事业。

（二）国家至上

优秀的领导者都不应忘记古典管理理论创始人之一法约尔的名言："整体利益至上。一个人或一个部门的利益不能置于整个组织的利益之上；家庭利益高于每个家庭成员的利益；国家利益高于一个公民或一些公民的利益。"

国家和民族意识，赋予组织和组织领导者的存在与发展以更高的价值。这种崇高的信念会战胜任何艰难险阻，培养出战无不胜的团队。

（三）信誉至上

在处理组织同社会的关系时，组织的形象靠什么树立？答案是信誉。一些名牌商品为什么畅销不衰？一些"老字号"的金字招牌为什么几百年不倒？靠的就是货真价实和诚信无欺。因此，所有组织的领导者都应牢固地确立"信誉至上"的价值观，必须严格地遵循一个道德信条——诚实。

（四）进取为荣

"玩物丧志"是一条千古传诵的古训。在目前的市场经济环境下，作为组织的领导者往往会受到更多的诱惑，也会接受更直接的考验。人生的价值不在于你消费了多少社会财富，而在于你为社会创造了多少财富（物质的和精神的财富）。一心追求事业的人，恨不得长出三头六臂，恨不得一天有48小时，哪里会有时间和兴趣去沉迷享乐？特别是处在创业阶段的领导者，更应该力戒奢靡，以不断进取、追求卓越为荣。

（五）群体为高

领导身居高位，怎样看待部下和全体员工，怎样处理个人与群体的关系，是领导者价值观的另一个侧面体现。无论领导者有多么杰出的才能，都不能包打天下，也不能无所不知、无所不能。优秀的领导者应该清醒地看到个人的局限性，看到群体的决定作用，在决策时主动"集思广益"，在行动时发动和依靠全体成员，不轻视任何一个人。总而言之，领导者要牢固地树立"群体最高明"的价值观。

（六）"以人为本"

从事任何事业，都离不开资源，而资源包括人、财、物、时间、知识等。领导者应该清楚地认识这些因素的重要性，这是价值观的另一个领域。许多领导者"见钱不见人"或"见物不见人"，只有真正优秀的领导者才把人看作是决定一切的因素，是使组织兴旺发达的根本，并且真正实行"以人为本"的管理策略。

三、领导者应提高文化自觉性和文化影响力

领导者不仅要缔造组织文化，树立科学的、高境界的价值观，更重要的是要以身作则，提高文化的自觉性和影响力、将组织文化特别是组织价值观念植根于员工的心中。要做到这一点，组织的领导者需要做到以下几个方面。

（一）具备基本素质

作为一个领导者，需要有大志向、大智慧、大胸怀和大毅力。大志向就是树立远大的抱负和理想，勾画组织发展的宏伟蓝图和实现蓝图的行动方略。要树立正确的义利观，把为社会创造价值作为事业奋斗的目标，懂得金钱只不过是实现这一目标的结果，明确目的和结果的关系，决不短视，要有长远的眼光，立足整体，面向未来。

大智慧并不等于小聪明。大智慧是指能够洞察时代变化，能够前瞻预测，能够不断地变革创新。领导者要有厚德载物的包容之心，以义求利的责任之心，三顾茅庐的爱才之心。只有这样，才能吸引贤才将士，融合全体员工的智慧，形成具有高度凝聚力和一致性的组织文化。

（二）增加文化底蕴

增加文化底蕴有四种方法：第一，学习系统的管理理论，通过系统的学习提升管理理论水平。第二，学习优秀组织的成功经验。通过研究、参观考察，学习优秀组织的思想方法和思维方式。第三，朋友圈的耳濡目染。在与各界朋友的交往过程中，增加信息量和知识水平。第四，学习古代的管理智慧。从古代的管理思想中吸取精华，将中国古代博大精深的管理思想运用到现代组织的管理中，提升文化管理水平。

（三）正确的角色定位

近一个世纪以来，领导者的角色已经发生了深刻的变化，从老板、独裁者、监工向设计师、

牧师、园丁的方向转变。

在组织文化的设计和战略的制定上，领导者需要充当设计师的角色，设计和建设符合组织发展的文化环境和战略措施。组织文化建设需要领导者宣传贯彻文化思想理念，帮助员工树立符合组织理念的价值观念和行为方式。而对于学习型组织建设，需要育才型的领导像园丁一样创造学习的氛围，鼓励员工自觉学习，提高组织的学习创新能力。

（四）提升个人魅力

领导者在进行文化建设的过程中还要注重提升个人魅力。领导者的魅力来自以下几方面：

1. 非凡的眼光

高瞻远瞩、决胜千里的眼光。

2. 卓越的能力

策划力、执行力、学习和创新能力。

3. 高尚的品德

正直无私、厚德载物、凝聚人心的品德。

4. 深刻的思想

分析问题、解决问题时清晰独特的思路，教育人、感染人的非凡思想。

第十三章 新时代人力资源管理职能的
战略转型与优化

随着组织内外部环境的变化，组织中的人力资源管理职能面临着越来越严峻的挑战，以战略和客户为导向的人力资源管理逐渐引领人力资源管理职能进行重心的调整。

为了应对新形势下的挑战，人力资源专业人员需要扮演好战略伙伴、行政专家、员工支持者以及变革推动者的角色。从胜任素质模型的角度来看，不同的学者和机构对不同组织中人力资源专业人员的胜任素质做出了不同的界定，主要包括战略贡献能力、个人可信度、经营知识、人力资源服务能力以及人力资源技术运用能力等。

第一节 人力资源管理职能的战略转型相关研究

一、人力资源管理职能的战略转型

（一）以战略和客户为导向的人力资源管理

近年来，随着全球化步伐的加快，经营环境的复杂化，技术进步尤其是网络和信息技术的突飞猛进，员工队伍、社会价值观，以及组织所处的内外部环境都发生了很大的变化，这些情况使组织中的人力资源管理职能面临着越来越严峻的挑战。在这种情况下，出现了很多关于人力资源管理职能变革的想法，如人力资源管理应当从关注运营向关注战略转变；从警察式的监督检查向形成业务部门的伙伴转变；从关注短期向关注长期转变；从行政管理者向咨询顾问转变；从以职能管理为中心向以经营为中心转变；从关注内部向关注外部和客户转变；从被动反应向主动出击转变；从以完成活动为中心向以提供解决方案为中心转变；从集中决策向分散决策转变；从定性管理向定量管理转变；从传统方法向非传统方法转变；从狭窄视野向广阔视野转变等等。

人力资源管理在一个组织的战略制定以及执行过程中起着非常重要的作用，它不仅要运用于组织制定战略的过程中，而且要负责通过制定和调整人力资源管理方案和计划来帮助组织制定的战略被贯彻和执行。然而，人力资源管理职能部门要想在组织中扮演好战略性的角色，就必须对传统的人力资源管理职能进行重新定位。同时，要围绕新的定位来调整本部门的工作重点及在不同工作活动中所花费的时间。

如果想把人力资源管理定位为一种战略性职能，就必须把人力资源部门当成是一个独立的经营单位，它具有自己的服务对象，即内部客户和外部客户。为了向各种内部客户提供有效的服务，这个经营单位需要做好自己的战略管理工作，在组织层面发生的战略规划设计过程同样可以在人力资源管理职能的内部进行。近年来，在人力资源管理领域中出现了一个与全面质量管理哲学一脉相承的新趋势，那就是企业的人力资源部门应当采取一种以客户为导向的方法来履行各种人力资源管理职能，即人力资源管理者把人力资源管理职能当成一个战略性的业务单位，从而根据客户基础、客户需求以及满足客户需求的技术等来重新界定自己的业务。

直线管理人员希望获得忠诚、积极、高效且具有献身精神的高质量员工；战略规划团队不仅需要在战略规划过程中获得各种信息和建议，而且需要在战略执行过程中得到诸多人力资源管理方面的支持；员工则期望得到一套具有连续性、充足性以及公平性特征的薪酬福利计划，同时还希望能够得到公平的晋升以及长期的职业生涯发展机会。

人力资源管理部门的客户除了组织的战略规划人员、直线经理以及员工外还有另外一类非常重要的客户，即外部求职者。在当前人才竞争日益激烈的环境中，人力资源部门及其工作人员在招募、甄选等过程中表现出的专业精神、整体素质、组织形象等，不仅直接关系到组织是否有能力雇用到高素质的优秀员工，而且对组织的雇主品牌塑造、在外部劳动力市场上的形象都有重要的影响。因此，人力资源部门同样应当关注这些外部客户，设法满足他们的各种合理需求。

（二）人力资源管理职能的工作重心调整

在现实中，很多企业的人力资源管理者经常抱怨自己不受重视。他们认为，他们在招聘、培训、绩效、薪酬等很多方面做了大量工作，受了不少累，却没有真正受到最高领导层的重视，一些工作得不到高层的有力支持，很多业务部门也不配合，自己就像是在"顶着磨盘跳舞——费力不讨好"。为什么会出现这种情况呢？除了组织自身的问题，与人力资源管理部门及其工作人员未能围绕组织战略的要求调整自己的工作重心，未能合理安排在各种不同的工作活动中投入时间和精力也有很大的关系。从理想的角度来说，人力资源管理职能在所有涉及人力资源管理的活动中都应该非常出色，但是在实践中，由于面临时间、经费以及人员等方面的资源约束，人力资源管理职能想要同时有效地承担所有工作活动往往是不可能的。于是，人力资源部门就必须进行这样一种战略思考，即应当将现有的资源分配到哪里以及如何进行分配，才最有利于组织的价值最大化。

对人力资源管理活动进行类别划分的方法之一是将其归纳为变革性活动、传统性活动和事务性活动。变革性活动主要包括知识管理、战略调整和战略更新、文化变革、管理技能开发等战略性人力资源管理活动；传统性活动主要包括招募和甄选、培训、绩效管理、薪酬管理、员工关系等传统的人力资源管理活动；事务性活动主要包括福利管理、人事记录、员工服务等日常性事务活动。

在企业中，这三类活动耗费人力资源专业人员的时间比重大体上分别为 5%-15%、15%-30% 和 65%-75%。显然，大多数人力资源管理者把大部分时间花在了日常的事务性活动上，在传统性人力资源管理活动上花费的时间相对较少，在变革性人力资源管理活动上所花费的时间更是少得可怜。事务性活动的战略价值较低；传统性人力资源管理活动尽管构成了确保战略得到贯彻执行的各种人力资源管理实践和制度，也只具有中度的战略价值；而变革性人力资源管理活动则由于帮助企业培育长期发展能力和适应性而具有最高的战略价值。由此可见，人力资源管理者在时间分配方面显然存在问题。他们应当尽量减少在事务性活动和传统性活动上花费的时间，更多地将时间用于具有战略价值的变革性活动。如果人力资源专业人员在这三种活动上的时间分配能够调整到 25%-35%、25%-35% 和 15%-25%，即增加他们在传统性人力资源管理尤其是变革性人力资源管理活动方面花费的时间，那么人力资源管理职能的有效性必能得到大幅提高，为企业增加更多的附加价值。

二、人力资源专业人员的角色与胜任素质

（一）人力资源专业人员扮演的角色

在人力资源管理职能面临更高要求的情况下，人力资源专业人员以及人力资源部门应如何帮助组织赢得竞争优势以及实现组织的战略目标呢？人力资源管理者以及人力资源部门在组织中应当扮演好哪些角色呢？很多学者和机构都对此进行了研究。

人力资源管理专业人员主要应当扮演好三个方面的角色，即授权者、技术专家以及创新者。授权者，是指人力资源管理人员授权直线管理人员成为人力资源管理体系的主要实施者；技术专家，是指人力资源专业人员从事与薪酬以及管理技能开发等有关的大量人力资源管理活动；创新者，是指人力资源管理者需要向组织推荐新的方法来帮助组织解决各种与人力资源管理有关的问题，如生产率的提高以及由疾病导致的员工缺勤率突然上升等。

在人力资源管理者以及人力资源管理部门所扮演的角色方面，一个组织的人力资源部门所扮演的角色和职责主要反映在两个维度上：一是人力资源管理工作的关注点是什么；二是人力资源管理的主要活动内容是什么。从关注点来说，人力资源管理既要关注长期的战略层面的问题，同时也要关注短期的日常操作层面的问题。从人力资源管理活动的内容来说，人力资源管理既要做好对过程的管理，同时也要做好对人的管理。基于这两个维度，产生了人力资源管理需要扮演的四个方面的角色，即战略伙伴、行政专家、员工支持者以及变革推动者。

1. 战略伙伴

这一角色的主要功能是对战略性的人力资源进行管理。也就是说，人力资源管理者需要识别能够促成组织战略实现的人力资源及其行为和动机，将组织确定的战略转化为有效的人力资源战略和相应的人力资源管理实践，从而确保组织战略的执行和实现。人力资源管理者通过扮演战略伙伴的角色，能够把组织的人力资源战略和实践与组织的经营战略结合起来，从而提高组织实施

战略的能力。

2. 行政专家

这一角色的主要功能是对组织的各种基础管理制度进行管理，要求人力资源管理者能够通过制定有效的流程来管理好组织内部的人员配置、培训、评价、报酬、晋升以及其他事务。尽管人力资源管理职能向战略方向转变的趋势在加强，但是这些传统角色对于成功经营一个组织来说仍然是不可或缺的。作为组织的基础管理责任人，人力资源管理者必须能够确保这些组织流程的设计和实施的高效率。实现这一目标有两条途径：一是通过重新思考价值创造过程，调整和优化组织的人力资源管理制度、流程以及管理实践，从而提高效率；二是通过雇用、培训和回报帮助组织提高生产率、降低成本，从而提升组织的总体效率。在人力资源管理流程再造的过程中，很多组织都采用了共享人力资源服务中心的新型人力资源部门结构设计。

3. 员工支持者

这一角色的主要功能是对员工的贡献进行管理，即将员工的贡献与组织经营的成功联系在一起。人力资源管理专业人员可以通过两条途径来确保员工的贡献能够转化为组织经营的成功：一是确保员工具有完成工作所需的能力，二是确保他们有勤奋工作的动机以及对组织的承诺。无论员工的技能水平多高，只要他们与组织疏远，或者内心感到愤愤不平，他们就不可能为企业的成功贡献力量，并且也不会在组织中工作太长的时间。为了扮演好员工支持者的角色，人力资源部门及其工作者必须主动倾听员工的想法，了解他们在日常工作中遇到的问题、他们关注的事情，以及他们的需要。人力资源部门不仅自己要扮演好员工的倾听者和激励者的角色，而且要通过培训、说服以及制度引导的方式，确保员工的直接上级也能够了解员工的想法以及他们的意见和建议。只有这样，才能真正建立员工和组织之间的心理契约，积极主动地开发人力资源，把员工的贡献和组织经营的成功真正联系起来。

4. 变革推动者

这一角色的主要功能是对组织的转型和变革过程进行管理。转型意味着一个组织要在内部进行根本性的文化变革，人力资源专业人员既要做组织文化的守护神，也要成为文化变革的催化剂，积极促成必要的组织文化变革，从而帮助组织完成更新过程。在变革过程中，人力资源专业人员要帮助组织确认并实施变革计划，其中可能涉及的活动主要包括：找出并界定问题、建立信任关系、解决问题、制定并实施变革计划等。在当今这个急剧变化的竞争环境中，人力资源管理者必须确保组织拥有能够持续不断地进行变革的能力，并且帮助组织确定是否有必要进行变革以及对变革的过程进行管理。变革推动者的角色还要求人力资源专业人员在尊重组织历史文化的基础上，帮助员工顺利地接受和适应新文化。研究表明，能否扮演好变革推动者的角色，可能是决定一个组织的人力资源管理工作是否能够取得成功的最为重要的因素。

（二）人力资源专业人员的胜任素质模型

与人力资源管理专业人员及其所在部门所扮演的角色高度相关的一个问题是，人力资源管理的专业人员需要具备怎样的能力才能达到组织对人力资源管理工作所提出的战略要求？对此，很多学者和机构都进行了研究。下面主要介绍三种观点，第一种是戴维·乌尔里奇等人的研究结果，第二种是雷蒙德·诺伊（Raymond Noe）等人的观点，第三种是国际公共部门人力资源管理学会提出的人力资源专业人员胜任素质模型。

1. 戴维·乌尔里奇等人的人力资源专业人员胜任素质模型研究

在人力资源专业人员胜任素质模型研究方面，戴维·乌尔里奇和韦恩·布鲁克班克（Wayne Brockbank）所领导的人力资源胜任素质研究（Human Re-source Competency Study）具有非常大的影响力。这项研究的目的是发现人力资源管理专业人员需要具备的胜任素质，同时追踪人力资源管理领域的最新发展趋势，从而帮助人力资源管理者及其所在部门了解如何使自己为组织创造更多的价值。确立的该模型包括五大类胜任素质，即战略贡献能力、个人可信度、经营知识、人力资源服务能力以及人力资源技术运用能力。

（1）可靠的行动者（Credible Activist）

它是指人力资源专业人员不仅要可靠（即能够赢得别人的尊重、赞赏，别人愿意倾听他们的意见），而且必须是积极的行动者（即提供意见和观点、表明立场、挑战假设）。可靠但不能采取行动的人力资源专业人员虽然会得到别人的赞赏，但是不能形成影响力；而那些积极采取行动但是并不可靠的人力资源专业人员，没有人会听他们的话。在这方面，人力资源专业人员需要以诚信的方式达到目的，分享信息、建立信任关系，以某种姿态（承受适度的风险、提供坦诚的评论、影响他人等）来完成人力资源工作。

（2）文化和变革统管者（Culture &.Change Steward）

它是指人力资源专业人员必须认识到并展现组织文化的重要性，同时帮助组织形成自己的组织文化。文化是一整套活动，而不是单个的事件。在理想状态下，文化首先应当从澄清组织外部客户的期望（组织的身份或品牌）入手，然后将这些期望转化为内部员工以及整个组织的行为。作为文化的统筹管理者，人力资源专业人员应当尊重组织过去的文化、同时帮助组织塑造新的文化。此外，成功的人力资源专业人员应能够通过两种途径为组织变革提供便利条件：一是帮助组织形成文化，二是制定一系列的规章制度来推动变革在整个组织中发生。或者说，他们帮助组织将大家已经明白的事情转化为大家的实际行动。在这方面，人力资源专业人员需要为变革提供便利，构建文化，重视文化的价值，实现文化的个人化（帮助员工找到工作的意义、管理工作和生活的平衡、鼓励创新等）。

（3）人才管理者/组织设计者（Talent Manager/Organization Designer）

它是指人力资源专业人员必须掌握人才管理和组织设计方面的相关理论、研究成果以及管理实践。人才管理者关注的是胜任素质要求，以及员工是如何进入一个组织、在组织内晋升、跨部门调动或者离开组织的。组织设计者关注的则是一个组织是如何将各种能力（比如合作能力）嵌入到决定组织运行的结构、流程以及政策的。人力资源既不是仅关注人才，也不是仅关注组织，而是同时关注两者。一个组织在缺乏支持的情况下，是无法长期留住优秀人才的；一个组织如果缺乏具备扮演关键角色所需的胜任素质的人才，则无法达成预期目标。人力资源专业人员需要保证组织当前以及未来的人才需要、开发人才、构造组织、促进沟通、设计组织的报酬体系等。

（4）战略构建者（Strategy Architect）

它是指人力资源专业人员对于组织未来获得成功的方式应当有一个清晰的愿景，并且当组织在制定实现这一愿景的战略时，应当扮演积极的角色。这就意味着，人力资源专业人员必须能够认清业务发展的趋势以及他们可能对业务产生的影响，预见到组织在取得成功的过程中可能会遇到的潜在障碍；同时，还要在组织制定战略的过程中提供各种便利条件。此外，人力资源专业人员还应当通过将内部组织和外部客户的期望相联系的方式，为组织总体战略的制定贡献自己的力量。在这方面，人力资源专业人员需要保持战略灵活性，同时积极关注客户。

（5）运营执行者（Operational Executant）

它是指人力资源专业人员还应当承担在管理人和组织时需要完成的操作方面的事务。他们需要起草、修订以及实施各种政策。此外，员工也会产生很多行政管理方面的需要（比如领取薪酬、工作调动、雇用手续办理、得到培训等）。人力资源专业人员必须通过技术，共享服务以及（或）外包等手段来确保员工的这些基本需求得到满足。如果人力资源专业人员能够无缺陷地完成这些操作性工作，并且保持政策应用的一致性，人力资源的操作性工作就会变得可靠。在这方面，人力资源专业人员应当执行工作场所的各种政策，同时推动与人力资源管理有关的各项技术进步。

2．雷蒙德·诺伊等人的人力资源专业人员胜任素质模型研究

人力资源管理学者雷蒙德·诺伊等人也提出了包括人际关系能力、决策能力、领导能力以及技术能力在内的人力资源专业人员胜任素质模型。

（1）人际关系能力

人际关系能力是指理解他人并与他人很好地合作的能力。这种能力对于今天的人力资源管理工作者来说十分重要。人力资源管理者需要了解，在帮助组织赢得竞争优势时组织成员扮演的角色，同时还要了解组织的哪些政策、项目以及管理实践能够帮助员工扮演好所需扮演的角色。此外，今天的人力资源专业人员还必须熟练掌握沟通、谈判以及团队开发方面的技能。

（2）决策能力

人力资源管理者必须做出各种类型的决策，这些决策会影响到员工能否胜任工作以及得到充分的激励，还会影响到组织能否高效运营。在那些要求人力资源部门扮演战略支持角色的组织中，人力资源决策者必须能够在战略问题上运用自己的决策能力。这就要求人力资源决策者必须拥有组织经营和业务方面的知识，同时有能力通过成本和收益分析为组织提供各种可能的选择。最后，在进行人力资源决策时，人力资源专业人员还必须考虑到各种可供选择的方案所体现的社会含义和伦理道德含义。

（3）领导能力

人力资源管理者在处理涉及组织的人力资源问题时，需要扮演领导角色。人力资源专业人员要想帮助组织管理好变革过程，就必须具有一定的领导力。这就需要人力资源管理者做好诊断问题，实施组织变革，评价变革结果的工作。由于变革往往会带来冲突、抵制以及思想混乱，人力资源专业人员必须有能力对整个变革过程进行监控，提供各种工具来帮助组织克服变革所遇到的障碍，指导员工如何在新的条件下完成工作，同时激发员工的创造力。

（4）技术能力

这里的技术能力是指人力资源管理领域中的专业化技能，即人力资源专业人员需要掌握的人员配备、人力资源开发、报酬、组织设计等方面的知识。新的甄选技术、绩效评价方法、各种培训项目以及激励计划不断涌现，并且大多需要运用新的软件和计算机系统；此外，每年都会有新的法律出台，这就需要人力资源专业人员掌握这些法律的知识，这也是技术能力方面的要求。人力资源专业人员必须能够根据人力资源管理的基本原则和企业价值要求，对这些新技术进行认真细致的评价，以判断哪些技术对组织是有价值的。

3. 国际公共部门人力资源管理学会的人力资源专业人员胜任素质模型

国际公共部门人力资源管理学会提出的公共部门人力资源专业人员胜任素质模型一共包括二十二项。这些胜任素质与公共部门人力资源管理者所扮演的四种重要角色，即变革推动者、经营伙伴、领导者以及人力资源专家之间的对应关系。其中，人力资源专家角色所对应的能力只有一项，即通晓人力资源管理方面的各项法律和政策。这些胜任素质的基本定义如下：

（1）理解公共服务环境的能力

能够跟踪可能会影响组织及其人力资源管理的各项政治和法律活动；理解通过政治过程产生的法律、法令以及法规的内容和文字，确保组织的执行过程与法律和政治变革所要达成的目标保持一致。

（2）知晓组织使命的能力

能够理解组织存在的目的，包括其法律地位、客户、提供的产品或服务以及组织使命达成情况的衡量指标；能够在各项人力资源管理活动和使命的成功达成之间建立必要的联系；跟踪、了解可能会在未来对组织使命产生影响的各种因素。

（3）理解业务流程以及提高效率和有效性的能力

能从更大的组织经营角度来理解人力资源管理计划所要承担的职责；能够认识到变革的必要性并且通过实施变革来提高组织的效率和有效性。

（4）理解团队行为的能力

能够运用团队行为方面的知识来帮助组织达成长期和短期的目标；同时注意跟踪了解能够运用于组织的各种最新的人员激励方法和团队工作方法。

第二节 人力资源管理职能的优化与实践

一、循证人力资源管理

（一）循证人力资源管理的内涵

目前，企业已经充分认识到人力资源管理对于组织战略目标的实现和竞争优势的获得具有的重要战略作用。不仅是人力资源专业人员，组织内各级领导者和管理者在人力资源管理方面投入的时间、精力、金钱也逐渐增多。组织期望自己的人力资源管理政策和实践能够帮助自己吸引、招募和甄选到合适的员工，进行科学合理的职位设计和岗位配备，实现高效的绩效管理和对员工的薪酬激励等。但是，随着人力资源管理的投入不断增加，企业也产生了一些困惑。其中的一个重要疑问就是，这些人力资源管理政策、管理活动以及资金投入是否产生了合理的回报、达到了预期的效果？这就要求对组织的人力资源管理活动进行科学的研究和论证，以可靠的事实和数据来验证人力资源管理的有效性，进而不断实施改进：不能仅仅停留在一般性的人力资源管理潮流、惯例甚至各种似是而非的"说法"上。这种做法被称为"循证人力资源管理"，又被译为"实证性人力资源管理"，或基于事实的人力资源管理。

循证人力资源管理实际上是循证管理理念在人力资源管理领域的一种运用，它是指运用数据、事实、分析方法、科学手段、有针对性的评价以及准确的案例研究，为人力资源管理方面的建议、决策、实践以及结论提供支持。简言之，循证人力资源管理就是审慎地将最佳证据运用于人力资源管理实践的过程。循证人力资源管理的目的就是要确保人力资源管理部门的管理实践对组织的收益或者其他利益相关者（员工、客户、社区、股东）产生积极的影响，并且能够证明这种影响的存在。循证人力资源管理通过收集关于人力资源管理实践与生产率、流动率、事故数量、员工态度以及医疗成本之间的关系的数据，可以向组织表明，人力资源管理确实能对组织目标的实现做出贡献，它对组织的重要性实际上和财务、研发以及市场营销等是一样的，组织对人力资源项目进行投资是合理的。例如，循证人力资源管理可以回答这样一些问题："哪一种招募渠道能够给公司带来更多有效的求职者？""在新实施的培训计划下，员工的生产率能够提高多少？""员工队伍的多元化给组织带来的机会多还是风险多？"。从本质上说，循证人力资源管理代表的是一种管理哲学，即用可获得的最佳证据来代替陈旧的知识、个人经验、夸大的广告宣传、呆板的教条信念以及盲目的模仿，摒弃"拍脑袋决策"的直觉式思维，使人力资源决策牢固建立在实实在在的证据之上，同时证明人力资源管理决策的有效性。

（二）循证人力资源管理的路径

人力资源管理者在日常工作中要如何实现循证人力资源管理呢？总的来说，如果人力资源管理者在日常管理实践中注意做好以下几个方面的工作，将有助于贯彻循证人力资源管理的理念，提高人力资源管理决策的质量，增加人力资源管理对组织的贡献。

1. 获取和使用各种最佳研究证据

最佳研究证据、是指经过同行评议或同行审查的质量最好的实证研究结果，这些结果通常是公开发表的并且经过科学研究的证据。在科学研究类杂志（主要是符合国际学术规范的标准学术期刊）上发表的文章都是按照严格的实证标准要求并经过严格的评审的，这类研究成果必须达到严格的信度和效度检验要求。举例来说，在一项高质量的实证研究中，想要研究绩效标准的高低对员工绩效的影响、通常会使用一个控制组（或对照组），即在随机分组的情况下、要求两个组完成同样的工作任务（对实验组的绩效标准要求较高），然后考虑两组的实际绩效水平差异。而在另外一些情况中，则需要采取时间序列型的研究设计。例如，在考察晋升决策对员工工作状态的影响时，可以在晋升之前对晋升候选人的工作积极性或绩效进行评估；在晋升决策公布之后、再次考察这些人的工作积极性或工作绩效。当然，有时无法在理想状态下进行实证研究，但能够控制住一些误差（尽管不能控制所有误差）的实证研究也具有一定的价值。这种证据对于改进人力资源决策质量多多少少会有一些好处，不过最好能搞清楚哪些证据是可用的，以及应当如何使用这些证据。

2. 了解组织实际情况，掌握各种事实、数据以及评价结果

要系统地收集组织的实际状况、数据、指标等信息，确保人力资源管理决策或采取的行动建立在事实基础之上。即使是在使用上面提到的最佳实证研究证据时，也必须考虑到组织的实际情况，从而判断哪些类型的研究结果是有用的。总之。必须将各种人力资源判断和决策建立在尽可能全面、准确把握事实的基础之上。例如，当组织希望通过离职面谈发现导致近期员工流动的主要原因，而很多离职者都提到了组织文化和领导方式的问题时，人力资源管理者就应当继续挖掘、搞清楚到底是组织文化和领导方式中的哪些特征造成了员工流失。只有揭示了某种情况的具体事实，才能轻松找到适当的证据来确认导致问题出现的主要原因，同时制定并落实解决该问题的措施。关于组织实际情况的事实既可能会涉及相对软性的因素，如组织文化、员工的教育水平、知识技能，以及管理风格等，也可能会涉及比较硬性的因素，如部门骨干员工流动率、工作负荷以及生产率等。

3. 利用人力资源专业人员的科学思考和判断

人力资源专业人员可以借助各种有助于减少偏差，提高决策质量，能够实现长期学习的程序、实践以及框架的支持，做出科学的分析和判断。有效证据的正确使用不仅有赖于与组织的实际情况相关的高质量科学研究结果，还有赖于人力资源决策过程。这是因为证据本身并非问题的答案，需要放在某个具体的情况中考虑，即要想做出明智的判断和高质量的人力资源决策，还需要对得到的相关证据和事实进行深入的思考，不能拿来就用。但问题在于，由于所有人都会存在认知局限，在决策中不可避免地会存在各种偏差。这就需要采取一些方法和手段帮助我们做出相对科学

和客观的决策。幸运的是，在这方面，一些经过论证以及实际使用效果很好的决策框架或决策路径能够提醒决策者注意到一些很可能会被忽视的特定的决策影响因素。例如，一个组织正在设法改进新入职员工的工作绩效。多项实证研究结果表明，在其他条件一定的情况下，在通用智力测试中得分较高的人的工作绩效也较好。那么、让所有的求职者参加通用智力测试能否确定员工入职后的绩效呢？显然不一定。如果这些求职者是最好的学校中成绩最好的毕业生，那么，这种测试实际上已经暗含在组织的甄选标准中。在这种情况下，人力资源管理人员就要判断，影响新入职员工绩效的还有哪些因素，例如他们是否具备特定职位所要求的特定技能；或者是否存在需要解决的某种存在于工作环境之中的特定绩效问题，如上级的监督指导不够、同事不配合等。总之，在批判性思考的基础上仔细对情境因素进行分析，找到一个能够对各种假设进行考察的决策框架，了解事实和目标等，将有助于得出更为准确的判断和解释。

（三）人力资源管理职能的有效性评估

循证人力资源管理一方面要求组织的人力资源管理决策和人力资源管理实践应当建立在事实和数据的基础之上，另一方面还要求对人力资源管理职能的有效性进行评估。评估组织的人力资源管理职能有效性有两种方法，即人力资源管理审计法和人力资源管理项目效果分析法。

1. 人力资源管理审计

在人力资源管理领域，以数字为基础的分析常常始于对本组织内人力资源管理活动进行人力资源管理审计。人力资源管理审计是指按照特定的标准，采用综合研究分析方法，对组织的人力资源管理系统进行全面检查、分析与评估，为改进人力资源管理功能提供解决问题的方向与思路，从而为组织战略目标的实现提供科学支撑。作为一种诊断工具，人力资源管理审计能够揭示组织人力资源系统的优势与劣势以及需要解决的问题，帮助组织发现缺失或需要改进的功能，支持组织根据诊断结果采取行动，最终确保人力资源管理职能最大限度地为组织使命以及战略目标作出贡献。

人力资源管理中的法律审计在西方发达国家受到高度重视，这是因为如果一个组织的人力资源管理活动出现了违反法律规定的情况，就可能会使组织面临巨额的经济惩罚。在我国，除了一些出口企业由于受到国际规则的限制而不得不对人力资源管理活动的合法性和合规性进行审计和报告外，绝大部分的企业还没有开始对自己的人力资源管理系统实施法律审计，部分企业的法律意识还比较淡薄。随着我国相关劳动法律体系的健全以及执法力度的加强，企业由于人力资源管理活动或政策不合法遭受的损失会越来越大。在这种情况下，企业必须重视对本企业人力资源管理政策和实践进行法律审计，以确保人力资源活动的合法性。以招募和甄选过程中的法律审计为例，企业首先需要对组织的招聘政策、招聘广告、职位说明书、面试技术等关键环节的内容进行详细、客观的描述，然后再根据这些内容来寻找相关的法律条款，将自己的管理实践与法律规定进行对比审计分析，在必要时根据法律要求和自身情况做出调整和改进。这样的审计过程能够使企业在很大程度上避免因违反相关法律法规造成的直接或间接损失，这是人力资源管理职能能够为组织作出的一种非常直接的贡献。

2. 人力资源管理项目效果分析

衡量人力资源管理有效性的方法是对某项具体的人力资源管理项目或活动进行分析。对人力资源管理项目进行评价的方式有两种：一种是以项目或活动的预期目标为依据来考察某一特定的人力资源管理方案或实践（比如某个培训项目或某项新的薪酬制度）是否达到了预定的效果；另一种是从经济的角度来估计某项人力资源管理实践可能产生的成本和收益，从而判断其是否为组织提供了价值。

企业在制订一项培训计划的时候，通常会同时确定期望通过这个计划达成的目标，如通过培训在学习层、行为层以及结果层（绩效改善）等方面产生效果。于是，人力资源管理项目分析就会衡量该培训计划是否实现了之前设定的目标，即培训项目对于受训者的学习、行为以及工作结果到底产生了怎样的影响。例如，一家公司在设计一个培训项目时，将目的定位于帮助管理者将领导力水平提升到某个既定的层次。那么，在培训结束之后，它就会评价这项培训计划是否实现了之前确定的目标，即对培训计划的质量进行分析。于是，该公司在培训计划刚刚结束时，要求受训者对自己的培训经历进行评价；几个月后，培训部门还会对受训者在培训结束后的实际领导绩效进行评估。此外，员工对于公司整体领导力所做的评价也可以用来衡量这些管理人员培训计划的效果。

另外，对上述培训项目还可以采用经济分析的方法，即在考虑与培训项目有关的成本的前提下，对该培训项目所产生的货币价值进行评估。这时，企业并不关心培训项目到底带来了多大变化，只关心它为组织贡献的货币价值（收益和成本之间的差异）大小。这些人力资源管理项目的成本包括员工的薪酬以及实施培训、员工开发或者满意度调查等人力资源管理计划所支付的成本；收益则包括与员工的缺勤率和离职率相关的成本下降，以及与更好的甄选和培训计划有关的生产率上升等。显然，成功的人力资源管理项目所产生的价值应当高于其成本，否则这个项目从经济上来说就是不合算的。

二、优化人力资源管理职能的方式

为了提高人力资源管理职能的有效性，组织可以采取结构重组、流程再造、外包以及电子化等几种不同的方式。

（一）人力资源管理结构重组

传统的人力资源管理结构主要围绕员工配置、培训、薪酬、绩效以及员工关系等人力资源管理的基本职能，是一种典型的职能分工形式。这种结构的优点是分工明确、职能清晰，但问题在于，人力资源部门只了解组织内部全体员工某一个方面的情况，如员工所受过的培训或员工的薪酬水平、绩效状况等，对某一位员工尤其是核心员工的各种人力资源状况没有整体性的了解，导致人力资源部门在吸引、留住、激励以及开发人才方面为组织作出的贡献大打折扣；同时，由于各个人力资源管理的职能模块各行其是，人力资源管理职能之间的匹配性和一致性较差，无法满足战略性人力资源管理的内部契合性要求，从而使人力资源管理工作的整体有效性受到损害。因此，有越来越多的组织认识到，传统的人力资源部门结构划分需要重新调整。

近年来，很多大公司都开始实施一种创新性的人力资源管理职能结构，在这种结构中，人力资源管理的基本职能被有效地划分为三个部分：专家中心、现场人力资源管理者以及服务中心。专家中心通常由招募、甄选、培训及薪酬等传统人力资源领域中的职能专家组成，他们主要以顾问的身份来开发适用于组织的各种高水平人力资源管理体系和流程。现场人力资源管理者由人力资源管理多面手组成，他们被分派到组织的各个业务部门，具有双重工作汇报关系，既要向业务部门的直线领导者汇报工作，又要向人力资源部门的领导汇报工作。这些现场人力资源管理者主要承担两个方面的责任：一是帮助自己所服务的业务部门的直线管理者从战略的高度来强化人的问题，解决作为服务对象的特定业务部门中出现的各类人力资源管理问题，相当于一个被外派到业务部门的准人力资源经理。二是确保人力资源管理决策能够在整个组织得到全面、有效的执行，从而强化帮助组织贯彻执行战略的功能。最后，在服务中心工作的人的主要任务是确保日常的事务性工作能够在整个组织中有效完成。在信息技术不断发展的情况下，服务中心能够非常有效地为员工提供服务。

（二）人力资源管理流程再造

流程是指一组能够一起为客户创造价值的相互关联的活动进程，是一个跨部门的业务行程。一个公司从提出招聘需求到最终完成招聘任务的整个过程，包括这一过程所经历的各个主要阶段以及每一个相关部门所扮演的角色。流程再造，也称"业务流程再造"（Business Process Reengineering，BPR），是指对企业的业务流程尤其是关键或核心业务流程进行根本的再思考和彻底的再设计，其目的是使这些工作流程的效率更高，生产出更好的产品或提高服务质量，同时更好地满足客户需求。虽然流程再造常常需要运用信息技术，但信息技术并不是流程再造的必要条件。从表面上看流程再造只是对工作流程的改进，但流程再造实际上对员工的工作方式和工作技能等方面都提出了全新的挑战。因此，组织的业务流程再造过程需要得到员工的配合并做出相应的调整，否则很可能会以失败告终。

（三）人力资源管理外包

除了通过内部的努力来实现人力资源管理职能的优化，很多企业近年来还探讨了如何通过外包的方式来改善人力资源管理的系统、流程以及服务的有效性。外包通常是指一个组织与外部的专业业务承包商签订合同，让它们为组织提供某种产品或者服务，而不是用自己的员工在本企业内部生产这种产品或服务。很多组织选择将部分人力资源管理活动或服务外包的主要原因有四点：

1. 外包工作

与组织成员自己完成外包的工作内容相比，外部的专业化生产或服务提供商能够以更低的成本提供某种产品或服务，从而使组织可以通过外购服务或产品降低生产或管理成本。

2. 外部的专业业务

外部的专业业务承包商有能力更有效地完成某项工作。之所以出现这种情况，是因为这些外部服务提供者通常是某一方面的专家。由于专业分工的优势，它们能够建立和培育起一系列可以适用于多家企业的综合性专业知识、经验和技能，因此这些外部生产或服务承包商所提供的产品或服务的质量往往较高。但事实上，很多组织一开始都是出于效率方面的考虑才寻求业务外包的。

3. 人力资源管理服务

人力资源管理服务外包有助于组织内部的人力资源管理工作者集中精力做好对组织具有战略意义的人力资源管理工作，摆脱日常人力资源管理行政事务的困扰，从而使人力资源管理职能对于组织的战略实现作出更大、更显著的贡献，真正进入战略性人力资源管理的层次。

4. 人力资源管理活动外包

有些组织将部分人力资源管理活动外包是因为组织本身规模较小，没有能力自行完成相关的人力资源管理活动，只能借助外部的专业化人力资源管理服务机构来提供某些特定的人力资源管理服务，如建立培训体系、设计培训课程等。

（四）电子化人力资源管理

在提升人力资源管理的效率和有效性方面，计算机、互联网以及相关的一系列新工具和新技术发挥着非常重要的作用。不仅如此，信息技术的发展还为人力资源管理职能朝战略和服务方向转型提供了极大的便利。人力资源管理应用信息技术实际上经历了三个阶段，一是人力资源信息系统阶段，二是人力资源管理系统阶段，三是电子化人力资源管理阶段。

1. 人力资源信息系统阶段

人力资源信息系统（Human Resource Information System，HRIS）是在组织从事人力资源管理活动的过程中，对员工及其从事的工作等方面的信息进行收集、保存、分析和报告的系统。人力资源信息系统早期主要是对员工个人的基本情况、教育状况、技能、经验、所在岗位、薪酬等级以及家庭住址、紧急联络人等基本信息加以整理和记录的系统，后来在这些基本的人事管理信息模块的基础上，逐渐扩展到出勤记录、薪酬计算、福利管理等基本人力资源管理功能方面。可以说，人力资源信息系统是一个人力资源管理辅助系统和基础性的人力资源管理决策支持系统，它可以随时提供组织的人力资源决策所需要的各项基础数据以及基本的统计分析功能。随着计算机的普及，基本所有的企业都采用了人力资源信息系统。

2. 人力资源管理系统阶段

人力资源管理系统（Human Resource Management System，HRMS）是在人力资源信息系统上进一步发展而来的，这种系统在传统的人事信息管理模块、员工考勤模块以及薪酬福利管理模块等一般性人力资源管理事务处理系统的基础上不断扩展，涵盖了职位管理系统、员工招募甄选系统、培训管理系统、绩效管理系统、员工职业生涯规划系统等几乎所有人力资源管理的职能模块。此外，人力资源管理系统是以互联网为依托，属于互联网时代的人力资源管理信息系统。它从科学的人力资源管理角度出发，从企业的人力资源规划开始，包括个人基本信息、招募甄选、职位管理、培训开发、绩效管理、薪酬福利管理、休假管理、入职离职管理等基本的人力资源管理内容，能够使组织的人力资源管理人员从繁琐的日常工作中解脱出来，将精力放在更加富有挑战性和创造性的人力资源管理活动上，如分析、规划、员工激励以及战略执行等工作。

3. 电子化人力资源管理阶段

电子化人力资源管理（Electronic Human Resource,EHR）是指基于先进的软件、网络新技术以及高速且容量大的硬件，借助集中式的信息库、自动处理信息、员工自助服务以及服务共享等方式实施人力资源管理的一种新型人力资源管理实践，它能够起到降低成本、提高效率以及改进员工服务模式的作用。总体来说，电子化人力资源管理实际上是一种电子商务时代的人力资源管理综合解决方案，它包含"电子商务""互联网""人力资源管理业务流程再造""以客户为导向""全面人力资源管理"等核心理念，综合利用互动式语音技术、国际互联网、客户服务器系统、关联型数据库、成像技术、专业软件开发、可读光盘存储器技术、激光视盘技术、呼叫中心、多媒体、各种终端设备等信息手段和信息技术，极大地方便了人力资源管理工作的开展，同时为各级管理者和广大员工参与人力资源管理工作以及享受人力资源服务提供了很大的便利。人力资源信息系统、人力资源管理系统只是电子化人力资源管理得以实现和运行的软件平台与信息平台，这些平台在集成之后，以门户的形式表现出来，再与外部人力资源服务提供商共同构成电子商务网络，如电子化学习系统、电子化招募系统、在线甄选系统、在线人力资源开发系统、在线薪酬管理系统等。

总的来说，电子化人力资源管理可以给组织带来的好处是，提高人力资源管理的效率以及节约管理成本。相比传统手工操作的人力资源管理，电子化人力资源管理的效率显然要高得多。电子化人力资源管理是一种基于互联网和内联网的人力资源管理系统，公司的各种政策、制度、通知等都可以通过网络渠道发布；很多日常人力资源管理事务，如薪酬的计算发放、所得税的扣缴以及各种人力资源报表的制作等，都可以通过系统自动完成，并且员工和各级管理者也可以通过系统自主查询自己所需的各种人力资源信息，或者自行注册自己希望得到的各种人力资源服务（比如希望参与的培训项目或希望享受的福利计划等）。与此同时，人力资源管理活动或服务所占用的组织人员数量和工作时间大幅减少，管理成本也大幅降低，尤其是那些员工分散在全球各地的全球性或国际化企业。

参考文献

[1] 孙锐 . 中国科技企业战略人力资源管理、组织情绪能力及其对创新的影响 [M]. 北京：经济科学出版社，2020.

[2] 刘盈责；翁涛译；（英）佩里·蒂姆斯 . 人力资源管理创新丛书人力资源管理大变革新型 HR 如何影响业务创造价值 [M]. 北京：人民邮电出版社，2020.

[3] 张艳丽 . 战略人力资本与企业持续竞争优势 [M]. 北京：社会科学文献出版社，2020.

[4] 潘颖，周洁，付红梅 . 人力资源管理 [M]. 成都：电子科技大学出版社，2020.

[5] 丁桂凤 . 人力资源开发与管理 [M]. 北京：中国经济出版社，2016.

[6] 徐斌，王一江，李萌 . 人力资源管理导论 [M]. 北京：人民邮电出版社，2020.

[7] 张颖昆，曹慧，刘子龙 . 人力资源管理第 2 版 [M]. 北京：机械工业出版社，2020.

[8] 温晶媛，李娟，周苑 . 人力资源管理及企业创新研究 [M]. 长春：吉林人民出版社，2020.

[9] 尚大庆 . 现代人力资源管理与企业运营研究 [M]. 长春：吉林大学出版社，2020.

[10] 刘钰 . 企业人力资源管理应用研究 [M]. 北京：中国原子能出版社，2020

[11] 周艳丽，谢启，丁功慈 . 企业管理与人力资源战略研究 [M]. 长春：吉林人民出版社，2019.

[12] 李颖 . 知识经济时代的企业人力资源战略管理 [M]. 北京：科学出版社，2019.

[13] 卜艳芳 . 基于战略视角下的企业人力资源管理实践 [M]. 天津：天津人民出版社，2019.

[14] 徐伟 . 人力资源管理工具箱第 3 版 [M]. 北京：中国铁道出版社，2019.

[15]【美】罗斯·斯帕克曼（Ross Sparkman）. 大数据与人力资源 Facebook 如何做人才战略规划 [M]. 杭州：浙江大学出版社，2019.

[16] 张文仙，王鹭 . 新时代背景下企业人力资源管理研究 [M]. 长春：吉林大学出版社，2019.

[17] 吴玥等 . 知识经济时代下企业人力资源管理 [M]. 上海：同济大学出版社，2019.

[18] 杜倩，洪雨萍 . 创业管理企业成长战略的视野及实践 [M]. 长春：吉林大学出版社，2019.

[19] 寇跃 . 打开企业战略人才培育的"黑箱"让人才真正成为企业竞争优势的源泉 [M]. 成都：四川大学出版社，2019.

[20] 徐艳辉，全毅文，田芳 . 商业环境与人力资源管理 [M]. 长春：吉林大学出版社，2019.

[21] 彭剑锋. 人力资源管理概论第 3 版 [M]. 上海：复旦大学出版社，2018.

[22] 卢海萍，邹学家，曲丽秋. 旅游企业人力资源管理 [M]. 北京：北京理工大学出版社，2018.

[23] 奚昕，谢方. 人力资源管理第 2 版 [M]. 合肥：安徽大学出版社，2018.

[24] 刘倬. 人力资源管理 [M]. 沈阳：辽宁大学出版社，2018.

[25] 陈伟. 腾讯人力资源管理 [M]. 苏州：古吴轩出版社，2018.

[26] 【英】汤姆·雷德曼（Tom Redman），【澳】阿德里安·威尔金森（Adrian Wilkinson）. 当代人力资源管理 [M]. 沈阳：东北财经大学出版社，2018.

[27] 林忠，金延平. 人力资源管理第 5 版 [M]. 沈阳：东北财经大学出版社，2018.

[28] 贺清君. 企业人力资源管理全程实务操作第 3 版 [M]. 北京：中国法制出版社，2018.

[29] 袁蔚，方青云，孙慧. 人力资源管理教程第 2 版 [M]. 上海：复旦大学出版社，2018.

[30] 张健东，钱坤，谷力群，鲍晓娜，黄兴原，于姝. 人力资源管理理论与实务 [M]. 北京：中国纺织出版社，2018.